北京林业大学经济管理学院
"英才计划"出版工程

编委会主任：陈建成
主编：温亚利　张卫民

顾客参与对顾客价值创造的影响机理研究

STUDY ON INFLUENCE MECHANISM OF CUSTOMER PARTICIPATION ON CUSTOMER VALUE CREATION

◎贾　薇　著

中国林业出版社

图书在版编目（CIP）数据

顾客参与对顾客价值创造的影响机理研究／贾薇著．－北京：中国林业出版社，2012.5
北京林业大学经济管理学院“英才计划”出版工程
ISBN 978-7-5038-6576-3

Ⅰ．①顾… Ⅱ．①贾… Ⅲ．①企业管理－销售管理－研究 Ⅳ．① F274
中国版本图书馆 CIP 数据核字（2012）第 086865 号

出　版　中国林业出版社（100009　北京西城区刘海胡同 7 号）
http://lycb.forestry.gov.cn
E-mail:forestbook@163.com　电话：(010)83222880
发　行　中国林业出版社
印　刷　北京北林印刷厂
版　次　2012 年 5 月第 1 版
印　次　2012 年 5 月第 1 次
开　本　787mm × 960mm　1/16
字　数　227 千字
印　张　13
印　数　1 ～ 1000 册
定　价　50.00 元

北京林业大学经济管理学院
“英才计划”出版工程

■编委会

出版说明

Publication Introduction

为加强学院科研团队建设，培养经济管理青年英才，扩大学院学术交流和学术影响，产出高水平标志性成果，促进学院重点学科与基础学科的协调发展，全面提升学院整体学术竞争力和影响力，北京林业大学经济管理学院制定了“英才计划”，该计划由“创新团队工程”、“出版工程”、“奖励工程”和“论坛工程”四个建设项目组成。

“英才计划”出版工程是对学院教师完成的，以农林经济管理学科领域为主、包括学院其他学科领域中的具有重要理论意义或重大应用价值及前景，或具有独到见解或新颖体系，对科学发展有重要作用的专著出版提供资助，目的是鼓励学术创新、传播学术思想、加强学术交流、繁荣学术研究、促进学术研究更好地服务社会。

“英才计划”出版工程得到了北京东方园林股份有限公司副总经理梁明武、湖南省汨罗市长江铜业有限公司董事长余方然以及中国林业出版社的大力支持，特此鸣谢！

School of Economics and Management(SEM) of Beijing Forestry University (BFU) launched Cultivating Talents Programs including Innovation Team Project , Publication Program , Award Program and Forum Project , which aims to enhance the research team of school, to cultivate young faculties in economics and management to output high level benchmark achievement.

Cultivating Talents Program-Publication Program provide support to manuscript with significance or critical application value or prospective, or with original idea or innovative system mainly agro-forestry economics and management field and other fields completed by school faculty members

Publication Program acknowledge the great support of Mr. Liang Mingwu (Vice president of Beijing Oriental Garden Shares Co. Ltd), Mr. Yu Fangran (Chairman of Changjiang Copper Product Co. Ltd in Miluo city) and China Forestry Publishing House.

北京林业大学经济管理学院
“英才计划”出版工程编委会
2011 年 5 月 10 日

序言

多年来，北京林业大学经济管理学院以建设和培育国家重点学科——林业经济管理学科为目标，抢抓机遇，深化改革，瞄准学科发展前沿，凝聚全院师生智慧，激发一切可利用资源的活力，团结一致，与时俱进，精思厚德，以人为本，科学发展，敢为人先，在教学、科研、人才培养和社会服务诸方面取得了显著进步。仅2010年，学院在高层次科研项目数量、科研经费总量、高质量学术论文数量、学生获奖层次、本科教学质量评价、专业学位建设等6方面实现突破，创学院历史最好成绩。2010年学院获得国家自然基金、国家社科基金和教育部人文社科基金等国家级课题7项；被SCI、EI和ISTP三大检索系统检索的论文共33篇；学院教师获全校理论课教学质量评价第一名；学院学生获“全国先进班集体”称号和58项省级以上学科竞赛奖；学院新增工商管理硕士（MBA）、应用统计硕士、会计硕士、国际商务硕士四个专业硕士学位授权学科点。这些成绩的取得，为学院的改革和发展奠定了良好的基础。

为了进一步推动学院在“十二五”期间快速发展，从2010年起，学院计划用五年时间，在全院推进“英才计划”建设项目。该计划包括“创新团队工程”、“出版工程”、“奖励工程”和“论坛工程”四个建设工程。“创新团队工程”旨在林业经济管理重点学科和其他具有优势和潜力的学科领域，以突出重点团队建设及领军人才培养、突出高水平标志性成果产出为原则，组建学术研究团队，择优提供研究费用资助。“出版工程”旨在鼓励学术创新、传播学术思想、扩大学术影响，资助学院教师多出具有影响力的学术专著。“奖励工程”旨在引导和激励教师申报高层次科研项目、产出高水平学术成果，鼓励教师关心学院发展、积极投身学院教学和科研工作，对在科研、教学和学院发展中取得突出成绩的教师进行奖励。“论坛工程”旨在营造学术氛围、加强学术交流、凝聚学术智慧、扩大学术视野、提倡学术创新，举办各种形式的学术论坛。

“出版工程”作为“英才计划”的重要组成部分，其实施范围在兼顾学院各学科领域的基础上，适当向林业经济管理学科领域倾斜。众所周知，林业经济管理学科在国家生态建设、低碳经济发展及现代林业体系构建中承担越来越重要的人才培养及科学研究责任。北京林业大学林业经济管理学科作为全国同类学科中唯一的国家重点培育学科，在林业经济理论研究方面长期积累，形成具有中国特色的林业经济管理学术体系，在林业经济管理学科发展，以及参与国家林业重大问题、前沿和热点问题研究中发挥了积极作用。为促进学科发展，提升学科服务于社会发展的水平，北林林业经济管理学科正努力开展林业经济理论系统研究，以及林业经济重大问题的持续研究，尝试对中国林业经济发展进行理论与实践的梳理和总结，更好地为中国林业发展发挥理论指导作用。

“英才计划”出版工程项目将系统、全面地向社会介绍北林林业经济管理学科及相关学科领域最新的研究成果。主要涉及林业经济管理基础理论，林业经济重点和热点问题，国内外林业经济与政策比较，以及经济学、管理学和政策学最新研究成果在林业上的应用等方面。这些著作中既有青年教师在博士论文基础上形成的最新著作，也有教师最新科学研究成果。该出版工程不求研究内容及形式的系统性和完整性，更注重创新性及探索性；特别是对于新时期中国林业发展与社会经济可持续发展关系、林业在应对全球气候变化中的经济与生态环境政策、当前中国改革与发展中涉及林业与生态环境的关键经济政策问题的创新性研究给予高度重视。

这些著作大多是我校经管院中青年林业经济工作者的研究成果，在学术上可能还有不尽完善之处，一些问题在学术界可能也有不同观点，我以为，实施该出版工程的根本目的是繁荣中国林业经济管理研究，鼓励学术创新，勇于探索林业经济重大问题，更好地为中国林业经济发展服务，同时使有志于中国林业经济研究的广大中青年林业经济工作者有机会发表自己的成果，与学术界交流、沟通和争鸣，提升他们的学术水平，为中国林业发展奠定人才基础。

北京林业大学校长

宋维明

2011 年 5 月 16 日

Foreword

Over the years, School of Economics and Management (SEM) of Beijing Forestry University (BFU) has made a great progress with an aim of building and fostering the national key discipline - forestry economics and management. We seize the opportunity, deepen the reform, aiming at the development of frontier subjects and gather all the wisdom and inspire all available resources and energy of teachers and students. We realize a scientific development, going forward with the times and people-oriented in teaching, research, personnel training and social service. In 2010, SEM got a breakthrough of history because we got 7 major projects from National Natural Science Foundation project, the National Social Science Fund and the Ministry of Education, Humanities and Social Science Fund and other national projects. About 33 papers were cited by SCI,EI and ISTP, with students winning the National Advanced Course Collective and more than 58 provincial level of academic competition awards. Four new programs of graduate studies were approved including Master of Business Administration (MBA), Master of Applied Statistics, Master of Accounting, Master of International Business. All the above achievements have laid a good foundation for the reform and development of SEM.

In order to further promote the development of college in the Twelfth Five-Year Period, from 2010, the college plans to use five years to promote Cultivating Talents Programs. The plan includes Innovation Team Project , Publication Program , Award Program and Forum Project. Innovation Team Project aims to focus on economic management in forestry and other disciplines which have advantages and potentials to highlight the building of the key leader in team and personnel training, highlighting the high level output of the principle of the landmark achievements and provide funds to the formation of research teams in the selection of the best research. Publication Program is to encourage academic innovation, disseminate of academic thinking, and expand academic impact of SEM by funding the publication of academic achievements made by teachers. Award Project aims to guide and encourage the teachers to apply for high-level scientific research projects, and academic achievement of high level, encourage teachers to care about development of the institute by taking an active part in university teaching and research work . Forum Project aims to create academic atmosphere, strengthen academic exchanges and combine academic intelligence by expanding academic horizons and holding various forms of academic forums.

Publication Program is an important part of Cultivating Talents Programs , which will put emphasis on economic management disciplines with the scope of all various disciplines in SEM. As we all know, forestry economics and management assumes an increasingly important responsibility for personnel training and scientific research in the national ecological construction, low-carbon economic development and construction of modern forestry system. Forestry economics and management of BFU, as the only nation greatly supported in all similar universities, has formed an academic system of the forestry economy with Chinese characteristics with long-term accumulation, and played an active role in the development of economic management disciplines and participation in national forestry major issues and hot issues of frontier. To promote academic development and enhance academic services to the community , economics and management disciplines of BFU are working to carry out systematic study on forestry economic system theory and continuous study on major forestry economics issues, trying to summarize and sort out the Chinese forestry economic development in both theory and practice to play a better role in guiding the development of forestry in China.

Publication Program will make a comprehensive introduction of the latest achievements in forestry economics and related disciplines to the society , including forestry management based on economic theory, economic priorities and hot issues in forestry, domestic and international comparison of forestry economics and policy, as well as economics, management and policy studies on the latest academic achievements in the forestry aspects of the application. All of these works include the latest work based on doctoral thesis of young teachers and the latest scientific research of teachers of SEM.

The publication does not seek a systematic integrity in the content and form, just to put more on innovative and exploratory research, particularly focuses on the relationship of forestry development in new period and sustainable economic and social development, including the global climate change in response to the economic and environmental policies, China's current reform and development related to forestry and ecological environment, etc.

These works are mostly works of young research workers in forest economics of SEM of BFU. They may not be quite complete and there may be different point of view in the academia, but our purposes are to make the research of forestry economics more prosperous, encourage academic innovation, the courage to explore major issues of forestry economy and better economic development of China's forestry services, which will give chances to young researchers in forestry economics to publish their achievements, and push the exchanges and communication and contention to improve their academic standards for laying a base of talents for forestry development in China.

President of Beijing Forestry University
Song Weiming
May 16, 2011

前　言

随着技术和行业的发展、后现代主义消费文化的形成以及消费者主权的到来，以服务为导向的营销范式开始大行其道。一方面，企业逐渐意识到企业得以生存和发展必须与顾客合作，只有最大限度地利用顾客能力才是未来竞争优势的新源泉；另一方面，顾客的角色发生根本性转变，他们越来越多地介入企业的价值创造活动中，持续不断地表现出与企业共同创造个性化产品或服务的能力，对企业的影响越来越大。为此，传统的以企业为主导的价值创造模式受到挑战，而让顾客参与价值创造的新模式正备受关注。

本书首先阐述了顾客参与价值创造的外在和内在动机，剖析了顾客参与顾客价值创造活动的本质，并从知识转移视角和关系视角分别论述了这种本质形成的内在机理，为顾客参与活动对顾客价值创造影响机理的深入分析奠定理论基础。

其次，基于顾客参与顾客价值创造的本质，将组织行为学中的心理契约理论引入到顾客参与的情境下，从心理作用机制层面构建参与意义下的心理契约对顾客价值创造影响的理论模型框架。研究结果证明联结企业与顾客的心理契约这一纽带对引导顾客更好地创造顾客价值存在显著影响，并对其影响效果进行测量和解释。

进一步地，基于顾客参与价值创造的动机和本质，从“前因—过程—结果”的汇合视角，构建了顾客参与对顾客价值创造作用的理论框架模型，以期从整体的视角对顾客参与影响顾客价值创造的影响机理进行系统研究。实证研究表明，情感承诺、自我效能、交互公平和感知风险作为影响顾客参与的前因要素基本得到证实；顾客参与对顾客价值创造的影响关系存在；顾客价值在顾客参与活动和顾客满意间的完全中介角色得以检验。

最后，为了更深入地研究顾客参与活动对顾客价值创造的影响机理，基于独特性理论，探索分析了消费者独特性需要在顾客参与对顾客价值创造影响关系中的作用，并实证检验了消费者独特性需要对顾客参与与顾客价值创造之间的关系的调节效应。

本著作综合来自于心理学、消费者行为学、组织行为学、决策学、社会学、市场营销学等学科的相关理论和文献，研究结果丰富和发展顾客参与顾客价值创造的研究,并为企业推行与消费者共同创造顾客价值实践提供有意义的指导。

著 者

2011 年 5 月 30 日

Preface

With the development of technology and industry, the formation of post-modernism consumer culture, and the arrival of consumer sovereignty, service-oriented marketing paradigm is beginning to flourish. On the one hand, companies began to realize that businesses must co-operate with customers for survival and development, and only the ability to maximize customer is the new source of competitive advantage in the future. On the other hand, a fundamental change in the role of customers who are increasingly involved in the enterprise's value creation activities demonstrated constantly the ability to create personalized products or service together with enterprises, having greater and greater influence in enterprises. Therefore, the traditional enterprise-oriented value creation model is being challenged, and a new model of letting customers participate in value creation is receiving concern.

First of all, this paper defined the definition of the core concept and composition dimension in this study, analyzed the motivation of customer participation, studied the nature of customer participation in customer value creation activities, and elaborated the intrinsic mechanism separately from the knowledge transfer perspective and relationship perspective to lay the theoretical basis for that were discussed in the formation of such a nature internal mechanism for the depth analysis of the impact mechanism of customer participation in customer value creation activities.

Secondly, based on the nature of customer participation in customer value creation, in the situation of introducing the psychological contract theory in organizational behavior into customer participation, this paper built bridges for customer participation in customer value creation activities from a psychological mechanism level, built the theoretical model framework of customer contract in customer value creation impact in the sense of participation, and adapted standard research method to have an in-depth analysis of the impact of the various psychological contract dimensions on the various customer value dimensions. The research results show that the link-psychological contract combining enterprises and customers has a significant impact in guiding customers to better create customer value and measured and interpreted the impact effectiveness.

Again, based on the motives and nature of customer participation in value creation, this paper built a theoretical framework model of the function of customer participation in customer value creation from the convergence perspective the "antecedent-the process -the result". Using standardized research methods, at the antecedent stage, conduct an in-depth analysis of the effect of the affective commitment, self-efficacy, interactive fairness and perceived risk factors as antecedent elements from the perspective of the interaction of enterprises and customers; at the process stage, conduct an in-depth detailed interpretation of effect mechanism of customer participation activity impact on customer value; at the result stage, conduct a further analysis of the function mechanism of customer value in the relationship between customer participation and customer satisfaction. This paper had a systematic study of the impact mechanism of customer participation impact on customer value creation from an overall perspective, and accordingly proposed the corresponding research hypotheses and path model.

Next, based on the integrated theoretical model research of customer participation in customer value creation, this paper adapted depth interviews and empirical investigation methods, applied multivariate statistical methods such as structural equation models to test theoretical assumptions and path model, and conducted interpretation of the impact of the research path and measuring results of the integration model. The study found that affective commitment, self-efficacy, interactive fairness and perceived risk were confirmed as the antecedent elements of affecting customer participation; customer participation impact on customer value creation relationship exists; customer value's complete intermediary role between customer participation activities and customer satisfaction was tested.

Finally, in order to further study the impact mechanism of customer participation activities in customer value creation, based on uniqueness theory, this paper explored and analyzed the function of consumer's needs of uniqueness in affected relations of customer participation in customer value creation and empirically tested the regulator influence of uniqueness of consumer's needs in the relationship between customer participation and customer value creation. Through the samples of different levels of uniqueness of consumer's needs this paper tested the theoretical model of customer participation effect in customer value creation. Research showed that the theoretical model of customer participation effect in customer value creation had universal effect in varying degrees of consumer's needs of uniqueness. In varying degrees of consumer's needs of uniqueness groups, the impact mechanisms of various customer participation in customer value creation is different.

This study integrated the theory and literature from the psychology, consumer behavior, organizational behavior, decision-making, sociology, marketing, science and other related subjects, adapted the method combining standardized research and empirical research, aimed at enriching and developing the research of customer participation in customer value creation, and provided meaningful guidance for businesses to implement customer value creation practice together with consumers.

Author

May 30, 2011

目 录

Contents

第 1 章

绪 论

1.1 研究背景与问题提出

1.1.1 研究背景

价值创造是企业的使命和永恒主题，是企业生命意义之所在。在常规的价值创造中，消费者和企业具有不同的生产与消费角色。具体来说，企业作为生产者，负责提供有价值的产品或服务，而消费者仅仅是产品的购买者和使用者。传统企业经营思想的主导假设是，价值是由企业创造的，而消费者只代表着企业提供物的需求，企业与消费者联结的目的在于价值获取，通过市场交换的手段，消费者就可以获取由企业生产并注入价值（不论是实用价值抑或是享乐价值）的产品，企业获取相应的经济价值。在此过程中，价值创造与价值获取的过程是分离的，价值创造发生在企业内部，其基础是企业的供应与消费者的需求相匹配。因而，企业的经营指导活动一直受传统的价值创造参照体系影响，如图 1-1。

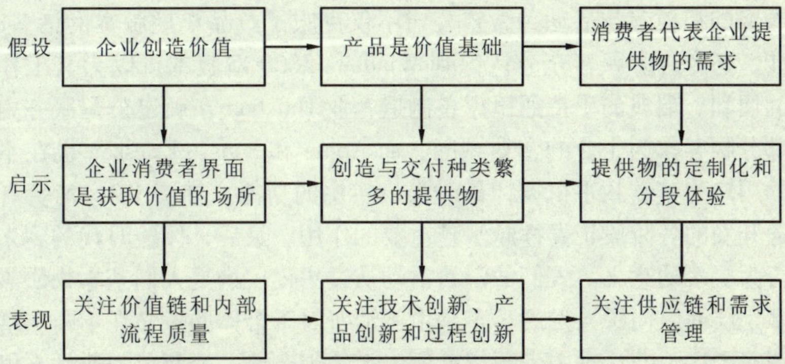

图 1-1 传统的价值创造参照体系

Fig. 1-1 Traditional reference system for value creation

（资料来源：普拉哈拉德，拉马斯瓦米．消费者王朝——与顾客共创价值．机械工业出版社，2005，P11.）

这些假设和启示体现了工业社会中的企业观点和实践，但当社会由工业社会进入信息社会后，社会的变化对企业和消费者都产生了深远的影响。首先，随着社会的发展，消费文化发生了变迁。消费者越来越追求自我的彰显、由“大众”转向“个性”，他们需要更为独特的产品，对产品的价值评价也不再以单纯的价格成本、质量为衡量尺度，而是以从中获得多少价值为衡量标准。其次，技术的进步与行业的发展为消费者参与企业的价值创造活动提供了机会。信息技术的发展一改人们面对面交流、电话询问等原始手段，使得企业与消费者间的沟通变得更具开放性，信息的大规模处理与同步反应也成为现实，这些在很大程度上提高了企业与消费者合作的可能性。此外，信息和服务行业在经济社会中的比重日益增加，市场的主导逻辑开始从有形商品的交换转向无形的专业化技能和知识(信息)和过程(服务)的交换。其三，消费者能力的提高，使得消费者在与企业交往中的地位逐渐由被动转向主动，不再被动地接受产品，而是越来越多地要求企业按照自己的意愿提供产品。在工业化社会，企业是信息的绝对优势方，但信息化社会拓宽了消费者的信息通路，促使他们自发地将信息反馈给企业或者在消费群体中相互传播，使得消费者已成为企业重要的外部资源，同时，顾客在消费活动中的角色也正在发生着深刻转变，见表 1-1，他们已经成为除供应商、制造商、合伙人、投资者之外新的构建竞争优势的企业能力来源。企业在引导顾客的需求预期和提高产品的市场接受度等方面，与顾客的合作在不断加强，顾客在新产品和新服务开发方面已经表现出优异的创造力，一些软件企业已经在让顾客参与价值创造的活动中受益匪浅。3M 公司通过大客户参与开发新产品，其销售额比通过传统方法开发的新产品高出 8 倍以上。微软公司曾邀请了 65 万多名消费者参与到 Windows 2000 改进版的测试活动中，与消费者共同探讨改进产品性能的方法。通过顾客的积极参与活动，微软公司不仅克服了产品早期版本的诸多缺点，改进了性能，还令许多顾客充分认识到 Windows 2000 新版本可以为其工作生活带来更多的便利。瑞典的手持通讯设备制造企业 Halebop 在确定公司服务内容时会选取一部分顾客作为企业的企划顾问，而 Apple 和 Sony－Ericsson 也在不断地鼓励自己的用户为其新款手机设计最时尚最实用的功能。如图 1-2，消费者在新产品及服务开发的各阶段正发挥越来越重要的作用。最后，体验时代的到来赋予顾客消费行为更多的意义。人们的消费活动从过去仅仅满足人们基本物质需求的意义正向多个层面纵向深入发展。正是由于消费对于个体的意义在不断丰富和扩展，使得消费者在消费活动中表现出前所未有的创造性，消费者创造性不仅表现在产品和服务内容层面上，还表现在通过消费活动而完成对自我的创造，即经由消费活动人们创造出真实的和本能的自我，在消费活动的自我实现行动中寻找社会意义并获得深刻的幸福感。

表 1-1 消费者角色演化阶段及主要特点

Table 1-1 The evolution stages of customers and key points

时间阶段	20 世纪 70 年代，80 年代早期	20 世纪 80 年代	20 世纪 90 年代	2000 年以后
营销模式	说服预先锁定的顾客群体	与单个消费者进行交易	与单个消费建立长期关系	顾客作为价值的共同创造者
企业与顾客的交流以及产品和服务的开发	传统的市场研究和调查；在没有很多来自于顾客的信息反馈下提供产品或服务	从单纯的销售产品转变为通过服务台、呼叫中心，以及服务项目来帮助顾客；以顾客反馈的问题来重新设计产品和服务	通过观察顾客来提供产品和服务；从领先用户的意见和反馈中确定方案，基于对顾客深刻解读重新配置产品和服务	顾客是独特体验的共同开发者。企业和顾客在产品和服务的教育、期望的塑造、市场接受度上扮演了共同的角色
沟通方式	进入预先锁定好目标顾客群体，实施单向沟通	数据库营销，实施双向沟通	关系营销，实施双向沟通和接触	主动与顾客对话以形成期望和促使共鸣的产生，实施多层次的沟通与接触

资料来源：根据 C. K. Prahalad, Venkatram Ramaswamy. Co-opting customer competence. Harvard Business Review, 2000, January-February. P80 改编。

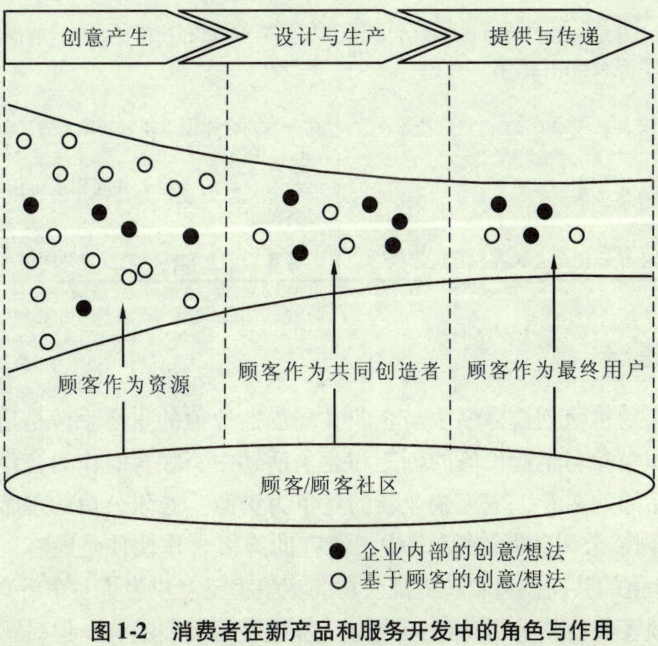

图 1-2 消费者在新产品和服务开发中的角色与作用

Fig. 1-2 Customers contributing to new product and service development

社会影响带来的转变使得传统企业孤立的价值创造模式由于排除了顾客而日渐丧失其效用，使得企业在面临新的市场竞争环境时，其利润和顾客满意度越来越低。这一严峻现实使得企业不得不将其关注的焦点由单纯的提高内部效率转变到充分利用外部资源，尤其是顾客资源，以更好地发掘和满足顾客需求并获得竞争优势。事实上，对顾客需要的最真实和即时的了解与捕捉，依赖于价值创造与价值交换过程的统一，让创造出来的产品即时交换，或者让消费者将价值创造过程本身视为一种价值的获得与实现过程，这可能是最能保证顾客的需要与企业的价值创造活动一致的方法。也就是说，企业需要将顾客纳入到价值创造体系中，在顾客与企业间建立一种新的价值创造体系，表1-2总结了传统价值创造体系与新价值创造体系的差异，在这一新的价值创造体系中，一改企业为顾客创造和提供价值的局面，而是与顾客共同创造更大的顾客价值。

表1-2 价值创造过程的转变

Table 1-2 Transformation of value creation process

	传统价值创造体系	新价值创造体系
价值观点	价值与企业和提供物相关，竞争空间以企业的产品或服务为导向	价值与体验相关，产品服务使个体的体验更加便利。竞争空间以消费者体验为导向
企业角色	为顾客定义和创造价值	在定义和共同创造独特价值的过程中，促进消费者个人参加
顾客角色	面对企业定义的提供物和解决方案的需求，是被动的接受者	在寻求、创造和价值提取中，消费者是主动的参与者
企业与顾客关系	基于交易的关系	在一系列合作创造体验基础上的互动和交易
联结的目标	提取经济价值	通过有意义的体验来共同创造价值，以及提取经济价值
价值创造观点	价值由企业创造，顾客拥有选择权	消费者、企业和其他消费者共同创造价值

1.1.2 问题提出

将顾客纳入到价值创造体系中与企业共同创造价值的重要手段是让顾客参与其中。在顾客积极参与企业价值的创造和竞争活动中，顾客既作为合作生产者之一，又作为产品的购买者，成为企业新的竞争力资源。施乐公司的首席科学家布朗认为，这种“创造公司”的种种活动中，研究的终极合作伙伴是顾客，因而鼓励顾客成为顾客价值的共同创造者，提高公司的竞争力已然成为了一个新兴话题。

顾客参与顾客价值创造活动已经成为日益重要的实践趋势，但对顾客参与顾客价值创造的研究目前仍处于起步阶段，虽然已有学者开始关注并指出其未来强大的发展趋势(Bendapudi and Leone, 2003)。在有关顾客参与的文献中，有学者倾向于将顾客视为企业的“部分员工”，并主张将传统的企业员工管理模式应用于顾客参与管理(例如，Kelly et al., 1990；Lengnick - Hall, 1996 等)，但顾客毕竟不是员工，员工受到与企业经济契约的约束，工作本身可以是有趣的，也可能是为了实现生活目的而必须忍受的任务，而顾客本身与企业间没有类似的束缚，顾客的参与行为和参与意愿带有较强的自愿性质，那么顾客为什么要参与到企业创造活动中，承担本来应由企业完成的顾客价值创造任务？仅仅是为追求消费的结果吗？由此顾客参与价值创造的动机和本质是值得探讨的问题。

参与活动中的心理机制一直是学者们关注的问题，但已有研究鲜有对此进行过深入探讨。尽管顾客受一定动机的触发从事参与活动，但参与过程中是什么心理效应或心理机制将顾客与企业的活动联结起来，促使顾客在参与过程中投入不同程度的资源来完成价值创造？

尽管让顾客参与已经成为产品或服务生产及消费过程中的趋向，但现实中顾客真正参与的比例或参与的程度远远低于企业的设想与期望。对于企业而言，如何激励顾客参与成为一个研究主题。一方面，已有相关文献尽管从顾客自身的角度和企业的角度对影响顾客参与的因素进行探讨，却未能真正体现顾客参与价值创造的本质。更进一步地，从顾客参与企业创造活动的目的来看，更优异的顾客价值是企业和顾客双方共同的期望，不仅是企业获取竞争优势的源泉，也是消费行为的目标，那么顾客参与对顾客价值的创造将会产生什么影响？另一方面，创造高水平的顾客满意一直都是企业成功实施顾客导向经营活动的基石，也是服务营销研究的重要课题。从顾客层面来看，顾客对参与活动的满意度仍是学术界和企业界所关注的重点，因为满意的顾客才会对组织有较高的忠诚度和承诺，可以提高顾客的重购意愿和推荐行为，但在已有的相关文献中，顾客参与对顾客满意的影响仍然存在争议，这意味着顾客参与和顾客满意间的关系研究还不完善。为什么顾客参与不一定导致顾客满意？顾客参与与顾客满意间是否存在其他因素？作为顾客导向重要概念的顾客价值在顾客参与和顾客满意中的角色是什么？

以往的市场营销研究中较多地关注消费者一致性行为，却忽视了消费者的非一致性行为研究。消费者的非一致性行为正是顾客对独特性需要的外在表现，源于消费者的独特动机，它在解释和促使人们在行动中起着向导性作用。从这个意义上说，顾客参与行为不仅给消费者的独特性需要的表现提供了舞台，也反过来会影响顾客在价值创造活动中的参与水平。那么，独特性需要在顾客参与顾客价值创造过程中的作用什么？是否会影响顾客参与对顾客价值创造的影响关系问题也是值得我们探索的。

本书的研究主题正是基于上述问题提出的。

1.2 研究目的与意义

1.2.1 研究目的

伴随经济与时代的发展，顾客的需求呈现多元化的态势，顾客在消费活动中的角色也正发生着深刻转变，已经成为除供应商、投资者、合伙人之外新的构建企业竞争优势的来源。在此背景下，如何吸引顾客从事顾客价值创造活动，以构建企业新的价值创造源泉，是学术界和企业界共同关注的热点。本研究正式基于上述问题提出了“顾客参与对顾客价值创造的影响机理”这一研究主题，以有限理性理论、目标追求理论、调节匹配理论以及系统科学的分析方法，多元统计分析，结构方程模型为手段，探索顾客参与对顾客价值创造的影响机理，从企业与顾客交互的视角激励顾客的参与活动，深入探讨顾客参与对顾客价值的影响机理，并探求顾客价值在顾客参与与顾客满意间的作用机制。目的在于分析顾客参与对顾客价值、顾客满意的影响逻辑和规律，且进一步探索消费者独特性需要在顾客参与价值创造过程中的影响作用，从顾客价值创造的角度为解决服务企业通过与顾客共创价值来提升顾客满意问题提供理论框架和实践依据，进而拓展顾客参与和顾客价值理论的研究空间，为企业推行顾客的创造性参与提供有益的建议。

1.2.2 研究意义

本书将顾客参与对顾客价值创造的影响机理为科学研究问题，从企业与顾客交互视角系统地研究了影响顾客参与的前因要素，并深入探讨了顾客参与、顾客价值和顾客满意三者间的关系，从顾客价值角度揭示顾客参与对顾客满意的影响机理，构建了包含影响顾客参与前因和顾客参与结果的整合模型，无论从理论上还是实务上都具有重要意义。

从理论层面讲，本研究以有限理性理论、目标和目标追求理论以及调节匹配为理论基础，从汇合的视角提出包含顾客参与前因及结果的整合模型，从企业与顾客交互层面分析顾客参与对顾客价值的影响，以期明确顾客参与与顾客价值的关系，并为深入探讨顾客参与、顾客价值与顾客满意的关系以及顾客价值在顾客参与与顾客满意关系间的作用机制提供了理论支撑，从而在理论上和经验上丰富了顾客参与与顾客价值关系，并且为顾客参与和顾客满意间的关系提供了新的解释，拓展了顾客参与与顾客价值、顾客满意的关系研究。以往有关顾客参与研究过于重视顾客参与对顾客满意的影响和顾客参与对服务质量的影响，而忽视顾客参与对价值创造的影响，此外，学术界对顾客参与和顾客满意关系一直存有争议，因而，对两个变量间的关系尚需进一步探讨。本研究从规范研究和实证研究相结合的角度分析顾客参与对顾客价值和顾客满意的影响，从理论上揭示顾客参与价值创造的动机和本质，以及独特性需要对顾客参与价值共创活动产生的影响，对充实和丰富顾客参与的理论研究起到一定的促进作用。

从实践层面讲，本研究基于企业与顾客交互的视角，以整合的观点系统地研究了影响顾客参与的前因要素及参与的结果，探索了消费者独特性需要对顾客参与价值创造的影响，并基于理论推演、实证研究的研究结论提出了具体的管理策略和建议，为服务企业如何激励顾客进行积极参与、改进服务流程，更好地与顾客互动，实现顾客与企业共同创造价值、获取顾客满意提供理论依据和参考。为实现服务企业在以顾客为导向的竞争环境中创造独特的顾客价值，提升核心竞争力，更好地开发顾客资源，提供理论借鉴和指导，对服务企业及考虑推行顾客参与价值共创的企业，具有较重要的实践意义。

1.3 顾客价值国内外研究成果综述

1.3.1 顾客价值国外研究现状

为了应对市场格局和顾客消费意识的变化，自20世纪80年代以来，营销学者和企业经理们就没有停止过对营销理论的探索。从最初“以产品为中心”的“4P”策略的广泛使用，到“以顾客为中心、以顾客需求为导向”的“4C”理论甚至“4R”理论的探索性应用；从单纯注重产品质量到争取顾客满意，这些营销思想的变迁都是企业顺应市场竞争的结果。进入90年代后，企业的市场表现似乎并未能证明这种转变能从根本上帮助企业解决竞争的困扰，同时人们也注意到顾客对价值的特别关注，因此那些卓有远见的企业把营销的重心放在为顾客创造和传递卓越的顾客价值上。至此，拉开了对顾客价值理论研究的序幕。在以后的三十多年时间里，学者们对顾客价值的理论研究做了大量工作，顾客价值研究的内容经历了从单纯理论研究到理论与实践相结合的研究，学者们对顾客价值的认识也经历了一个从片面到全面的过程：从最初的站在顾客角度研究企业应该如何为顾客创造优异的顾客价值，到站在企业的角度把顾客价值看做是企业的资产，到后来的从企业与顾客关系的视角对顾客价值进行研究。而本研究提到的顾客价值是从顾客角度加以理解的价值概念。

随着顾客价值在学术研究与企业实践中不断推进和深入发展，越来越多的学者都致力于到有关顾客价值的研究中，但就整体而言，顾客价值理论的研究仍不成熟。迄今为止，研究者们对顾客价值的许多基本问题还未取得共识。有关顾客价值理论的研究主要集中在几个方面：顾客价值的概念、顾客价值的维度或层次、顾客价值与相关概念的关系研究，现分别针对这三个方面来探讨一下国外学者在该领域的研究现状。

1.3.1.1 顾客价值概念

在顾客价值理论研究中，研究者们从不同的角度对顾客价值的涵义进行阐释，导致了顾客价值概念的多样性。经过梳理，发现当前对顾客价值概念的界定，主要存在两种营销范式：产品中心导向(goods-dominant logic，缩写为 G-D)和服务中心导向(service-dominant logic，缩写为 S-D)；存在两种研究视角：理性视角和感性视角。

以产品为导向的营销范式认为，价值是由生产者决定的，它嵌入在可计算的资源(货物)当中，被定义为"交换价值"；以服务为导向的营销范式则认为，价值是由消费者在"使用价值"的基础上感知决定的，价值来源于可计算的资源所带来的有益应用与传递，因而，企业只能据此制定自己的价值主张(Vargo and Lusch，2004a)[1]。

理性观点是基于消费者理性的假设，着眼于顾客购买产品或使用服务所得到效用、品质或利益与其成本的比值或差值。Jakson(1985)是基于理性观点的先驱，也是最早给出顾客价值定义的学者，他认为价值是感知利益与价格之间的比率[2]。继 Jakson 之后，Morris(1994)认为，顾客价值就是顾客感知到的质量与价格之间的函数[3]；Gale(1994)则认为，单纯谈质量没有意义，正因为有价格的约束，人们的购买能力受到限制，才不得不放弃部分对质量的要求，因而顾客价值是顾客相对于产品价格而获得的感知质量[4]。Kolter(1994)用"顾客让渡价值"概念来剖析顾客价值，将其定义为总顾客价值与总顾客成本之差[5]。与 Kotler(1994)定义之顾客价值相类似地，Lam 等人(2004)认为顾客价值是顾客从产品或服务中所得到的总价值[6]。此外，与 Kotler(1994)采用"利益"与"成本"定义顾客价值内涵相一致地，Andrson 和 Narus(1998)，Higgins(1999)也分别从"利益与成本之差"的观点阐释了顾客价值。但与 Kotler(1994)有所不同，Higgins(1999)不仅扩大了顾客付出成本的外延，还强调了顾客价值的高低受双方沟通结果的影响，即顾客价值必须是以顾客认可并接受为前提[7]；Anderson 和 Narus(1998)则在利益与成本差值之"净收益"中考虑了竞争者的影响[8]。

Zeithaml(1988)对顾客价值定义的阐述则突出了顾客感知的作用，强调了顾客价值的主观性，是感知价值理论的奠基性文献(Petrick，2002)[9]，她定义顾客价值是顾客对顾客感知所得和感知所失基础上所形成的对产品或服务效用的总体评价[10]。Day(1994)也是从感知价值的角度阐释了顾客价值，认为顾客价值是顾客理性认知的知觉利益与知觉成本之差[11]。Payne 和 Holt(2001)认为顾客价值是顾客决定的概念，是顾客对企业提供的价值的感知和判断[12]。Chien-Huang Lin 和 Ching-Huai Peng(2005)亦从感知的角度认为顾客价值是顾客评估某一交易活动时知觉的付出与获得之间的抵换[13]。显然，这些基于“理性”视角对顾客价值的阐释都在突出强调感知和权衡两个概念。但值得注意的是，在这个角度研究顾客价值的学者多数是一种二元论观念，他们都把顾客价值看做是“得”与“失”两类要素的比较和权衡，这是一个静态比较的过程。而 Woodruff(1997)虽然也是在“理性”视角下肯定价值是比较(权衡)的结果，但他亦强调权衡是发展的动态的过程，比较的要素是多元的，包含有产品的属性、产品的功效和使用结果三个层次[14]。

感性视角则强调顾客在消费过程中的情绪和偏好，着眼于顾客的消费经验，其核心思想是价值不仅是一种实实在在的理性需求的满足，更是心理情感的满足。持这种视角的研究者多关注顾客精神层面的感受，将消费视为一种纯粹主观的意识状态，且伴随变化多样的象征意义、享乐反应和美感准则。感性视角有三个关键假设：一是消费遵循目标导向；二是消费者是通过比较而对产品或服务效用做出评价的；三是消费者明确自身需求。Hirschman 和 Holbrook(1982)提出购买后的消费经历不仅应该为顾客带来理性的消费价值，更应该注重为顾客带来体验性的消费价值，如消费中的享乐、美感等特征[15]。Butz 和 Goodstein(1996)认为顾客价值是当顾客使用完产品或服务，并发现产品提供了一种附加价值时，建立在顾客与供应商之间的情感纽带，他们认为顾客价值不仅包括经济利益还有情感成分[16]。Wyner(1998)认为顾客价值由产品本身或非产品的相关印象或经验产生，而且在过去已实现或未来将要实现[17]。Holbrook(1996，1999，2005，2006)分析了基于理性视角定义顾客价值的不足，认为仅从完全客观的价格或产品所提供的工具性效用界定顾客价值过于狭窄，忽视了消费行为中享乐这一重要成分，并将顾客价值看做是互动性的、相对性(比较性、情境性)的偏好和体验，认为所有产品均可借由消费体验创造价值[18~21]。很显然，持感性视角研究顾客价值的学者是努力把顾客的情感、娱乐等体验性需求融合到理性的消费价值中。为此，就单个消费者而言，整体消费经历的好坏是顾客价值内容的主体。因而，顾客价值的概念可被概括性地定义为顾客评价过程的结果(Nobel，Griffith and Weinberger，2005)[22]。

此外，还有一些学者从其他角度对顾客价值进行的阐述。例如，Grönroos(2000)从关系营销或关系价值的角度考察顾客价值，认为顾客在感知价值时除关注产品和服务本身外，还关注相互间的整体关系，因而关系本身会影响到总的感知价值，指出顾客价值不是根植于为了金钱而进行的交易性的交换，而是随着关系的发展被创造和传递[23]。Burnham，Frels 和 Mahajan(2003)也持有类似观点，认为关系的确立与长期维持能够提升经济层面的顾客价值和非经济层面的顾客价值[24]。Albrecht(1994)则从满足感知的角度认为顾客价值就是顾客对某一特定需求被满足程度的感知[25]。这一定义将顾客对价值的感知等同于顾客对满意的感知。而Strauss(2001)认为消费者对于所拥有产品的信仰、态度与体验构成了所谓的顾客价值[26]。

1.3.1.2 顾客价值维度

顾客价值维度是顾客价值理论研究的重要内容。根据当前顾客价值理论研究视角的不同：传统视角、顾客导向视角和体验(过程)视角(Ponsonby and Boyle, 2004)[27]，对顾客价值维度的分析也有所不同。具体来说，传统视角下的顾客价值维度划分依据是顾客的投入与产出，是一种完全理性的观点；顾客导向视角下的顾客价值维度划分依据消费者在做消费决策时常常会做出情绪性、直觉性的判断，是一种有限理性的观点；体验(过程)视角下的顾客价值维度划分是依据顾客主观感受在价值评价中作用的不断提升，是体验的观点。

(1) 传统营销视角。在最初的顾客价值维度研究中，学者们基于消费者是“经济人”的前提假设将顾客价值简单地划分为质量与价格两个维度(例如，Jakson, 1985；Morris, 1994)，但稍后的研究表明，质量与价格这两部分难以完全概括顾客对产品的感知，由此，学者们开始扩展质量和价格的外延，将顾客价值划分为利益与成本两个维度(例如，Higgins, 1998；Anderson and Narus, 1998)。遗憾的是，这种划分并未明确说明利益和成本的内容，显得抽象、笼统，阻碍了顾客价值在应用方面的发展。Kolter(1999)则从顾客让渡价值和顾客满意的角度阐述了顾客价值，并具体提出了顾客价值的构成要素，他认为顾客让渡价值由总顾客价值和总顾客成本组成，总顾客价值包括产品价值、服务价值、人员价值和形象价值；总顾客成本包括货币成本、体力成本、时间成本和精力成本[28]，如图1-1。较之其他完全理性视角学者的研究，Kolter对顾客价值的分类优势在于给如何增加顾客感知价值指明了方向，即提高顾客总价值和(或)降低顾客总成本。尽管顾客让渡价值模型被证明在很多消费情境下(例如，商务环境)是一个有用的

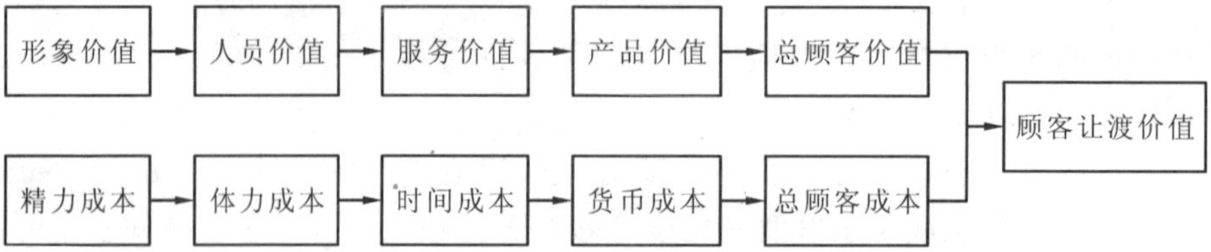

图1-3 Kolter的顾客让渡价值决定因素

Fig. 1-3 Determinant of customer delivered value from Kolter

(资料来源：菲利普·科特勒. 市场营销管理[M]. 上海：上海人民出版社，1999)

分析框架，但是其弊端在于未考虑情感成分在顾客消费过程中的作用。事实上，完全理性的“经济人”是不存在的，消费者只有有限的信息资讯处理能力，导致消费者常常不能做出理性与效用最大的决策，因而Kolter对顾客价值维度的划分过于简化了顾客的购买行为。

（2）顾客导向视角。Zeithaml（1988）运用“手段—目的链”分析了价格、感知质量和感知价值间的关系，建立的服务质量模型，指出感知价值受到内在属性、外在属性和高阶抽象因素利得的影响，并依照高、中、低三层特性将感知价值划分为五个维度：内在属性、外在属性、感知质量、价格（货币和非货币）以及其他相关的高阶抽象属性[10]。Petrick（2002）以Zeithaml的服务质量模型为基础，将感知价值也划分为五个维度，分别是行为价格、货币价格、情感回应、质量及声望[9]。Sheth，Newman和Gross（1991）认为有学者将顾客感知仅仅等同于质量和价格的比值过于简单化，因而提出了消费者价值理论，认为顾客在消费决策中存在三种不同层面的选择，即购买层次（是否购买）、商品层次（购买A或B）及品牌层面（购买品牌A还是品牌B），均不同程度地受顾客消费价值的影响，并将其划分为五种消费价值：功能价值、社会价值、情感价值、认知价值（epistemic value）和情境价值（conditional value），并认为顾客选择的感知效用实际上是上述不同维度消费价值的函数[29]。而Sweeney和Soutar（2001）认为Sheth，Newman和Gross（1991）对消费价值分类中的情境价值与其他四类消费价值不同，可能不是一个独立维度，而应将其看做是特定情境下的功能价值和社会价值的特定形式，即受到调节影响的功能价值或社会价值。同时，Sweeney和Soutar还提出，根据他人的研究表明对快乐部分和效用部分的态度是相关的，因而各个维度间是相关的。此外，Sheth理论中的功能价值包含的可靠度、耐久度指标通常被研究者们认为是关于产品质量方面的属性，且在大多数价值模型中，质量和价格对感知价值的影响是有差异的，甚至起到相反的作用，为此，他们将功能价值划分为两个维度——功能价值质量要素和功能价值价格要素，并将顾客价值划分为四个维度：情感价值、社会价值、质量价值和价格价值[30]。Kantamneni和Coulson（1996）通过对大学生的实证研究，将顾客价值划分为功能价值、市场价值、经验价值和社会价值四个维度[31]。Court等人（1999）强调当今企业应从过去单一强调功能性利益转化为同时强调功能性利益、程序性利益（process benefits）和关系性利益（relationship benefits），即企业应完成功能性、程序性和关系性顾客价值的创造和传递，企业营销才能取得成功[32]。Ruyter等人（1997）在其所提出的价值模式中同时考虑了消费者在感知上和情绪上的价值感受，主张消费者的价值感知主要包含外部价值、内部价值与系统价值（systemic value）等三个维度。其中，外部价值涉及顾客对服务所能达成功能或实用目的的感知；内部价值涉及与实用目的无关的情感评价；而系统价值则同传统营销视角的下的顾客价值维度内涵相似，考量服务事件中收益与付出的抵换，属于消费者对服务事件理性和逻辑性的思考[33]。Oliver(1999)提出了一个顾客价值的概念框架，将顾客价值分为品质价值(qualitatively value)、成本价值(cost-based value)和感受绩效(performance outcomes)。其中，感受绩效是一种外显式的比较，是顾客在消费过程中的感受，表现出的结果状态可能为高兴、划算或只是一种综合效用[34]。而其他两个价值维度也均是在客观产品表现的基础上强调顾客认知。Parasuraman 和 Grewal (2000)认为顾客感知价值是一个动态概念，依照产品或服务生命周期的不同阶段，将其划分为四种类型：获取价值、交易价值、使用价值(in-use value)和赎回价值(redemption value)。其中，获取价值和交易价值表现在购买阶段，使用价值表现在使用阶段，而赎回价值则表现在处置阶段[35]。Hanna，Backhouse 和 Burns (2004)结合顾客评价过程，把顾客价值分为产品价值、使用价值(value in use)、占有价值(possession value)和总体价值[36]。

(3) 体验(过程)视角。Holbrook 和 Hirschman(1982)认为顾客是通过功利和体验两个方面进行价值判断的，强调在功利要求之外，顾客在消费过程所得到的象征、愉悦和美感等体验也十分重要[37]。Babin 和 Darden(1994)也持同样观点，认为可以用功利主义(utilitarian benefit)和享乐主义(hedonic benefit)两类价值来解释消费者的购物动机。功利主义利益指商品或服务的效率和效果方面，换句话说，就是帮助消费者追求最大化效益、提高效率以及节省金钱、时间等成本；而享乐主义利益则较为主观且富有个性化，多是由于有趣、好奇或吸引等要素引起的，反映的是购买者潜在的娱乐与情感方面的价值。与此相一致地，Chandon，Wansink 和 Laurent(2000)也采用类似的观点，但区别于 Babin 和 Darden(1994)的是，他们将顾客价值的功能/享乐框架进一步扩展，将实用利益分为节省、更高品质和购物更便利；将享乐利益分为价值表达机会、娱乐和探索[38]。Gursoy，Spangenberg 和 Rutherfor(2006)在针对节事活动的研究中也将感知价值划分为实用价值和享乐价值两种类型，而其中享乐维度占有更重要的位置[39]。Overby 和 Lee(2006)也将顾客价值划分为功利主义价值和享乐主义价值，并对于网络消费者的偏好和购买意愿间的关系进行了实证研究[40]。Holbrook 是体验视角的代表人物，他明确指出顾客价值就是一种体验(Holbrook，1994c)[41]，依托心理学和道德哲学，考虑了顾客价值的三个关键维度：内在价值与外在价值、自身导向(self-oriented)和他人导向(other-oritented)、主动的与响应的，据此将顾客价值分为八种类型，见表1-3。“外生价值”追求的是一般所谓的工具性价值，重视产品功能与效用；“内生价值”追求的则是一般所谓的体验性价值，强调最终性的价值；“被动(消极)的价值”来自消费者对于所消费主体或经验的一种理解、赏识、响应；而“主动(积极)参与的价值”则意味着可增加消费者与营销实体之间的合作关系，这种合作关系也是创造趣味消费经验的先决条件 。“自我导向价值”主要以个人利益为出发点，“他人导向价值”则包含为其他人的利益考虑，如家庭成员、朋友、邻居、同事等(Holbrook，1994c，1996，1999)[18,41,42]。在随后的研究中，Holbrook(2006)不考虑活动(activity)维度，依照外生/内生、自我导向/他人导向两个维度将感知价值总结为四种类型，见表1-4。经济价值是指产品或消费经历达成消费者目的的状况；社会价值指自身消费行为作为迎合他人的途径；享乐价值来源于消费体验中的愉悦；利他价值则关注自身的消费行为对他人的影响[43]。Rintamaki 等人(2006)在其建立的顾客价值模型中将顾客价值阐述为多阶结构：功利价值、享乐价值和社会价值[44]，但功利价值维度仅考虑了货币节省和购买便利显然是不充分的。因为产品本身往往是消费者购买的首因，而服务提供除购买便利外，还应涵盖其他内容。此外，Mathwick，Malhotra 和 Rigdon(2001)依据主动/被动、内在/外在两个构面将顾客价值分为四个维度：趣味性价值、消费者投资报酬、美感吸引力价值和服务优越性价值[45]。Jensen 和 Hansen(2007)也基于体验视角，采用扎根理论研究方法，通过对饮食服务消费者的研究归纳出五种感知价值维度：卓越、和谐、情感刺激、认同及环境价值[46]。

表1-3 Holbrook 的三维顾客价值分类

Table 1-3 Three-dimensional classification of customer value from Holbrook

		外生	内生
自我导向	主动的	效率(I/O，方便)	娱乐(愉快)
	响应的	优秀(质量)	审美(美丽)
他人导向	主动的	地位(成功、形象管理)	伦理(美德、正义、道德)
	响应的	尊重(声誉、物质、财产)	精神(信仰、欣喜、神圣)

注：括号的内容为举例。

资料来源：Holbrook(1994c，1996，1999)。

表1-4 Holbrook 的两维顾客价值分类

Table 1-4 Two-dimensional classification of customer value from Holbrook

	外生	内生
自我导向	经济价值(economic value)	享乐价值(hedonic value)
他人导向	社会价值(social value)	利他价值(altruistic value)

资料来源：Holbrook(2006)。

1.3.2 顾客价值国内研究现状

尽管有关顾客价值理论的研究在国外有近20年的历史，但国内研究起步较晚，已有的相关文献大都集中在近9年之内。大多研究文献仅限于阐述目前较为熟知的几种顾客价值的概念和相关应用，而鲜有文献对顾客价值作较为深入和系统研究，且研究内容较为零散，缺乏实证研究。经过对国内现有顾客价值研究文献的梳理和归纳，可将国内对顾客价值及相关的研究内容分为以下几个方面。

1.3.2.1 对国外有关顾客价值研究成果的归纳与整理

白长虹(2001)对西方研究顾客价值的代表性研究和主要理论成果进行了回顾、梳理和评论，将顾客价值定义归纳为顾客基于所得和付出对产品或服务效用的总体评价，并进一步指出，顾客会根据感受价值做出购买决定，并非只想降低价格[47]。同时，他总结归纳了西方学者在顾客感知价值与顾客满意关系的相关研究成果，提出顾客感知价值是决定顾客满意的重要前提，两者间存在不同层次上的互动[48]。此外，他还从关系营销的视角分析了顾客关系的发展变化历程——从初次顾客到短期顾客，再到长期顾客的关系对顾客价值感知的动态影响。董大海(1999)回顾了西方学者对顾客价值概念的定义，认为是顾客感知价值就是顾客在购买和使用某一个产品的整个过程中所获得的效用与所付出的成本的比较，简单概括为：$V = U/C$，其中U为顾客得到的效用，C为付出的成本，V为顾客价值[49]。范秀成(2003)在前人研究的基础上，对顾客感知价值的概念进行完善与修改，结合总体价值和比较价值的观点，给出了更为全面的定义：顾客感知价值 = f(功能价值，情感价值，社会价值) − f(顾客感知所得，顾客感知付出)[50]。在进一步的研究中，他再次对顾客价值概念作出了更为细致的阐释，认为顾客感知价值就是具有特定需求与意图的顾客个体或顾客群体，在具体使用情境下，针对特定企业为满足顾客这些需求而提供的特定市场提供物，感知到通过这一具体的市场提供物在满足其需求的过程中已经、正在或者将能得到的各种利益和为得到这些利益已经、正在或者将要做出的各种付出，并对这些利益和付出进行权衡比较后形成的总体评价[51]。张明立等(2005)就国外学者对顾客价值概念的阐述进行了总结归纳并予以拓展，认为顾客价值是在特定情境中，顾客相对于竞争对手或自己的期望对产品属性、产品功效以及帮助顾客实现目标的使用结果与相应付出的全部代价间的感知、权衡和评价。该拓展定义不仅整合了期望价值和感知价值，还强调了价值来源于顾客学习的感知、偏好和评估。且通过文献总结指出顾客价值具有主观性和个体性、情景依赖性、层次性、动态性、相对性[52]。此外，还依据顾客购买决策模型提出了顾客价值体系的概念，并依据该体系提出了顾客价值供求模型[53]。成海清(2007)归纳总结了顾客价值概念的内涵及特点，认为顾客价值是顾客与企业及其产品的整个接触互动过程中，顾客对企业及其产品的存在、作用及其变化同顾客及其需要相适应、相一致或相接近程度的感知和评价。并认为顾客价值有主观性、互动性和动态性的特征[54]。此外，还有一些其他学者对顾客价值理论进行了分类讨论研究，例如，王成慧(2002)从企业建立竞争优势和市场营销观念发展的视角分析了顾客价值研究在西方兴起的缘由，并介绍了目前西方现有的几种具有代表性的顾客价值理论[55]。叶志桂(2004)将国外对顾客价值的定义分别从价值权衡观、价值满意观、价值情感观、价值层次观、价值构成观和价值综合观[56]。刘研(2005)依照不同导向将一些经典的顾客价值理论分类为：经济导向、价值工程导向、竞争导向、手段—目的导向[57]。刘石兰(2008)就国外顾客价值理论的最新研究进展进行了综述和评析，分别从顾客价值定义、驱动要素、测量及影响结果四个方面进行了梳理[58]。

1.3.2.2 顾客价值维度

随着顾客价值的兴起和不断深入，顾客价值维度的研究近年来也得到了国内学者的关注。范秀成(2000)认为良好的品牌形象有助于降低顾客的购买风险，增强购买信心，而个性鲜明的品牌可以使顾客获得超出产品功能之外的社会和心理利益，从而影响顾客的选择和偏好[59]。对此持相同观点的学者白长虹于2002年对顾客感知价值驱动因素之一的品牌要素进行了探讨，指出品牌之所以对企业有价值，其根本原因是它对顾客有价值。在服务行业的背景下，提出品牌是影响与驱动顾客价值的重要因素，并作用于服务质量和顾客关系改进，进而影响顾客感知价值[60]。此外，他还认为关系顾客价值感知的构成要素不仅仅包括某一情节的利得和利失，包含在整个关系中的利得和利失也会影响顾客的整体感知价值[61]。王永贵(2003)基于 Sweeney 和 Soutar(2001)的顾客价值维度，认为其维度划分中的功能价值中的价格因素，没有反映“价格以外的利失”，这些“利失”指的是“在消费产品中所放弃(失去)的利益”，并以金融行业为背景，识别出四个关键维度分别是情感价值、社会价值、功能价值和感知利失[62]。范绪泉和甘碧群(2004)依据顾客感知价值情景性和等级性的两个特征，形成顾客感知价值的两个维度，两个维度各自分为两个层次，将顾客感知价值的构成要素分为九类，组合形成顾客感知价值矩阵[63]。王锡秋(2005)则从经济价值、物理价值和心理价值三个维度对顾客价值进行了界定。并认为这三个维度是非线性相关的，顾客价值可以看成是由这个三个维度构成的价值空间的矢量[64]。杨晓燕，周懿瑾(2006)以绿色化妆品为例，通过实证研究提出在功能价值、情感价值、社会价值和感知付出的基础上，认为绿色产品还应包含绿色价值维度[65]。

1.3.2.3 顾客价值与相关概念的关系研究

国内学者就顾客价值与相关概念的关系做了一些有益的探索性研究，相关的实证研究就更为少见，主要体现在以下几个方面：其一是有关顾客价值与竞争优势的关系研究。王高(2004)通过2003年的中国手机行业的数据，运用顾客价值理论分析了手机企业的竞争优(劣)势。在研究中，顾客价值由顾客感知利益和感知价格两维度构成，研究结果表明了“高感知利益”和“低感知价格”均是企业获取竞争优势的重要来源[66]。其二是有关顾客价值和顾客满意或忠诚的关系研究。董大海等(2004)支持顾客价值主导论，验证了顾客价值不仅是竞争优势的重要前因，而且是顾客满意的前因[67]。蒋廉雄等(2006)针对通信服务的研究也表明，顾客价值是顾客满意的前因。杜建刚等(2006)在服务忠诚度的驱动要素研究中将顾客感知价值、顾客信任等作为其前置要素，结果表明顾客感知价值对顾客满意和顾客忠诚有正向促进作用[68]。王永贵(2003)通过对中国金融业的实证研究探讨了顾客价值与客户关系管理间的关系，结果表明顾客满意是顾客感知价值的结果[62]。区别于王高(2004)的研究，王永贵(2003)在研究中基于有限理性的视角考察了顾客价值，王高(2004)则基于完全理性的视角；其他学者采用单一要素结构考察顾客价值，而王永贵(2003)则采用多维要素的顾客价值结构。

1.4 顾客参与国内外研究成果综述

西方营销学术界对顾客参与理论的研究始于20世纪70年代末，一经提出便受到了学术界和企业界的日渐关注，已成为服务营销领域的重要课题。近三十年来，其研究历程大致经历了三个阶段：第一，从企业的视角研究顾客参与。该阶段主要从经济原理的角度，关注顾客参与对企业生产率的影响；第二，从顾客的视角研究顾客参与。此阶段主要探讨顾客参与对顾客本身的影响，特别是对顾客感知质量和顾客满意的影响。第三，从竞争优势的角度来审视顾客参与，强调鼓励顾客参与到价值创造过程，成为共同创造者将是取得竞争优势的关键。且伴随三条主线贯穿其中：一是对顾客参与的基本理论研究，包括对顾客参与定义的探讨，对顾客参与维度构成的探究以及对顾客参与水平的分析；二是对影响顾客参与的前因要素分析；三是对顾客参与的影响及结果的研究。我们可依据这三条主线对顾客参与进行梳理。

1.4.1 顾客参与国外研究现状

1.4.1.1 顾客参与的概念

尽管很多国外学者基于自身的研究视角和目的对顾客参与概念进行了界定，而至今尚未达成统一认识。通过梳理现有文献发现，对顾客参与概念的界定主要存在两类视角：一类是从行为角度来描述顾客参与，认为参与是与服务的生产和传递相关的顾客行为。Silpakit 和 Fisk(1985)用顾客“精神上”、“智力上”、“实体上”以及“情感上”的具体行为和投入来描述顾客参与[69]。Kelly，Donnelly 和 Skinner(1990)认为顾客参与行为可通过获取服务相关信息或发挥实质的努力等形式表现[70]。Dabholkar(1990)认为顾客参与是顾客卷入到服务的生产与传递过程中的程度，涉及被动地涉入服务传递过程或主动地合作生产服务产品[71]。Cermak，File 和 Prince(1994)认为顾客参与是顾客的特定行为，反映顾客的实际行为涉入[72]。Rodie 和 Kleine(2000)，Anitsal(2005)从行为视角将顾客参与定义为在服务的产生或传递过程中，顾客提供的活动或资源，包含心理上、身体上、甚至是情感上的付出[73,74]。Auh 等人(2007)，Etgar(2008)将顾客视为合作生产者，将顾客参与定义为服务过程中的顾客实际配合行为[75,76]。Payne，Storbacka 和 Frow(2008)将顾客参与视为一种合作生产，共同创造的行为[77]。Fang，Palmatier和 Evans(2008)将新产品开发中的顾客参与定义为顾客在新产品开发过程中行为涉入的深度和宽度[78]。

另一类是从结果或状态的角度来定义顾客参与，强调顾客在参与过程中所扮演的角色、作用和贡献。Gruen，Summers 和 Actio(2000)指出，顾客参与衡量的是顾客在企业中的贡献程度，且以使用企业的产品、服务或者活动的频度高低来反映顾客在服务中的贡献程度[79]。Claycomb，Lengnick-Hall 和 Inks(2001)也强调顾客参与不仅是顾客在服务中的表现行为，更多的是他们在服务中所担任的角色和所发挥的作用[80]。Namasivayam(2003)认为顾客参与是指在生产过程中的顾客角色，不论是服务还是有形产品[81]。该定义将参与从单一的服务领域扩展到服务和产品领域。区别于行为或状态的描述，Lloyd(2003)从结果的角度认为顾客参与是顾客在服务过程中作出的所有贡献，最终会影响他们所接受的服务和服务质量[82]。

1.4.1.2 顾客参与的维度

随着对顾客参与内涵研究的深入，大多学者都认为顾客参与是一个高阶结构，并依据自身的研究背景和研究角度对顾客参与进行了多维度划分。Silpakit 和 Fisk(1985)在对顾客参与概念的界定中就将顾客参与划分三个维度，即为精神方面的投入，体力方面的投入和情绪方面的投入[69]。具体而言，精神方面的投入指顾客在信息和心智上所做的努力；体力方面的投入包含有形实物和无形的体能劳力；情绪方面的投入指顾客在参与活动中态度和情感上的付出。与 Silpakit 和 Fisk(1985)研究中对顾客参与的情绪维度划分相一致地，Rodi 和 Kleine(2000)也指出，当顾客感知参与行为可获得高水平收益时，就会付出较多的情绪劳力[73]。Kellogg，Youngdahl 和 Bowen(1997)依照一般服务产品的生产流程，从服务前的准备，服务中的交流和关系建立，到最后服务传递中的信息反馈，将顾客参与划分为事前准备、建立关系、信息交换行为、干涉行为四个维度[83]。在进一步的研究中，Youngdahl，Kellogg 和 Bowen 等人(2003)对此划分法进行了跨文化的实证检验，结果证明了其有效性[84]。Bettencourt(1997)在研究中发现，顾客在服务中扮演着赞助者、人力资源与企业顾问三种角色，并会依据不同的角色而相应产生三种自愿性表现行为：忠诚、合作行为和信息分享。这同时也构成了顾客参与的三个维度，其中忠诚可以看做是顾客对服务结果的行为反应，表现为积极地口碑宣传；合作行为指顾客有利于良好服务传递的行为；信息分享指顾客积极且有责任性地与组织进行信息沟通[85]。Ennew 和 Binks(1999)提出顾客参与包括三个广泛的维度，即信息分享、责任行为和人际互动[86]。信息分享指顾客需要将信息传递给企业以确保其需要得到满足；责任行为是指在服务过程中顾客需要履行的职责，例如，在教育中消费者必须自己去进行学习和理解；人际互动在内容上包含诸多的人际关系因素，如信任、可靠等，在形式上既包含顾客与员工的互动，也包含顾客间的互动。这种划分的创新点在于发现了服务过程中提供者和顾客行为的共同要素，更体现了服务的交互本质。Claycomb，Lengnick-Hall 和 Inks(2001)将顾客参与划分为三个维度：出席、信息提供和共同生产[80]。Lloyd(2003)也从三个层次划分顾客参与：付出努力、工作认知和信息搜寻[82]。付出努力是顾客投入到服务中的努力程度；工作认知是指顾客对工作步骤、使用该服务的相关知识和难易程度等方面的认识；而顾客搜寻信息是为了了解服务的本质以及他们在服务传递中的角色。此外，Hsieh，Yen 和 Chin(2004)认为在服务传递过程中，顾客会以四种形式参与到服务过程中：时间、努力程度、信息供应和共同制造[87]。

尽管各学者对顾客参与进行了不同维度的划分，但对比这些划分后发现，很多维度在内涵上、实质上存在较大的相似度，例如，很多学者提到了信息交换，信息分享维度；Bettencourt(1997)提到的合作行为维度同 Ennew 和 Binks(1999)提到的责任行为和 Claycomb，Lengnick - Hall 和 Inks(2001)，Hsieh 等人(2004)划分的共同生产维度相类似。此外，尽管学者们对顾客参与划分的依据不同，但都认同顾客参与是一个多维度变量。

1.4.1.3 顾客参与的水平

Mills 和 Morris(1986)依据服务交互的本质从维持关系互动、任务互动和人际关系互动三个层次对服务过程进行考察，依据这三个互动层次对顾客参与水平进行了划分：若服务组织的任务互动和人际互动特征明显，即顾客必须参与服务的生产过程才能完成服务过程，则属于参与程度较高的行业，如教育事业、法律顾问、工程公司等；若其互动的目的主要是维持关系，且通常有明确的程序规范生产和消费行为则属于参与程度中等的行业；若顾客本身的活动要求较低，则属于参与程度较低的行业，如银行、零售业等。Hyman(1990)认为顾客参与可以划分为高、中、低三个层级，指出处于高层级参与的顾客通常对服务过程有较大影响力和控制力，他们通常搜集了解各种信息后再做决定，并影响其他顾客，甚至影响卖方行为；处于中间层级参与的顾客只是明确知道自己的需求，而商家仍是整个服务过程的主导者；而最低层级参与的顾客只是被动地接受服务，对整个服务过程没有任何的控制[88]。Binter 等人(1997)根据 Hubbert(1995)[89]的研究归纳出顾客的三种参与程度，并认为随着服务情境的改变，所需的顾客参与水平也会有所差异，三类顾客参与水平见表 1-5[90]。第一类是低度的顾客参与：顾客只需出席，服务提供者将完成全部服务工作。例如参加交响音乐会的听众只需出席音乐会就能感受临场的震撼之美，而不需作为演员参加演出；第二类是中度的顾客参与，这类服务需要顾客的投入以帮助服务提供者创造服务价值，其中顾客的投入包括：信息、努力和实物等，例如顾客在接受美发服务时，顾客的投入包括，信息方面，顾客需要告知发型师自己对发型的要求；努力方面，顾客需要付出时间来等待发型师完成服务；实物方面，顾客必须亲自出席等；第三类顾客必须实际且与服务提供者共同创造服务，称为高度的顾客参与。在此状态下，顾客成为强制性的生产角色，如果不能实现该角色，将会影响服务的结果，例如，教育、训练及塑身，若顾客不好好学习，练习及合理正确地饮食并配合运动，单靠服务提供者无法达到预期的目标。这种划分方式得到了大多数学者的赞同。

表 1-5 不同服务下的顾客参与水平

Table1-5 Levels of customer participaition under different service

低度顾客参与	中度顾客参与	高度顾客参与
顾客只需出现在服务传递过程中	为了创造理想服务，顾客需要投入一定的资源	必须与企业共创服务，担任生产者
标准化的产品	通过顾客的投入，使服务变得定制化	主动的顾客参与，可提供定制化服务
无论是否存在顾客购买都会产生服务	当顾客购买时，才会产生服务	服务的创造离不开顾客的购买和主动参与
唯有付款时，才需顾客投入	若没有顾客投入仍可提供服务；但若要获得预期结果，顾客必须投入	顾客投入是必需的，顾客和企业共同创造服务结果
举例 消费者 快餐店 音乐会 航空服务 B2B 清洁服务 除虫服务 室内植物维护	举例 消费者 美发 高级餐厅 B2B 代理广告 货物运输 薪资服务	举例 消费者 教育 婚姻咨询 个人减肥计划 B2B 管理咨询 执行管理的研讨会 安装全球网络(WAN)

资料来源：M. J. Binter, W. T. Faranda, A. R. Hubber and V. A. Zeithaml(1997)改编自 A. R. Hubbert(1995)。

1.4.1.4 顾客参与的前因研究

有关影响顾客参与之前因要素，学者们主要从两个层面要素和一个宏观环境要素来探讨。组织层面要素包含了组织社会化、组织支持；顾客层面要素包含了产品知识、内外控和涉入水平。以下将按照组织层面要素、顾客层面要素及文化要素影响顾客参与之前因进行综述。

（1）顾客的组织社会化。由于不适当的顾客参与可能会造成对服务效率、服务品质的不利影响，还可能影响服务提供者的专业技能，使服务提供者产生负面情绪，因而，Kelly，Donnelley 和 Skinner(1992)认为，当服务组织努力地使顾客的组织社会化程度提高，顾客就越满意，由此顾客也会愿意在服务传递过程中提供自身资源，因而顾客的组织社会化可以有效地管理顾客的资源投入[91]。Kelly，Donnelly 和 Skinner(1990)强调将组织社会化过程作为顾客学习参与角色的手段，服务组织应通过向顾客提供低廉的价格、有效地服务传递方式或流程、更大程度的顾客定制化及顾客对服务传递过程较大的控制力等鼓励手段，让顾客充分地进行参与活动，扮演好“部分员工”的角色[70]。Claycomb Lengnick - Hall 和 Inks(2001)实证评价了顾客的组织社会化对顾客参与有显著的正向影响。顾客的组织社会化程度愈高，消费者愈能了解组织的价值观和期望，并获得员工及其他顾客互动活动所需的知识和能力，从而有益于顾客的参与意愿[80]。

（2）组织支持。顾客的感知的组织支持是顾客关系组织是否重视他们的投入与关心他们的存在(Eisenberger，et al.，1990)[92]。Binter，Booms 和 Tereault(1990)指出组织的支持行为包含公平的人际对待、维持承诺、有效补救、提供可靠服务和对特殊要求的员工自发回应与行为[93]。Bettencourt(1997)在研究中指出顾客知觉的组织支持在满意度和承诺上，和参与、合作有直接的正相关关系[85]。Yoon，Seo 和 Yoon(2004)的研究显示，来自于组织的支持可以间接地影响顾客对服务员工的工作质量的感知，组织支持和顾客参与会影响员工的服务努力和工作满意度，进而影响顾客知觉到的服务品质[94]。

（3）产品知识。Rodi 和 Kleine(2000)提出，透过 Kelly，Donnelly 和 Skinner(1992)的组织社会化可提升顾客的参与能力。Rodi 和 Kleine(2000)认为，顾客若要参与服务的生产和传递过程，其自身必须拥有一些相关资源，才能扮演合乎企业期望的理想顾客角色。在 Rodi 和 Kleine(2000)的研究中提到了有关顾客参与能力的观点，顾客能力指的是顾客在理想的角色参与中所拥有的需求资源，也就是说从理想的服务品质和满意度来由厂商具体说明的层级。而在最广泛的意义上，能力包含了所有直接关联的资源，例如知识、技术、经验、活力、努力、金钱和时间等，而这些混合的资源则会构成顾客能力而影响其参与行为[73]。

（4）内外控。Bendapudi 和 Leone(2003)在实证研究中发现，个体差异性会影响个体是否接受职责的意愿，并提出内外控这一构念，认为可以以此来检验是否某些顾客在“合作”中容易受到参与行为的影响。Andreasen(1983)则认为源于心理学的内外控(locus of control)会影响顾客的参与意愿，以及顾客对服务结果的归因倾向[95]，因而，内外控可被用于预测人们对整体环境的掌控程度(Tomas, Kelly and Lillian, 2006)[96]。Henion 和 Wilson(1975)将内外控定义为个人认为影响力的来源是内部或外部控制的归属[97]。也就是说，一个人将事件的原因和控制是归属于自身的力量抑或是外部的环境。内控者相信成功源于自身的努力，失败也是个人的责任；外控者则不相信成功或失败与个人能力或努力有关。Silpakit 和 Fisk(1985)指出不同人格特质对服务组织的看法也不同，相比外控的人而言，当内控者参与程度越高时，越有可能将失败归因于自己，而非组织[98]。Matzler 等人(2005)提出顾客的人格特质会影响顾客的参与意愿，进而影响其对服务的整体满意度[99]。

(5) 涉入水平。涉入反映了个体差异，是原因或动机的变数，会影响顾客的购买与沟通行为。Cermak, File 和 Prince(1994)的实证研究结果强调，应将涉入视为状态或态度，而将参与比拟为实际的行为涉入[72]。Silpakit 和 Fisk(1985)认为由于服务业的特殊性质，即生产与消费同时进行，心理涉入会激励生理(行为)涉入(例如顾客参与行为)[98]。Gabbott 和 Hogg(1999)研究了服务消费中顾客涉入，实证研究发现涉入度对于了解顾客服务性消费行为有某种程度的帮助[100]。而 Matthing, Bodil 和 Edvardsson(2004)则提出经由顾客涉入而进行服务创新的观点[101]。

(6) 文化。除上述组织层面和顾客自身要素会影响顾客参与外，也有学者认为宏观环境中的文化要素会影响顾客的参与行为；例如，Lloyd(2003)检验了文化对顾客参与的影响，认为文化要素可以通过感知风险、内外控对顾客参与产生间接的正面影响[82]。尽管 Youngdahl 等人(2003)也预见文化是影响顾客参与的要素，认为顾客参与是一种社会行为的表现，理应随着国家文化的差异而有所不同，但其实证研究结果并未支持他们的观点，结果显示顾客参与行为在不同文化导向的背景下没有表现出差异性[84]。

1.4.1.5 顾客参与的结果研究

对于顾客参与结果的研究，主要从以下三个方面进行综述：

(1) 顾客参与对服务质量的影响。关于顾客参与对服务质量的影响，不同学者有不同的观点。Kelly, Donnelly 和 Skinner(1990)提到在服务中，由于在服务传递前，顾客被要求以分享信息或付出精力的方式参与其中，因而信息和精力的付出会影响顾客对服务质量的评价[70]。Bowers, Martin 和 Luker(1990)将顾客视为企业的“临时员工”认为通过定义顾客工作、训练顾客执行工作和奖励顾客三个步骤来提高顾客参与程度，由于前两个步骤使得顾客清晰地知道自己在服务过程中该做什么及如何去做，将会在很大程度上影响参与的效果，从而影响感知服务质量[102]。Cermak，File 和 Prince(1994)针对需要专门服务提供者服务的顾客，即法律和金融类顾客进行研究，结果显示顾客参与和服务质量正相关[72]。Bettencourt(1997)对二者关系也持有相同观点，认为由于顾客经常为自己感知的服务质量付出努力，顾客参与和感知服务质量正相关[85]。Ennew 和 Binks(1999)认为，服务传递结果取决于顾客和服务提供者的行为，顾客的积极参与让服务提供者更加了解了他们的需求和环境，顾客因此获得了更加适合自身需求的服务和更好的服务质量，并针对英国的银行与小型企业进行实证研究，经验结果也支持了顾客参与和服务质量正相关的结论[86]。此外，File，Judd 和 Prince(1992)[103]，Bitner 等人(1997)[104]的研究结论也表明顾客参与对服务质量会产生积极影响。

然而也有学者提出了不同的看法。Silpakit 和 Fisk(1985)认为由于服务质量是对服务提供者表现的一个衡量，而顾客参与使得顾客感知到的服务绝大多数是由自身完成的，因而使得顾客参与和服务质量呈现一种负相关的关系[69]。与此相一致地，Lloyd(2003)通过对旅游和电话银行两个行业的实证研究对比发现，顾客参与和服务质量负相关[82]。

(2) 顾客参与对顾客满意的影响。自 20 世纪 80 年代初起，Bateson(1985)[105]，Mills 和 Morris(1986)[106]最先提出“顾客参与和顾客满意的增加有关”的观点以来，学者们在这方面进行了大量的探索性和实证性研究。就顾客参与是直接影响顾客满意还是间接影响顾客满意至今还未取得一致意见。Kelly，Donnelly 和 Skinner(1990)发现在银行交易行为中，顾客对于自己投入多少的程度与满意程度呈正相关关系[70]。Reicheld 和 Sasser(1990)提出，同顾客建立有效的买卖参与关系对顾客满意、忠诚度及维持均有显著贡献，并改善组织绩效[107]。Cermak，File 和 Prince(1994)通实证研究发现顾客参与和满意正相关[72]。Kellogg，Youngdahl 和 Bowen(1997)认为顾客参与本质上就是追求其自身满意过程，通过实证研究表明事前准备、建立关系和信息交换与满意度呈正相关[83]。Van Raaij 和 Pruyn(1998)认为由于顾客参与可以带来感知控制感的增加，控制感上升则责任上升，由此带来满意度增加[108]。Ennew 和 Binks(1999)的实证研究结果指出，由于顾客实际参与服务的生产过程，对于服务也就有更实际、正确的预期，有助于缩小服务质量期望和认知间的差距，达成顾客满意[86]。

随着研究的深入，有学者认为顾客参与和顾客满意间的关系并不显著。File，Judd 和 Prince(1992)在对 23 家法律机构中使用财产规划服务的顾客的实证研究表明，顾客参与和满意度间的关系不显著[103]。Claycomb，Lengnick - Hall 和 Inks(2001)的研究结果也仅验证了顾客参与和服务质量正相关，而与顾客满意度间的关系不确定[80]。Bendapudi 和 Leone(2003)的研究有助于进一步理清顾客参与对顾客满意的影响关系，他们认为在合作生产状态下，自我服务偏见(self-serving bias)会影响顾客对服务满意度的归因，在这种额外心理机制的影响下，当服务结果比预期好时，顾客参与对满意度有消极影响；当服务结果比预期差时，顾客参与对满意度不会产生影响[109]。Yen，Gwinner 和 Su(2004)基于公平理论，从服务失败的角度对顾客参与和顾客满意的关系进行了研究，认为随着参与程度的提高，顾客在参与活动中的投入和付出也随之增加，因而高参与度的顾客会将服务失误的责任更多地归因于服务提供者，也就是说，对于高参与度的顾客来说，服务失败会加剧这类顾客对组织的不满意度[110]。

1.4.2 顾客参与国内研究现状

国内针对顾客参与的研究起步较晚，大都局限于介绍国外研究成果和对该理论的初步探讨，很少有文献作较为深入和系统的研究，且相关实证研究非常缺乏。彭艳君(2008)综述了西方学者有关顾客参与基本理论及其影响方面的一些研究成果[111]。范秀成，张彤宇(2004)就顾客参与对服务的影响问题做了探讨，分析了顾客参与对服务企业绩效存在的直接和间接影响，认为一方面顾客作为资源投入可以直接驱动组织绩效，另一方面顾客参与可以驱动服务质量和顾客满意，降低服务获取成本，进而驱动组织绩效。陈荣秋(2005)提出了“全面顾客参与”的概念[112]，之后，张祥，陈荣秋(2006)在“全面顾客参与”概念基础上提出了顾客参与链，并将之运用系统地分析了顾客参与价值创造的各阶段的活动和方法[113]。张广玲，于娜(2006)认为在服务过程中顾客感知的员工权利影响着顾客参与行为[114]。张若勇，刘新梅和张永胜(2007)从服务过程中知识转移的角度，认为顾客参有利于顾客知识转移，进而提升服务创新绩效[115]。

有关顾客参与和顾客满意关系的研究，一些国内学者也做了有益尝试和探索，例如，望海军，汪涛(2007)探讨了顾客参与、感知控制与顾客满意的关系，关注感知控制在顾客参与和顾客满意关系中所发挥的作用，认为顾客参与水平越高，顾客的控制感知水平越高，则获得更高的满意度[116]。汪涛，望海军(2008)探讨了顾客参与对顾客满意的影响，运用情景实验法进行实证研究，研究结果表明顾客参与本身不是顾客满意的直接动因，顾客感知参与方式的失调以及不同的自律倾向都会对顾客满意产生影响[117]。彭艳君，景奉杰(2008)针对美发服务行业对顾客参与影响顾客满意的机制做了更深入地探讨，认为顾客参与通过情感、感知控制和关系纽带影响顾客对服务质量的感知进而影响了顾客满意[118]。

1.5 国内外研究成果述评

通过以上对顾客价值，顾客参与理论研究现状的总结，我们可以看出，现有的研究成果为本书奠定了重要的理论基础，提供了有益的借鉴之处，同时也存在进一步的研究空间。总结国内外对顾客价值、顾客参与及其相关理论的研究成果，作出如下总体评述。

(1) 对顾客参与的研究尚处于探索阶段。在国外有关顾客参与的研究尚属较新的课题，对顾客参与的界定尚未达成一致观点，针对顾客参与维度的划分，也存在争议。同时，在已有的有关顾客参与研究中，大多文献将顾客参与作为单一维度变量，探讨顾客参与程度高低对其变量的影响。事实上，顾客参与是一个多维构念，对顾客参与进行分维度研究才能使相关研究结果更加精准。此外，目前国外对顾客参与的研究还不完善，而国内的研究更加欠缺，国内有关顾客参与的研究才刚刚起步，内容比较零散，有较多问题值得深入探讨。虽然国外关于顾客参与的研究比国内的研究早了 20 多年，但有关顾客参与方面的实证研究还很匮乏(Dong，2008)[119]，正如 Meuter 等人(2005)通过对 1979 ~ 2000 年间有关顾客参与文献的回顾，发现已有的 23 项顾客参与研究中，仅有 3 项涉及实证研究[120]，这可能缘于顾客参与过程至少涉及企业与顾客两方创造主体，且参与过程并不发生在真空中，会受到具体情境的影响，从而使得对顾客参与过程的观察和调研可能存在某些不确定性。此外，尽管已有国外的相关研究可加以借鉴，但通过梳理文献发现，宏观环境的文化是影响顾客参与的重要因素之一，显然，中国消费环境、顾客消费心理和西方顾客相比具有一些独特性，如高度的风险规避、面子与从众等都会对消费者的参与意愿与参与活动产生影响，使得国外提出的理论模型在中国的可行性尚需验证，因而，以中国消费者为对象开展顾客参与的研究很有必要。

(2) 缺乏从交互视角来研究影响顾客参与的前因。在有关影响顾客参与前因的研究中，已有的文献研究主要从组织和顾客两个层面进行探讨。其一，是组织层面的要素，如组织社会化，所谓组织社会化就是个体适应并进而欣赏组织的价值、规范而需要的行为模式的过程，其目的是使消费者更了解组织的规范。尽管一些学者(例如，Claycomb，2001)的研究表明，组织社会化对顾客参与有正向促进作用，但该要素仅仅强调了企业的主动角色，将顾客视为被动的接受者；类似地，组织支持也是基于企业的视角，倾向于将顾客看成是企业“部分员工”，主张以管理员工的方式管理顾客，人力资源理论虽然为探讨顾客参与前因和方式提供了可行的诠释视角，但顾客毕竟不是员工。员工受招募合同的约束，工作本身可以有趣，也可能只是为实现其他生活目的而必须忍受的任务。而顾客本身没有类似约束，顾客参与到产品和服务的生产或消费中来，动机上带有较强的自愿性质，因而，组织层面的要素虽然都是影响顾客参与的必要条件，却忽视了顾客是参与价值创造、保证自己满意的重要角色。其二，是顾客层面的要素，如产品知识、消费者个人特质(内外控、自治导向)等，这些要素也会影响顾客的参与行为，但这些要素跟顾客自身特点和经历密切相关，例如，产品知识同顾客的年龄、消费经历等相关，往往不是企业所能影响和控制的。而环境类要素在很大程度上会刺激和驱动消费者的参与动机和参与行为。社会心理学的观点认为，个体的内在特质是创造性行为的动力来源，但另一方面这种参与创造的行为必须在社会环境中或一定的情境下展开。更为重要的是，这种影响作用不但表现为企业为顾客提供的物质环境或要素(例如，人员、场地、设备等)，更体现在其对消费者个体的心理环境的构建和影响上。在促进性的环境下有助于增强个体的创造性的发挥，进而实现预期的参与结果；而在阻碍性的环境下，即使消费者自身有较高的参与动机，其创造性也不一定会得到很好的发挥，便不会获得满意的参与结果。可以说，消费者感受到的心理环境可能是促使其参与行为产生的重要原因。同时，企业是有可能通过情景操控来营造有利于顾客进行参与创造活动的环境，对消费者个体感受到的心理环境施加影响，培养顾客对参与活动的认识，鼓励其参与创造的积极性。因而，从顾客与企业交互的角度来分析和探讨影响顾客参与的前因要素对企业的实践更有现实指导意义，为顾客参与的促进、干预和管理提供机会。

(3) 缺乏对顾客参与和顾客价值间关系的研究。顾客价值被视为竞争优势的来源，是顾客消费行为追求的最大化目标。学者们通过对顾客价值的大量研究得出基本结论，即如果企业提供比竞争对手更加优异的顾客价值，就能获得顾客满意。通过梳理文献发现，已有的相关顾客价值研究多是强调企业在顾客价值创造中的主导作用，关注企业如何通过企业资源能力为顾客创造价值。这一研究思路限制或忽视了消费者的主动作用，将其视为价值的被动接受者。事实上，随着消费者主权的到来，理论界的营销范式也由产品导向范式转向了服务导向范式，认为顾客不仅是价值的仲裁者，还是价值的共同创造者。与此相一致地，在企业界顾客作为一种隐性资源正受到越来越多的企业关注，恰当地利用顾客能力可以为企业带来巨大的竞争优势。而顾客参与正是企业在产品和服务过程中利用顾客能力，并创造独特竞争力的一种重要途径。尽管已有学者开始关注顾客参与对价值创造的影响，并指出其未来发展的强大趋势，认为让顾客成为合作生产者有助于顾客价值的创造(Prahalad and Ramaswamy，2004；Lusch and Vargo，2006)，遗憾的是，相关的绝大多数研究仍处于观点的争鸣和思辨阶段，尚未有人对顾客参与和顾客价值的关系做深入探讨。具体来说，顾客对生产过程和服务的介入使企业更高效地服务于顾客的个性化要求，并创造出更多的顾客体验机会，那么，参与创造活动会给予他们哪些价值回报？现有有关顾客参与和顾客价值的研究均未对此加以展开，也未有实质性的经验研究和定量研究。但正因为如此，顾客参与对顾客价值创造的影响才需要更多的学者投入研究兴趣，理论联系实际，以构建并检验更充实的共同创造理论。

（4）缺乏对顾客参与、顾客价值和顾客满意之间关系的深入探讨。在国外，顾客参与的研究仍然主要集中两个方面，第一，基于企业的视角，集中探讨如何雇佣消费者在服务传递中提高效率（例如，Prahalad and Ramaswamy，2000；Schneider and Bowen，1995），关注对企业的经济效应影响；第二，站在顾客的角度，已有文献对顾客参与和满意、质量构念的关系研究均有涉及。其中，已有的相关文献就顾客参与对服务质量的影响基本达成一致，而就顾客参与对顾客满意的影响仍存在争议，这就意味着在顾客参与与顾客满意之间一定存在一些因素，尽管以 Bendapudi 等人(2003)、Yen 等人(2004)为代表的少数西方学者，国内学者望海军(2008)从顾客心理过程角度讨论了顾客参与对顾客满意的影响受其他因素制约，但未考虑到顾客价值这一变量，顾客价值对顾客参与和顾客满意间关系的影响并未引起足够重视。因而，这一问题还是没有得以展开，对顾客参与、顾客价值、顾客满意三者间的关系问题探讨也未有所见。事实上，顾客从事参与活动不只是为了提高效率、提高产品或服务质量，或是维系与企业的关系，这些仅是企业希望通过顾客参与期望达成的结果，而消费者可能是抱有其他动机或目的来从事参与活动的。要想让顾客在参与过程中积极地发挥出创造性，投入更多的资源，让消费者在参与活动中发挥更为主导的作用，就要从营销学角度，从消费者的视角深入探究参与行为能为顾客带来什么？只有深入地理解消费者为什么进行参与活动，企业才能更好地引导、设计和管理消费者的参与过程，让顾客满意，同时在参与过程中与顾客一起获得最大收益。此外，根据文献综述我们发现，在顾客价值理论领域，学者们对顾客价值和顾客满意间的关系进行了探讨，但大多实证研究局限于将顾客价值看作单一维度变量，或是基于完全理性的视角来看待顾客价值，而基于体验或过程视角看待顾客价值的实证研究还很匮乏。因而，本书试图从体验或过程的视角来探讨顾客价值各个维度对顾客满意的影响。

1.6 总体研究思路

基于本书的研究背景、文献述评以及现有研究中存在的不足，提出了本书所要探索的问题，形成"顾客参与对顾客价值创造的影响机理研究"的这一研究主题，并依照以下思路形成对本书的总体构架：

首先，现有相关顾客参与的研究主要集中于顾客参与行为的结果及其影响，并将大多关注点集中于参与对服务质量和顾客满意的影响，而较少地关注顾客参与的过程本身，尽管一些文献研究过顾客参与动机，但内容零散，未能对顾客参与动机形成整体认识。此外，根据作者掌握的资料，鲜有相关文献对顾客参与的本质进行深入研究。因而，本书在梳理相关文献的基础上，运用相关基础理论，对顾客参与的动机、顾客参与的本质及本质形成的内在机理进行深入分析，为后续研究奠定基础。

其次，在诠释了顾客参与的动机以及顾客参与的本质基础上，本书明确了顾客参与的本质是与企业的互动——包含知识层面和关系层面上的互动，其参与目的是为了创造并分享顾客价值。那么，参与价值创造过程中，联结顾客行为与企业行为的纽带或桥梁是什么？换句话说，参与过程中是什么机制让顾客和企业了解双方的期望，并塑造共同期望，继而投入相应的资源以促进价值创造活动？本书将基于对顾客参与本质的认知，从心理层面来诠释联结顾客与企业的心理作用机制对价值创造的影响。

再次，在打开了顾客与企业共同创造价值活动中联结双方行为的心理"黑箱"之后，我们将从系统整合的角度来深入研究顾客参与行为对顾客价值创造的影响。

最后，为了进一步深入研究顾客参与行为对顾客价值创造的影响作用机理，本书将引入顾客特质要素——消费者独特性需要，探索不同程度的消费者独特性需要在顾客参与价值创造过程中的影响作用。

本书总体研究思路如图1-4：

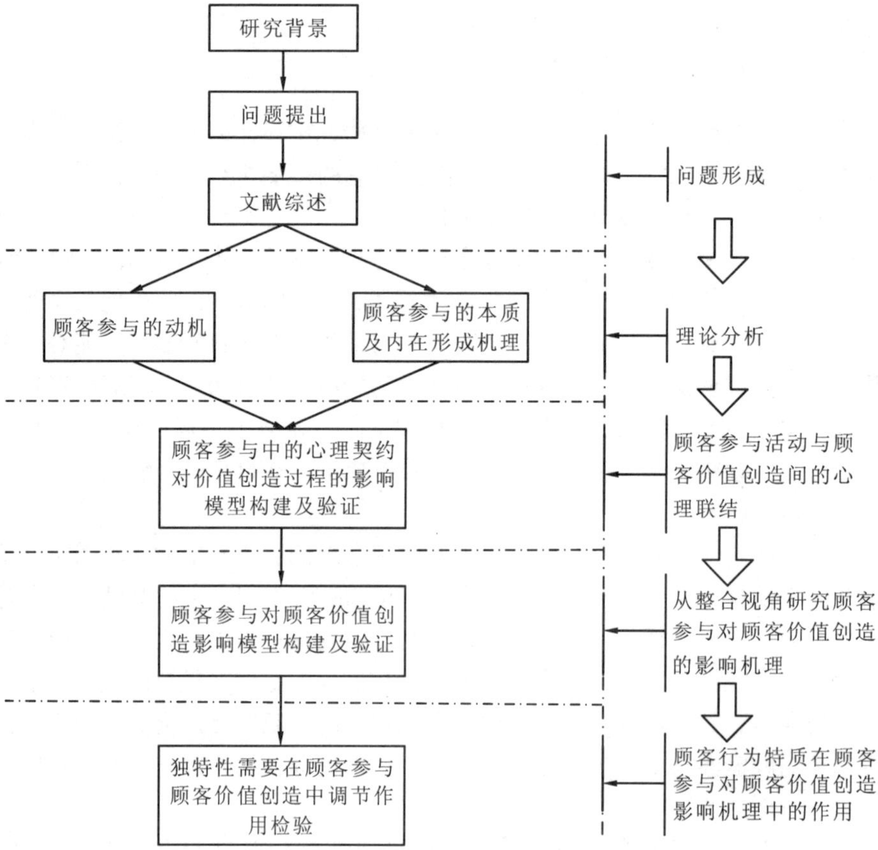

图 1-4 总体研究思路

Fig. 1-4 General idea of research

1.7 研究内容与研究方法

1.7.1 主要研究内容

根据上述研究总体思路，确定本书研究的主要内容。在研究中，我们将从顾客的视角来研究顾客与企业共同创造价值的行为，区别于从企业视角看待顾客参与活动，我们更多地关注如何使企业更有效地激励顾客参与价值创造，顾客参与对顾客价值的影响机理，并从顾客价值的视角为顾客在参与活动如何获取高水平的满意度提供一个新的解释，帮助企业恰当地利用顾客这一隐性资产，提升企业的独特竞争优势是本研究的根本目的和意图。根据顾客价值创造实践、现有相关文献的研究贡献和局限以及上述研究目的，研究拟定6章内容对顾客参与对顾客价值影响机理进行科学、系统地分析和研究，以期丰富顾客参与和顾客价值的理论探索，提供经验证据，并为企业的经营实践提供理论依据和支持策略。

通过对企业的价值创造体系的转变，消费文化的变迁以及顾客角色的转变的现实研究，提出“顾客参与对顾客价值创造的影响机理”这一研究主题，并就该主题对国内外相关已有研究进行综述，提出该领域尚需进一步研究的问题，进而为本研究提供现实依据和理论基础。在此基础上，提出本研究的主要内容、总体研究思路、拟采用的研究方法及技术路线设计。

在对相关研究进行综述的基础上，对本书的核心概念——顾客价值和顾客参与进行了界定，阐述顾客价值创造的内涵，在有限理性理论、目标和目标追求理论和调节匹配理论的基础上，从顾客的视角诠释了顾客从事参与顾客价值创造的动机，顾客参与顾客价值创造活动的本质，并从知识转移视角和关系视角深入阐释了这种本质形成的内在机理，为后文进一步研究顾客参与对顾客价值创造的影响研究奠定理论基础。

以顾客参与顾客价值创造的动机和本质为基础，将组织行为学中的心理契约概念引入消费者参与情境下，为顾客参与活动与顾客价值创造搭建心理层面的桥梁，从企业与顾客交互的视角诠释顾客参与顾客价值创造的心理机制，深入分析参与意义下的心理契约对顾客价值创造的影响，构建参与过程中的心理契约对顾客价值创造影响的模型框架，在此基础之上，进行实证检验。

在深入探讨了顾客参与活动对顾客价值创造的心理机制之后，在顾客参与顾客价值创造的动机及本质基础上，结合有限理性理论、目标和目标追求理论基础理论，我们形成了前因—过程—结果的汇合框架，从企业与顾客交互的视角探讨了情感承诺、自我效能、交互公平和感知风险作为顾客参与前因要素对顾客参与顾客价值创造活动的影响作用机理，进而深入细致地分析了顾客参与对顾客价值创造的影响机理和对获取顾客满意的影响机理，在此基础之上，构建包含顾客参与前因和参与结果的整合理论模型，并据此提出相关假设。

以整合模型为基础，采用深度访谈、问卷调查及结构方程模型等方法对该理论模型验证，根据相关结果对其进行修正和检验，分别对顾客参与前因对顾客参与影响机理效用进行测量，对顾客参与各维度对顾客价值的影响机理效用进行测量，对顾客价值对顾客满意的影响机理效用进行测量，并讨论顾客价值在顾客参与与顾客满意关系中的作用机制，最后对实证分析结果给予合理的理论解释。

以顾客参与对顾客价值，顾客满意的影响机理分析以及实证研究结果为基础，引入了独特性理论和与之相关的独特性需要理论，探索分析了消费者独特性需要对顾客参与顾客价值创造过程的调节作用机理，并进行实证分析，有助于指导企业合理地引导不同独特性需要的消费者从事参与顾客价值创造活动。

1.7.2 研究方法

研究方法对于研究结果的有效性至关重要，因此，本书在研究过程中综合运用多种方法来获取科学、准确的研究数据，得出准确的研究结论。

(1) 文献分析与逻辑推演。顾客参与尚属较新的研究领域，其相关研究文献主要为国外文献。为了解国内外学者在此领域的研究动态和成果，作者对有关顾客参与的文献进行了广泛的收集并仔细研读，比较全面地把握了顾客参与、顾客价值和顾客满意等这些领域的相关理论和最新研究成果，结合我们的研究主题进行分析和讨论，以形成本研究的理论架构。

(2) 跨学科的研究方法。对顾客参与、顾客价值问题的分析，是一个跨学科的研究领域，研究在使用跨学科的研究方法时，主要从经济学、心理学、社会学、组织行为学等学科借用概念与理论，并采用统计学的一些分析方法和工具分析顾客参与与顾客价值和顾客满意的关系问题。这些不同学科的概念和理论被用于研究分析的不同侧面。例如，从组织行为学中借用情感承诺的概念，从心理学借用自我效能的概念来分析它们对顾客参与行为的影响；从经济学中借用有限理性理论、目标追求理论分析顾客参与顾客价值创造的本质等。

(3) 观察调查。现场观察也是营销学的一个重要研究方法。观察调查不同于日常生活中无意识的随意观看，而是有目的、有计划、有重点、有内容的调查活动，而且随着新兴仪器技术的发展和在营销研究的应用，例如，心理测试仪、透视镜、瞳孔测试仪、电子扫描等，使观察调查超越了传统的实用方式，不再仅仅是简单的定性研究方法，更不是局限于人们所熟知的“参与式观察”。Lee 和 Broderick(2007)在其对观察法在营销研究中的应用回顾中指出，观察法可用于消费者的情感体验研究，以加强研究者对消费情感体验的认知[121]。为此，笔者为了对顾客参与服务行为有直接、感性的认识，为总体把握顾客参与行为奠定基础，在 2008 年前后先后参加了多项个人培训类服务，积累了一些对顾客参与活动的直观和感性认识。

(4) 访谈研究。由于学术界对顾客参与的概念和构成维度等问题未达成一致意见，导致顾客参与尚无成熟量表。同时，有关顾客参与的实证研究很匮乏，因而访谈研究成为本书的重要研究工具之一，它与规范分析方法相交融，共同支撑和论证本书的理论模型和研究假设。本书的访谈研究主要包含以下阶段：第一阶段，是专家访谈，选择在相关领域富有理论和实践经验的专家(专家小组由哈尔滨工业大学工商管理专业博士生导师组成)进行非结构化访谈，根据访谈内容，建立研究框架，确定相关变量的内在维度，提出研究假设；第二阶段，是对个人培训消费者进行个人访谈，选择哈尔滨地区的有代表性的个人培训机构进行实地考察(新东方、洋话连篇、北环驾校等7所个人培训机构)，并亲自参与个人培训，对不同类型的消费者进行半结构化和结构化的访谈，以此来修正预设的理论假设。

(5) 问卷调查。问卷调查的设计与调查工作分为三个阶段进行：第一阶段，在文献研究和深度访谈的基础上，本研究明确了各相关构念的维度及其各测量条目，并在相关的研究资料的基础上形成初始问卷；第二阶段，通过焦点小组访谈对问卷进行修订，之后通过小样本测试进行检验修正，优化各测量条目以得到正式问卷；第三阶段，进行大样本调查，运用数理统计工具验证理论假设并检验模型的有效性。

1.7.3 技术路线

在本研究中，作者始终坚持规范分析与实证研究相结合的原则。首先，在文献查阅和梳理的基础上，运用归纳法对目前顾客参与、顾客价值及其相关理论的研究成果及最新进展进行了综述，又运用演绎法来提出并确定本研究的方向，形成本书的研究思路和侧重点。以有限理性理论、目标追求理论和调节匹配理论为基础采用规范研究的方法，深入剖析顾客参与顾客价值创造的动机和本质；以上述理论为基础理论，引入组织行为学中的心理契约理论，为顾客参与活动和顾客价值创造活动搭建桥梁，采用规范研究和实证研究相结合的方法，深入剖析顾客参与中的心理契约对顾客价值创造的影响，构建顾客参与的心理契约对顾客价值创造影响的理论模型，并进行实证检验；根据顾客参与顾客价值创造的动机和本质，以有限理性理论和目标追求理论为理论基础，采用规范研究和实证研究相结合的方法，基于汇合的视角，从企业与顾客交互的角度深入剖析了影响顾客参与的前因要素，顾客参与对顾客价值的影响、顾客价值对顾客满意的影响、顾客价值在顾客参与和顾客满意间的作用机理，并据此构建了整合的顾客参与对顾客价值影响机理的理论模型；与此同时，多次考察个人培训行业，并进行实地访谈，据此不断修正理论分析的不足和缺陷；在深度访谈的基础上，运用问卷调查及结构方程模型等多元统计方法验证理论模型，随后进行系统理论研究，进一步以系统的观点考察顾客参与、顾客价值与顾客满意间的影响关系及顾客价值在顾客参与与顾客满意间的作用机制；以调节匹配理论为理论基础，引入独特性理论，进一步探索分析消费者独特性需要在顾客参与顾客价值创造中的调节作用，并进行理论模型验证。通过采用上述研究思路方法，结合管理学、经济学、心理学、组织行为学的相关理论与研究方法，以保证研究结论的有效性，具体技术路线如图1-5。

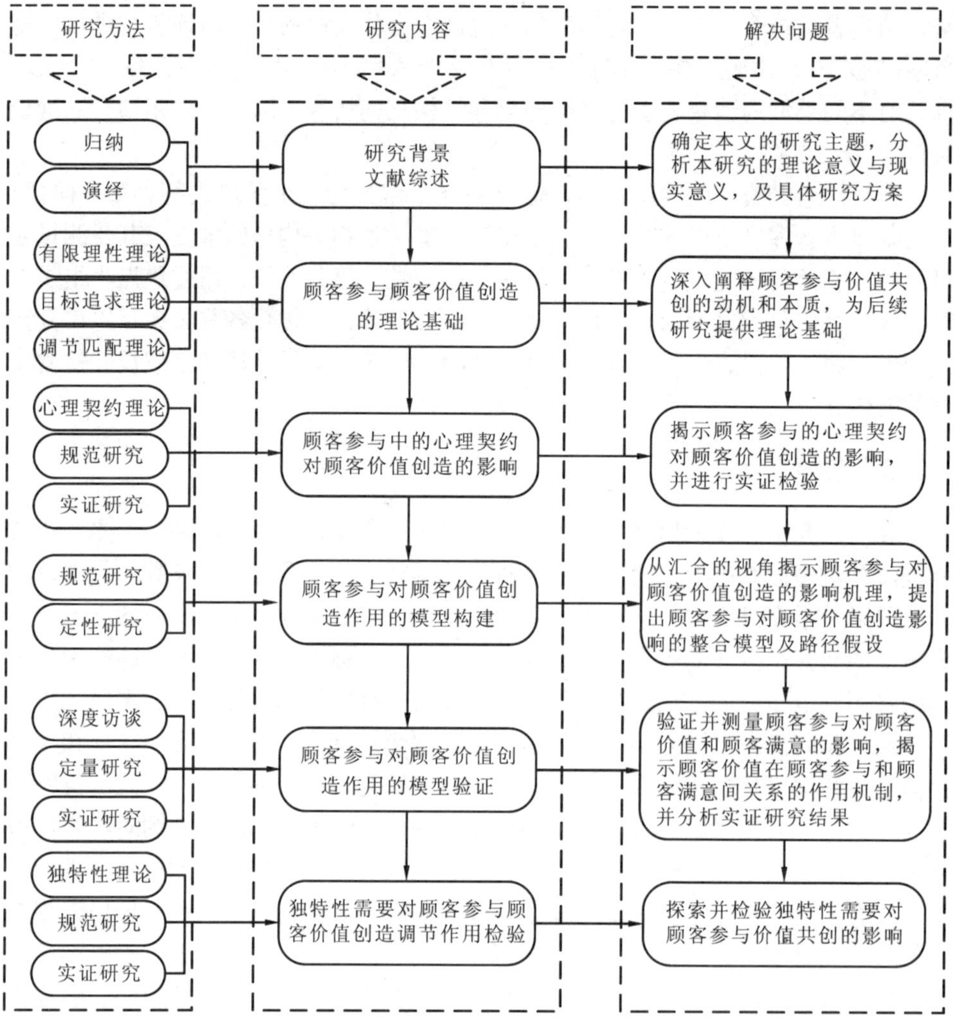

图 1-5 技术路线

Fig. 1-5 Technical route

第 2 章

顾客参与顾客价值创造的相关理论

如前所述，消费者在价值创造过程中起到了举足轻重的作用，有关顾客参与企业创造活动，成为价值共创者的研究无论对企业管理理论还是实践活动都具有显著意义。通过引入经济学、行为决策学和心理学的相关理论应用于顾客参与行为分析，分析了顾客参与价值创造的动机。在此基础上，阐释了顾客参与企业创造活动的本质及形成机理，有助于明确消费者参与活动对创造顾客价值的影响关系，为研究顾客参与对顾客价值创造的影响机理提供理论基础。

2.1 相关概念的界定

2.1.1 顾客价值的概念界定

（1）价值。传统的营销中，常常以“价值”这一概念来研究产品或服务的销售以及消费者的购买行为，认为消费者是基于有限的搜寻成本、知识和其所得的水平下，追求价值的最大化。

何谓“价值”？Rokeach（1973）指出，价值是一种持续不断的信念，是人类行动偏好的基础，使个人或社会偏好于某种行为模式或存在的目的状态，而较不喜欢与其相对或相反的行为模式或存在的目的状态[122]。价值可能受一个长期经验的影响，会转换成消费者的一种理念或观点，并可能长期积累，由此会是购买行为的关键要素，从而对消费行为有重大影响。如果消费者对产品或服务持正面的顾客价值信念，则有可能会导致积极地购买行为或再购意愿；反之，负面的信念对购买行为和再购意愿会形成不利的影响。例如，某消费者对屈臣氏个人用品商店有正面的顾客价值感受，会将此感受转换为一种持久性的信念，而成为其购买行为偏好的基础，当消费者欲选择购买地点时，会唤起屈臣氏个人用品商店的行为消费模式，导致其购买行为与再购意愿的产生。

此外，也有学者指出，价值是由属性、质量、主观和客观的所有因素构成的完整的消费经验（Scheehter，1984）[123]。价值并非单指品质或价格，它是利得

(获得)与利失(付出)二者之比较。价值是依照消费者的不同而有所差异的，且依照个人的主观而决定，代表顾客从产品或服务的消费所获得的利益。Zeithamal(1988)将价值概念延伸并定义为：①价值就是低价；②价值就是得到我想要的；③价值就是相比于价格的质量；④价值就是我的全部付出所换得的回报[10]。

学者对于“价值”的概念在不同的研究领域有着不同的定义与观点。例如，消费价值(Sheth et al.，1991)，顾客价值(Gale，1994；Holbrook，1996；Woodruff，1997)，知觉价值(Chang and Wilt，1994)；服务价值(Bolton and Drew，1991)和交易价值(Grewal et al.，1998)。

价值的概念可以应用在许多不同的领域，包括心理学、社会学心理学、经济学、营销学、会计学和管理学中，从宏观的社会环境、企业的决策模式到消费者的个人行为，皆存在这一概念。同时，这些领域并不完全独立，而是环环相扣，相辅相成的，因而整合“价值”概念有利于企业竞争策略的制定与执行。

(2) 顾客价值。虽然对价值的研究追溯已久，但直到20世纪80年代，在企业竞争不断加剧的背景下，顾客价值的研究才备受关注。在营销文献中，价值既可以指供给方从交换中获得的收入，也可以指需求方从产品、服务中获得的好处，本书关注后者，即消费者视角的价值。De Dreu 和 Bowles(1998)的研究表明，动机导向会影响到我们做出选择时的认知活动和信息处理方式。Rokeach 把这样的导向称为“人类价值”，认为这些价值很大程度上在日常环境中引导着人们的行为，即价值在本质上是动机性的。在这里，价值显然是消费者从事消费行为目标的衍生物。本研究认同大多数研究者对顾客价值的界定方法，并考虑顾客参与的情境及营销范式的转变，认为顾客价值是在特定的参与情境下，顾客从与企业一系列交互行为中对感知所得与感知付出间权衡的结果。

在有限理性、目标和目标追求理论框架下，根据消费行为的最终目的，并参考 Holbrook(1994)对消费活动的分类，本书认为顾客进行参与活动的目的分为两种类型：一种是工具性活动，即消费活动作为实现下一步行为目标的途径。例如，去美发店烫发是为了得到众人的赞美和欣赏。另一种是自发的目的性行为，即某种消费活动以其活动或过程本身为最终目的。例如，看一场电影，消费者更多关注的是观赏过程中所感受到的享受和快乐，这种自发目的性的参与活动源于他们对于活动本身的兴趣和喜爱。在很多学者看来(例如，Holbrook，Hirschman)工具性活动代表了传统市场营销研究中的实用(功利)消费，而自发目的所引发的消费行为则代表了一种与实用(功利)消费完全不同的消费类型——享乐消费。但实用(功利)和享乐并不是一个单维度量表上的两个极端，对于一项消费行为而言，其往往同时具有一定程度的实用(功利)特性和享乐特性，只是有相对侧重问题。因而，在参与过程中，消费者是兼具实用与享乐态度的，但会偏重于某种态度。

持实用态度从事参与行为的消费者倾向于将参与过程视为一次任务，以任务为导向，其参与目的是为了获取实际的参与活动产出结果，在实际利益结果的基础上根据自己的偏好来评价参与结果，由此就产生了实用价值。因而，参与意义下的实用价值是一种外在的、任务导向的、被动产生的价值，强调参与行为最终产生的功用与结果。

持享乐态度从事参与行为的消费者则更倾向于将参与过程视为一次探索和体验，以自我为导向，其参与目的是为了满足心理和精神层面的需要，在与参与过程体验相关的多感觉基础上来评价参与结果，由此产生了享乐价值。因而，参与意义下的享乐价值是一种内在的，自我导向的，主动生成的价值，与参与过程本身紧密相关，强调顾客在参与价值创造中的潜在乐趣和愉悦情绪。表 2-1 中总结了本研究中界定的实用价值和享乐价值的差异。

表 2-1 实用价值与享乐价值的比较

Table 2-1 Comparison of utility value and hedonic value

	实用价值	享乐价值
价值驱动	外在动机	内在动机
消费目的	工具性活动	自发目的活动
价值来源	功能性效用	主体与客体互动
结果稳定性	稳定，较少变化	经常变化
核心内容	实际结果产出	心理和情感反应

2.1.2 顾客参与的解释

(1) 顾客参与。通过文献综述中对顾客参与概念的回顾和梳理，可以看出，尽管学者们对其涵义仍旧保持争议，但也取得了一些一致性的意见。其一，服务的特质——制造和消费的同时性和不可分割性是顾客参与产生的根源；其二，顾客参与不仅体现在顾客的行为层面，还指明了顾客承担的责任和担任的角色；其三，顾客参与的内涵不仅包含顾客在参与活动中贡献的时间、货币等物质因素，同时也涵盖顾客的心理、情绪等精神因素。

基于上述一致性建议，本书认同基于行为的视角来界定顾客参与的内涵，认为顾客参与是顾客在服务生产和传递过程中投入的资源，包括精神层面、实体层面和情绪层面的资源投入，与企业共同参与生产的行为。精神层面的投入主要是指信息和心智上的努力，如告知洗衣店老板衣服上有污渍以及成因；向医生提供有关个人健康状况的信息等。实体层面的投入包含有形实物和无形的体能劳力。有形实物包括自己在内的或顾客拥有的物体，例如，向家装设计师说明自家室内布局。体力上的努力指代某种劳力的付出，当顾客借助自助贩售机自行购买产品时，他们就付出了体力劳动。Rodi 和 Kleine(2000)认为，当顾客预期完成交易活动可以获得高度利益，其付出的情绪努力就会比较多。而当顾客在遭遇来自于企业方面不积极、不友好的礼遇时仍能保持耐心和愉悦时，顾客所投入的情绪努力尤为明显。

顾客参与不应只体现顾客单方面的行为，双方或多方的互动则是这一概念更为丰富的内涵。为此，综合前人的研究，本书将从三个方面来阐释顾客参与的内涵：①信息分享，顾客需要将信息传递给企业，以确保他们的个人需要被满足，同时，顾客通过该行为积极担任意见的提供者；②合作生产，是指顾客在参与过程中扮演部分员工的角色，承担生产过程或传递过程中的部分责任，协助企业共同完成生产服务；③人际互动，是指在参与过程中消费者与企业员工或是与顾客有密切接触工作人员间的互动，包含许多人际因素，诸如信任、可靠、支持以及承诺等，更多地反映情感上的交流。

(2) 顾客参与和涉入度(卷入度)的区别。在已有文献中，顾客参与(customer participation)和顾客涉入(有时翻译为顾客卷入)(customer involvement)作为两个不同的概念经常被混淆，尽管 Dahringer 等人(1991)认为，消费者涉入(卷入)所包含的内容与顾客参与一致[124]。因而，对这两个概念加以区分是十分必要的。涉入(involvement)指一个人基于其内在的需要、价值观和利益而对一个客体所知觉到的关联性(Solomon，2004；Zaichkowsky，1985；Park and Yong，1986)[125~127]。强调消费者主观上感受客观商品、商品消费过程以及商品消费环境等与自我的相关性。消费者主观上对产品相关自我因素的感受越深，表明消费者对该产品的消费卷入程度越高，称为消费者的“高卷入”，反之称为消费者的“低卷入”(罗子明，2002)[128]。从本质上讲，消费者涉入是一种心理状态，一种态度，体现消费主体的个体差异。而顾客参与是反映服务过程中顾客行为构念，(Silpakit and Fisk，1985；File，et al.，1992；Cermak，et al.，1994；Rishe - Rodie and Kleine，2000；Claycomb and Hall，2001；Lolyd，2003；Hsieh，et al.，2004；Payne et al.，2008)[77,80,82,87,98,103,129,130]。同时，Cermak，File 和 Prince(1994)在探讨二者区别时指出，参与和涉入(卷入)在企业与顾客间关系的类型与长度方面也有很大不同[129]。涉入(卷入)较多体现在顾客消费行为中的购前、购后与重购阶段，顾客参与则较多体现在购中阶段。此外，消费者涉入(卷入)与信息处理紧密相关，被视为导致消费者产生购买、沟通传播等行为(参与活动)的直接动因。Yoo 和 Stout(2001)发现在网络购物情境下，高涉入水平顾客与网站之间具有更多的活动意向[131]，对信息与人际互动的渴望越强。因而参与是对涉入(卷入)水平的行动体现，换句话说，当顾客对产品或服务感知到的相关程度越高，涉入程度也随之加深，进而产生一系列的后续参与行为。

(3) 顾客参与和服务接触的区别。服务接触也是一个容易同顾客参与混淆的概念。服务接触(service encounter)是一段时间内消费者直接与服务活动互动的过程，包含了与顾客互动的有组织的员工、组织的实体设备和企业有形因素。即顾客接触强调的是与服务系统的接触，具体来说，就是顾客在整个服务交易行为中真正出现的时间百分比，当此比例越大，意味着交易双方的互动程度越高，反之亦然。服务接触作为“真实瞬间”，是一个情境概念，强调高、低度服务接触的情况是如何影响服务运作的，而顾客参与则是一个行为上的概念，强调顾客在服务接触中所扮演的主动角色。同时，顾客参与与服务接触并不一定同时发生(Silpakit and Fisk, 1985)。例如在自助式服务中，顾客可以几乎不与组织员工接触而高度参与服务生产与传递过程。此外，Grönroos(1990)将服务系统划分为前场、后场、服务接触三部分。前场指所有顾客所看到的部分，如服务人员、机器设备等；后场部分则涵盖顾客看不到的，如管理、技术支援系统等；而服务接触是前场中直接与顾客产生互动的设计。因而从范围上来说，顾客参与可以发生在服务系统的前场、后场和服务接触部分，服务接触则体现在顾客参与的交互环节上，基于该角度，顾客参与是顾客为顺利完成服务生产与传递所付出的一切，因而不受限在服务事件所发生的时空。

2.2 顾客参与顾客价值创造的理论基础

2.2.1 有限理性理论

对于消费者和企业而言，消费者如何选择、消费及处置产品或服务是一项重要议题，因而，多年来顾客消费选择和决策过程一直都是消费者行为研究的重点。在传统的经济学及营销学领域中，对于消费行为的研究大多是将消费者视为理性人或经济人的假设作为前提的，认为消费者是始终追求效用最大化且偏好始终如一的人，即所谓的“完全理性”框架。在这种前提框架下，理性人或经济人拥有完备的信息，完全了解决策中所有的备选方案，可以随时作出理性决策。同时，理性人或经济人能够以客观和无偏的方式估计所得与风险，可依照概率计算不断修正自己的判断以作出最小风险的最大收益之消费决策。此外，理性人或经济人不受任何复杂的限制，不畏风险，不受任何外在的因素或自身情感因素的制约，永远可能保持清醒的头脑准确地做出最正确的选择。

尽管“完全理性”假设是传统经济学的逻辑起点，在消费决策行为理论中，理性人理论也占有主导地位。但超越现实的“完全理性”假设框架似乎不能完全解释人类的行为，因而，理性人或经济人假设多为现代经济学家所诟病。在主流经济学研究赖以成立的理性人假设受到质疑的背景下，以 Simon 研究为代表的有限理性理论逐渐得到重视。Simon 提出了有限理性（bounded rationality）的概念，认为有限理性就是人的行为既是有意识地理性的，但这种理性又是有限的。Simon对传统理性概念进行了批判，但并没有全盘否定传统理性，而是放大了传统理性的研究视角。Simon 从心理学角度出发，论证了人类行为的理性是在有限环境和资源条件下的理性，有限理性是由人的心理机制来决定的。他认为，人由于风险与不确定性，并且人们不能完全具备备选方案的完全信息及其受到认知成本因素的限制，使得人们不可能全面理性，不可能寻求最佳效用的目标，即不能达到最优决策，而是人们通常会采取一种满意的答案，这种决策就是有限理性。具体表现在：

（1）注意力有限。有限理性模型认为，在决策过程中，“注意力是一种关键性的稀缺资源”。注意的中枢能量理论认为，注意是人能用于执行任务的数量有限的能量或资源，决定注意的关键是资源分配方案。注意的选择在总体上是受资源分配所决定的。西蒙指出，“理性限度，在很大程度上，乃是注意广度的局限性所造成的结果。”

（2）感知能力有限。感觉差别阈限的存在，使人们只能注意到一定范围内的刺激。生理心理学的研究发现，人的感觉器存在感受野，作用感受野之上的刺激可被人脑识别和加工，感受野之外则是认知和加工系统的盲区。知觉也被看做是一种主动的和富有选择性的构造过程。知觉是现实刺激和已储存的图式（经验）相互作用的结果。Simon 认为，有关决策的理性理论必须考虑人的基本生理限制以及由此而引起的认知限制、动机限制及其相互影响。从而所探讨的应当是有限的理性，而不是全知全能的理性；应当是过程理性而不是本质理性；所考虑的人类选择机制应当是有限理性的适应机制，而不是完全理性的最优机制。

（3）记忆系统有限。人类的记忆是一个信息加工过程，记忆通常以感觉记忆、短时记忆和长时记忆三种方式贮存。认知心理学的研究表明，外界刺激作用于人的感官之后形成感觉记忆，但由于人对外界刺激感知能力有限，因而感觉记忆有限。在感觉记忆阶段被确认出来的信息就输入到人的短时记忆阶段，短时记忆的容量又不超过 5 ~9 个信息块，因而短时记忆有限。经过短期记忆后，信息进入长期记忆，由于短时记忆贮存下来的资源有限，加之大脑在记忆的同时还在遗忘，因而长时记忆容量也有限。

（4）信息加工能力有限。对于现实中所遇到的大多数问题，人们都没有既定的程序和信息设备来处理，从而发现最优解。这是基于一个明显的事实——世界的巨大复杂性和人的天赋所具有的有限信息处理能力间的矛盾。Simon 认为，人需要通过搜索相关信息，继而提出策略以解决所面临的问题，但是由于现实决策活动中知识的不完备性、预见的困难性和可能行为范围的有限性使得人们在搜索时不能将解决问题的方案考虑的面面俱到，并对各解决方案进行权衡。因而，Simon 认为，绝对的理性经济人是不存在的，所谓理性，只能是在人所面临的选择中寻求满意解，而非最优解。也就是说，应该用“令人满意”的准则取代“最优化”的准则来作为真实人的决策准则。

事实上，大部分时候顾客的消费行为常常是依据情绪性、直觉性、整体性的判断，因而人类行为并非是完全理性的，而是有限理性的。这表明，消费者是在有限的时间及以有限的知识进行决策。有限理性更能够解释认知行为。在有限理性框架下，消费者更倾向情绪性决策，其研究证明当消费者信息处理的能力受限时，其决策将主要受到情感回应的影响。

针对上述事实，实际上顾客的理性是介于完全理性和非理性之间的一种有限理性，即顾客在购买前受知觉选择性支配，不同经验、背景和掌握不同信息的顾客，对市场环境的认识有不同的解释；顾客在从事消费行为时，并不试图找出所有可能的消费决策方案，而是试图通过一定的搜索方式，找到自己认为满意的消费决策方案即可。有限理性的假设前提较真实地描述和解释了顾客的实际消费行为，因而，本书中讨论的顾客是基于有限理性假设前提下的“理性”顾客。

2.2.2 目标和目标追求理论

传统的目标理论强调目标本身的吸引力对于不同的个人具有不同的影响力，因此，对企业而言，重要的是如何使一个目标在众多被选目标中脱颖而出，成为消费者选择的对象。与之相对应的，当前企业大量的营销活动都与这种目标设置活动密切相关，例如，企业通过营销组合让顾客消费某种产品或参与某种活动成为顾客的目标。在目标理论思想的指导下，企业将顾客参与活动视作是一种工具性活动，即顾客参与企业的创造活动是为了达成其所确立的某种目标，例如当市场上无法获得某种产品时，消费者会选择参与创造来获得这种产品，正是由于所有活动都被视为一种工具性(功能性)的活动，那么活动的结果是否能达成既定目标便成为人们评价活动本身的唯一标准，并且，消费者会根据该标准来做出后续的行动反应。

与传统的目标理论不同，目标追求理论认为追求目标的过程与目标达成的结果同样重要(Heckhausen and Gollwitzer，1987，转引自：徐岚，2008)。相关的目标追求文献提出，个人在追求目标时所表现出的坚持性不仅受其目标意向的影响，还受到执行意向的影响(Bagozzi and Dholakia, 1999)[132]。目标意向表现为一种个人对目标及目标实现的承诺感，体现个人对其所选择目标的坚定程度。大部分的相关文献也一致认为，目标意向的强度直接影响了个人在后续目标追求行为中的坚持和付出(Gollwitzer, et al., 1990)[133]。但需要指出的是，目标意向在很大程度上反映了被选择目标的属性，例如，体现在消费活动中有低价格、节约时间、易使用等，却未反映目标追求过程的属性。执行意向则代表个人思考为了达成他们所选择的目标而必须执行的活动，促使人们在达成目标的过程中，不断进行自我调节，来为自己从事该目标追求活动激活更多的动机，并提供更强烈的意志。虽然就目标本身而言对于个人有吸引力，但往往追求和达成目标的过程是漫长而艰辛的。这就使得人们一方面不断激励自己坚持不懈，以获得最终的目标，另一方面还期望在执行追求目标的过程中寻找愉悦的体验，使个人从目标追求活动中获得最大的收益。

目标追求理论使学者的注意力从关注目标结果的达成转移到兼而关注达成目标结果的过程。从目标追求理论的视角下，消费者参与活动既是一种工具性活动，也是一种以个人为中心的体验性活动。一方面，顾客通过参与创造活动以达成某种目标，另一方面，他们也必然在参与过程中去体验和感受。在目标追求理论框架之下，消费者从事参与活动的结果固然重要，然而为了获得期望的参与结果所必须经历的参与过程本身对于消费者而言同样具有意义。

2.2.3 调节匹配理论

传统的行为决策观点通常以结果的价值来评价或衡量，内容包含结果利益和结果成本。事实上，人们对行为决策的评价除了基于这种结果的评判体系外，还存在另外一种评价体系——基于过程的评价体系。新近的一些研究也表明了这种评价体系的存在。调节匹配理论(the regulatory fit theory)关注的就是这种基于过程的评价体系对于决策行为的影响(Higgins, 2000)[134]。该理论认为，个体的心理目标趋向与其行为决策间的匹配程度越高，个体所得到的额外心理效用也就越多。这种额外的心理效用正是一种基于过程的价值，它独立于结果效价之外。Avent 和 Higgins(2003)发现，消费者在选择灯具时对所选定的同一款灯具估价更高，并愿意付出更多的金钱成本购买[135]，这种估价上的差异正是来源于被试个体使用与之相匹配的策略所产生的价值。

调节匹配提高了个体对自己行为的评价和满意度，同时也提高了个体对所选物品的价值判断(Higgins, 2000)。在调节匹配理论框架之下，个体在决策的过程中，他们所判断目标的客观价值并没有改变。也就说，匹配的效应不会直接转移到目标或决策结果之中，所改变的是决策者对于目标的反应，例如，增强了决策者对自我能力的评价、让他们感觉自己的反应更加重要，对自己的反应更加投入等。Higgins(2002)在对咖啡杯的实验中(让被试者对相同的咖啡杯进行估价)发现，调节定向与选择策略匹配的被试者对自己的选择更加满意，其估价较不匹配组的估价结果超出40% ~60%，且在控制了情绪及其他效用因素影响之后，这种估计上的差异仍然显著[136]。这表明，调节匹配对个体自身行为评价和所选物品价值判断是独立于其他影响因素存在的，并且在个体选择过程中，物品的客观价值并没有增加，增加的只是个体对物品的主观价值判断。事实上，这种主观上的价值增值现象是源于个体对自己当前行为产生的一种"正确感"和重要性体验。匹配所激发的动机力量可以增强个人的行为动机，提高个体完成任务绩效和情绪体验强度，并对随后的决策行为及评价态度产生广泛效应。例如，受信息因素本身的影响及环境因素的影响，人们在处理匹配性信息时会更加轻松和流畅(Labroo and Lee，2006)[137]。

在匹配所带来的效应方面，相关实证研究发现，如果不同调节取向的个体使用自己所偏好的行为策略，达成目标取向和行为间的匹配性，那么个体的行为动机就会增强，继而会强化对预期结果的情绪化结果，例如，对所预期的积极结果的体验和感受会更加积极，而对预期消极结果的体验和感受更加消极。对自己的行为评价会更高，对所关注物品的价值评价会更高，在面对困难时的忍受力更强，抵御诱惑的能力更强等(Hong and Lee，2007；林晖芸和汪玲，2007)[138,139]。

综上所述，调节性匹配效应不仅可以增强个体的行为动机、还对个体行为决策、任务绩效、情绪体验以及态度评判具有广泛的影响。因而，将调节匹配理论应用于消费者参与当中，以考察顾客参与的行为动机及预测其参与结果都具有重要意义。

2.3 顾客价值创造的内涵

顾客价值的创造将顾客价值置于战略思维的中心，从本质上来说是一个连续不断的管理过程，具有三层含义：一是价值的提高，指提高企业为顾客提供的产品和服务的价值或价值类别。如开发新产品或新服务，给现有产品增加新的功能属性或赋予新的象征意义等。二是创造的形式有新的成分，而不是原来价值活动基础上的简单增加，只要这些创造成果对顾客来说是有意义的和新颖的。由于几乎没有公司能够提供整个价值的产出，如今的价值创造过程已不再是仅仅存在于连续的固定的价值链中，而是广泛地存在于复杂的价值网中，因此价值创造过程需要顾客、供应商及商业伙伴的共同参与。例如，宜家公司引导顾客扮演非传统角色，如自行设计组装者、自行搬运者、自娱者，目标不仅仅是替顾客创造价值，而是推动顾客与企业共同创造价值。三是提升顾客对消费利益的评价。消费利益评价是顾客对消费过程中全部收益的感知，顾客的主观感受在评价中的作用日益突显，因此，高度关注顾客的主观感受和个性化需求，通过企业与顾客间的互动，交流感官刺激、信息和情感要素，维持或强化顾客的正向感知，消除或削弱顾客的负向感知。

顾客是价值的仲裁者，为顾客创造价值就需要站在顾客立场上考虑企业战略同驱动顾客支付意愿的策略之间的关系。当企业创造了被顾客认可的价值，顾客才会愿意为全新的收益付费，愿意为所感知到的改进利益支付更多费用，或是以更低的成本选择当前企业提供的利益组合。基于顾客角度的价值创造，具有以下特点。

2.3.1 顾客价值创造的层次性

顾客对企业提供的价值认知具有一定的层次性[2]。从顾客认知的角度，将企业为顾客创造的价值大致分三个层面，基本价值，顾客期望价值和超越竞争对手或顾客期望的价值。其中基本价值源于企业给顾客提供的核心产品或服务，用来满足顾客的基本需求；顾客期望的价值是除产品和服务的核心利益外，顾客预期中还应该具有的其他利益，用以满足顾客的满足性需求；超越竞争对手或顾客期望的价值就是企业在认知顾客需求的基础上，挖掘其潜在需求，使顾客获得惊喜，体验独特的经历，满足顾客的吸引性需求。根据双因素理论，基本价值的创造是保健要素，没有这一层面价值的实现，顾客会严重不满，转向其他竞争者；超越竞争对手或顾客期望的价值的创造是激励要素，随着这一层面的价值逐渐实现，顾客的满意度水平会越来越高，以致影响顾客的购买行为；而顾客期望的价值的创造，既不是满意要素也不是不满意要素，对顾客的满意水平或许会有影响，但不会影响顾客购买行为。

2.3.2 顾客价值创造的动态性

顾客价值创造的动态性来源于顾客价值的动态性特征。从本质上说主要体现在三个方面：一是顾客价值要素的此消彼长，即新的要素不断出现，旧的要素消失，不断更迭。如在科技的变革下，许多产品推陈出新；二是顾客对企业在其所重视的价值要素上的表现的评价发生变化或是一些触发事件可能引起顾客价值的转移和变迁，主要指顾客价值对情境的依赖性，如 NEC(日本电器公司)在对个人手提电脑的使用情境大量研究后，研制生产了 Versa 手提电脑，其显示器、电源、存储器和磁盘驱动器都是插槽式的，可以让顾客在不同的使用情境下，实现灵活配置，为顾客创造了价值。三是顾客价值要素的重要性发生变化，如随着生活水平的提高，顾客选购商品不再只看其功能属性，还看重产品带来的独特性体验和象征性意义。因此企业就需要不断地识别出新奇的价值组合或资源组合，以期最大化顾客的感知利益。

2.3.3 顾客价值创造的相关因素

顾客价值的表现多样化，因而企业可以从不同的角度为顾客创造价值，如美国管理咨询委员会在 1997 年一份报告中提出了四个顾客价值创造的来源：一是流程，二是员工，三是产品、服务、技术，四是随时为顾客提供帮助。随着顾客导向的逐渐深入，品牌，关系，增值服务和顾客体验等都成为了顾客价值创造的来源。特别地，由顾客参与活动引发的体验是影响价值创造的重要因素。当前，顾客在消费过程中与企业的互动越来越频繁，而互动的主要形式就是顾客参与。在有消费者参与的消费环境中，企业无法回避与顾客的互动，因为这既是顾客更高层次需求的表现，也是企业与顾客共同创造价值的重要途径。事实上，随着消费者角色的转变与消费文化的变迁，企业与顾客间的互动无处不在，在搜寻产品信息时，企业通过广告等信息媒介与顾客互动；在产品购买过程中，销售人员与顾客面对面地沟通；在产品或服务的使用过程中，企业通过一线接触人员、售后服务人员、网络、免费电话服务系统等与顾客进行直接或间接的互动。在企业与顾客的多次接触中，企业都在试图了解真实的顾客需求并进行价值传递，顾客则根据企业传递的信息重新调整并塑造自己对价值的期望，并据此评价双方的互动结果。

2.3.4 顾客价值创造是一种持续的组织行为

优异顾客价值的创造不单是营销部门的事情，还是组织整体协作的成果。为顾客创造优异的价值需要组织建立市场导向的组织文化，它是为组织实现顾客价值创造这一目标的有效方法。市场导向的核心就是跨部门的合作。即企业必须积极实施和建立客户服务体系、质量管理系统、信息技术和人力资源管理系统等，并使这些系统协调一致地运转。由于顾客的需求，竞争者的行动，以及技术处于变化中，企业必须及时重新评价它的价值定位，看是否适应环境变化，然后适当调整自身的业务流程、技术和人力资源组合来应对变化。

2.4 顾客参与顾客价值创造的动机

动机是用来描述支配行为的过程，是对所有引起、支配和维持生理和心理活动过程的概括。已有理论研究和实践研究均表明，需求、动机和价值(利益)之间有着密切的联系，当消费者的需求未获得满足时，就会触发产生行动的动机，行为的结果或目的是获得价值，而价值(利益)的获得或价值被消费者感知就满足了消费者的需求。因而，只有深入了解顾客参与价值创造的动机，企业才能全面地了解顾客参与活动，以及顾客进行参与活动的目的和想要达到的预期结果。心理学研究和事实经验都证明，内在动机和外在动机均是可以激发和维持创造活动的动机，但内在动机更有利于个体从事创造活动。

2.4.1 内在动机

消费者从事参与活动的内在动机主要源于人们对参与活动本身感兴趣，参与过程能使消费者获得满足感，从中得到乐趣、激动和刺激，并认为是对自己的一种奖励和报酬。Rodie 和 Kleine(2000)认为顾客参与的一个重要动机源于心理层面，即通过参与活动获得愉悦感、新鲜感和快乐感[73]。这种愉悦感、新鲜感和快乐感源于参与活动所激发的享乐体验和流畅体验。一方面，在参与过程中，顾客从活动中获得的体验直接激活了强水平的幻想、快乐和感觉，这一过程让消费者体验到自己的生活或心理需要得到满足；另一方面，消费者在参与活动中会不可避免地投入智力、情绪等资源，在调节匹配理论框架下，当消费者个体通过情绪、感觉、思想、意图等主观感受，将感知到的来自于企业或顾客与企业交互的信息刻意地排列组合与其自我结构的目标一致的意识系统，便会引发消费者的快乐、幸福和满足感。这种心理上愉快感的实现源于自我实现的需求和自我人格展现的幸福。当消费者投入在参与创造活动中时，意识到自己潜能得以充分发挥，自我得以展开，激发他们对自我意识的挑战，从而使消费者从挑战中获得控制感和自我实现感。Bateson(2000)在消费经验中的自觉感知研究中提出，消费中的控制感是与生俱来的控制欲[140]。也就说，人性的本身具有控制环境的欲望和需求。参与价值创造正是给顾客追求控制感提供了途径，包括对参与过程的控制和对参与结果的控制感。Langeard 等人(1981)[141]、Bateson(1985)[142]、Dabholkar(1996)[143]的相关实证研究也表明，对消费行为和过程的自我控制能力是他们选择参与自我服务或自助式服务的主要动机。消费者很有可能会因为享乐体验、自我实现、自觉控制所带来的心理层面上的回馈而主动参与价值创造活动。也就是说，消费者参与顾客价值创造活动源于参与活动不仅能够让他们获得由于成功完成参与目标而带来的满足感和成就感，还源于在该过程中所体现的个人自主意识和释放的创造力。

此外，参与活动中消费者与企业、消费者与消费者间的积极交互所产生的社会联结也是促使顾客从事参与活动的内在动机之一。寻求社会身份或社会自尊是消费行为的一个重要动机(Holbrook，2006)[43]，例如，如果年轻人能修理好自己的汽车，那么他在同伴中就获得了一定的地位。Rémy 和 Kopel(2002)认为，除却经济联结所激发的参与动机之外，还有社会联结所触发的参与动机[144]。在社会联结方面，顾客参与的动机可能在于建立关系，希望从互动中获取诸如友善的人际接触等社会利益，一方面，参与活动给消费者和企业间的沟通和对话持续地提供了机会，另一方面，顾客在参与活动中与相似兴趣或需求的人分享某些活动，以满足消费者的社会需求。

2.4.2 外在动机

消费者从事参与创造活动的外在动机主要体现为从事参与活动是为了获得某些可分离的结果。Firat 等人(1995)在研究顾客定制化体验时认为，当顾客愿意从事某些服务的生产或传递主要有以下三种动机：第一种是为了使得服务过程更有效率；第二种是为了追求服务结果的有效性，即使得服务带给顾客的效果最大化；第三种是为了情绪或精神上的愉悦感[145]。从 Firat 等人的研究可以看出，前两种是触发顾客从事参与活动的外在动机。顾客通过参与活动可以获得符合自身个性和需求的定制化产品，同时还可以提高服务效率，这也是触发一些顾客偏好自助服务的主要动因。

顾客参与最初是源于消费者的经济需求(Hsieh, 2004)[146]，因而，寻求消费者个人利益的经济交换是顾客参与的重要外在动因。Rémy 和 Kopel(2002)在其研究中所指的经济联结触发的参与动机在于寻求个人的利益和使用，此种联结类似于一项契约，顾客告知企业人员某些信息，从而可以获得折扣上的回报，例如，消费者在 IKEA 从事自助式商品的购买，更多是为了获得价格上的优惠，或是与服务人员交换信息，以获得一张折扣卡。同样的，Iprint 公司是一家以网络为基础的定制化印刷服务公司，顾客通过自动化的具有自助服务功能的模式，顾客参与从事了大量工作，因而印刷服务收费相应地大大低于通常需要支付的水平。Kelly 等人(1990)在研究中也曾提到，在更低价格的驱动下，消费者会提高参与程度[70]。与此相一致的，由顾客参与活动所导致的成本缩减也是其参与的主要动机(Etgar, 2006)[147]，顾客通过使用自身较低的成本资源来替代使用合作者的昂贵资源就可以达到减少成本的目的(Etgar, 2008)[148]。例如，顾客不需要花费昂贵的旅行社的工作时间购买机票，取而代之的是利用自己的时间空档借助网络而直接购票。

此外，风险是消费行为中的非货币成本之一，顾客决定执行参与活动的目的可能是为了减少与消费行为相关的一系列风险，包含人身、财务、心理、社会以及时间方面的风险，因而，削弱或降低风险是激发顾客参与的外在动机之一。事实上，顾客感觉到的消费风险大多源于信息的不对称，同时也可能意识到，如果没有自己的投入，参与结果就达不到基本预期，例如，产品可能存在缺陷，服务绩效不如意等，顾客通过参与行为可以更确切地了解企业、产品或服务等相关信息，这在某种程度上增加了消费者对参与结果的预见性，也意味着顾客自觉风险的降低。

2.5 顾客参与顾客价值创造的本质及形成的内在机理

2.5.1 顾客参与顾客价值创造的本质

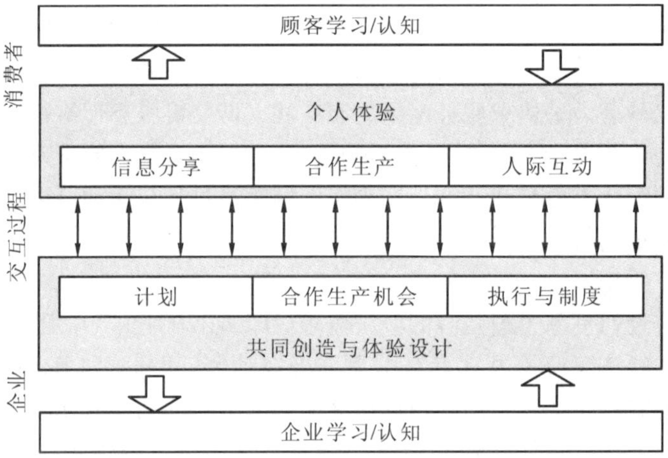

图 2-1 顾客参与的互动本质

Fig. 2-1 Interactive nature of cusatomer participation

无论是内在动机还是外在动机所触发消费者的参与行为，顾客执行参与活动都是为了获得一定的价值利益。在有限理性、目标和目标追求以及调节匹配理论框架之下，消费者投入实体和非实体要素，如直觉、情感等情绪要素在参与活动中，目的在于追求结果和过程的最大化，在此过程中，来自于企业和顾客自身的信息和知识都会促使顾客不断地调整参与投入，使参与行为与参与目标一致，据此形成对参与价值创造活动的评价和感知，并在参与过程中建立关系。也就是说，顾客参与的根本目的在于价值创造，而价值创造是一个过程，经由该过程，企业与消费者双方的资源被结合起来，从而达到一方无法单独实现的目标。如图 2-1，正是企业与顾客间的互动与交互过程将双方的资源联结起来，以各自的活动来塑造共同创造经历和体验。参与过程中，企业为了挖掘和使用顾客能力，其内部活动不再遵循传统营销范式下的以“生产、销售和服务”为主导的行动准则，转而依照以“倾听、定制化和合作创造”为准则来设计企业活动为消费者的创造活动提供保障。从参与结果来看，顾客参与价值创造主要表现为对新事物的探索活动，试探和探索之前未形成的新事物的行为，其价值轨迹经历从无到有的形成过程。可见，顾客参与顾客价值创造是一个系统过程，其本质在于通过参与方的互动，实现共同创造更大价值的目标，最终目的是为了分享价值。

2.5.2 顾客参与顾客价值创造本质形成的内在机理

这一本质形成的内在机理可以从知识转移的视角和关系视角来深入阐释。

（1）知识转移视角。知识视角下的顾客参与顾客价值创造过程形成过程主要是基于这样一个观点：顾客所拥有的知识是共同创造的价值基础，也是创造价值的来源。企业鼓励消费者参与产品的生产和传递等活动的目的是要充分利用顾客的知识价值来获取经济利益。顾客与企业间的互动，不但能够带来需求多样性，还给企业带来了知识分享的机会。传统的顾客知识管理研究关注最大可能地接近顾客信息和分析顾客信息，但这些顾客信息大多是顾客显性知识的体现。有别于传统的顾客知识管理，知识交换视角下的顾客参与价值创造活动是基于以下两个前提：顾客知识的内隐性和异质性。顾客知识的内隐性表现为高度的个人化知识，难以用语言、文字和图表等清楚地表达、传递和分享，通常储存于个人头脑，通常被冠以经验、直觉、诀窍、灵感的名称，不易复制和转移，因而难以对其进行编码和规范化，具有很大的信息黏着性。然而，事实上，顾客自身的隐性知识才能真正反映他们真实的感知，经常隐含于过程和行为当中，例如，经验丰富的厨师知道如何在烹饪菜肴的时候把握火候。此外，心理学研究表明，个人成功解决问题的相关知识大多以隐性的状态存在，往往处于一种“半沉睡”状态，也就是说，获得顾客隐性知识并不容易，因为信息黏性与隐性的转化需要比信息编码和处理过程更为丰富的互动过程，因而，只有通过与顾客的互动实践才能得以发掘和利用。Oliver 等人(1998)认为，消费者通过与企业分享共同的经验和情感，将促进他们富有创造性的即席创作和基于“真实时刻”的知识共建和转移[149]。Prahalad 和 Ramaswamy(2000)也从顾客知识内隐的角度，提出价值共创活动中，需要鼓励消费者与企业开发人员在参与过程中的亲密有形互动，以激发消费者偶然的“灵光一现”[150]。Matthing 等人(2004)也从知识转移的视角强调应该对顾客参与开发过程或顾客在真实行动中的行为进行观察，以便验证服务开发中能够促进向顾客学习和同顾客学习的新途径[101]。

顾客拥有的知识不仅具有内隐性，同时顾客知识通常还跨越企业现有的知识体系和认知结构，很大程度上异于企业员工知识，这体现了顾客知识的异质性。如同个体一样，企业内部也存在固有模式，这种源于一定时间积累所导致的“群体思维”会限制企业的价值创活动，将不同来源的消费者引入到企业的创造活动中，被视为一种有效挑战“知识同质”的方式(Hargadon and Sutton，1997)[151]。Matthing等人(2004)认为，从顾客价值和创造能力而言，顾客的服务思想比专业服务开发者更具创造性[101]。因为对企业而言，消费者经历不同，思维不同，职业不同，诸多的不同使得由消费者群体产生的想法往往具有丰富的想象力和创造力，让企业有更多的机会接触到一系列新的产品创意，捕捉新的市场机会。

由此可见，顾客参与企业价值创造活动和分享价值活动与知识转移和分享密不可分。从知识交换的视角来看，顾客知识的转移的过程正是顾客参与价值创造的过程，这一过程比以前更强调通过互动和对话的方式来转移知识、创造价值，进而提升创造结果。作为顾客价值的共同创造者，顾客投入了智力、体力、情绪等资源，有助于增加企业所提供产品或服务的利益。与此同时，顾客参与过程改进了生产和传递的效能，改善产品收益。此外，由于顾客参与所形成的投入关系影响了双方的讨价还价能力，并影响顾客对价值创造结果的预期，出于公平需要，进而会影响价值分享。

(2) 关系视角。关系视角下的顾客参与价值创造活动强调与顾客建立共同的联结，以培养与顾客的长期和良好关系，更好地反映顾客参与价值创造的互动本质。顾客参与价值创造过程既是以关系建立为基础，又将价值创造视为关系双方发展信任和发现互利结果的过程。关系视角下的顾客参与顾客价值创造过程是基于以下前提：关系具有互惠性和嵌入性。

关系互惠强调双方共同发展，为合作创造活动提供了认知基础和行动规范。事实上，从顾客参与价值创造的本质可以看出，顾客与企业合作互动共同生产和传递产品或服务的活动是一种双赢的动态过程，该过程建立在相互信任，并有意识地希望通过共同创造活动创造利益，并对利益进行合理分配的基础之上。Teichert和Rost(2003)认为，关系互惠性建立在文化适应性和维系长久关系的基础之上，其主要特征是信任，因而，在创新和新产品管理领域，企业的关注点应该从设计有形的产品新属性局限中向范围更广的，前瞻性的鼓励顾客参与的活动转移[152]。在顾客参与新产品开发领域的研究也充分表明，合作过程中的相互信任、适应及达成的承诺，是顾客参与新产品开发的重要因素。究其原因，在于关系的建立可以将不同合作方的责任和义务内部化，包括对合作双方组织战略和组织目标的理解，规范各方行动的意识状态及行为规则，以益于双方各自目标的达成。从这个意义上来说，关系互惠性强调了关系中隐藏的既定的价值取向、价值信念及行为规范，要求关系成员在从关系中获取和分享资源或价值的同时，也有义务贡献自身的资源或价值。在关系互惠性的框架下，对于共同创造顾客价值活动而言，顾客和企业任何一方在此过程中都不可能拥有并行使完全的控制权，互动和分享的本质必然要求参与方必须基于回应、反馈或回报，才能构成完整的价值创造。Sheth 和 Pavatiyar(2000)对合作创造活动的阐述恰好反映了这一本质形成的内在机理，在他们看来，企业与顾客开展的共同创造活动至少可以分为两个互为因果的过程，首先，企业必须通过共同创造过程形塑与消费者的共同经历和事件体验，在成功建立顾客信任基础上，与消费者达成统一的合作创造目标和对目标的认识。接下来，合作关系所建立的统一目标和行为规范转而会形成消费者对合作关系的责任，并影响其对参与结果的预期，从而促进参与价值创造活动的良性发展[153]。

关系的嵌入性源于个人联结的观点。关系方互动频率越高，感情越强越深，关系特征表现为越密切，互惠交换范围就越广泛，在数量表现上也就越多，关系方在现有关系中的"嵌入度"也就越深。在 B2B 的合作开发研究中，有研究证据表明关系嵌入与产品的创造性和开发速度成正相关关系。其内在原因在于，关系的嵌入性在某种程度上起到一定的限制作用，尽管不一定以强制的方式来执行，但一旦这种嵌入性解除或嵌入性不足，则可能导致企业的交易效率下降，这就解释了为什么有些企业间在一段时期内会结成一定的战略利益联盟，存在嵌入关系的组织在一定程度上很少发生目标冲突，从而有利于关系网络中企业绩效的提升。相应地，在 B2C 关系下，关系的嵌入性对参与共同创造活动而言更为重要。嵌入性的关系有助于增强创造结果的适用性。Swan 等人(2002)认为，由于企业创造活动具有很大的不确定性，让顾客前期涉入企业的创造过程，与企业形成一种嵌入的开发结构，将有助于顾客体会产品开发的难度，更容易地接受创造结果，并降低创造风险[154]。此外，从顾客参与创造的过程而言，关系的嵌入性使参与创造过程更为稳定。Bonner 等人(2004)指出，顾客与企业共同创造的过程也是共同学习的过程，企业学习如何将新技术应用于产品中，以满足顾客需要，而顾客在此过程中学习如何理解和发现新技术带来的快乐[155]。

2.6 本章小结

本章是全文的理论基础，首先对本研究中的核心变量顾客价值和顾客参与的概念进行了界定，对顾客价值的内涵从实用价值和享乐价值两个视角分别进行阐释，对顾客参与的内涵分别从信息分享、合作生产和人际互动进行深入探讨。其次，引入有限理性理论、目标和目标追求理论及调节匹配理论作为本书的主要理论基础，用以分析消费者在参与创造性活动中的心理作用机理、评价机理。最后，探究了顾客参与活动的主要动机，阐释了顾客参与价值创造活动的本质及该本质形成机理，为后续分析顾客参与，顾客参与对顾客价值创造作用的心理机制作用、顾客参与对顾客价值创造的影响机理奠定理论基础。

第 3 章

顾客参与的心理契约对顾客价值创造的影响研究

基于第 2 章相关理论基础阐述和对顾客参与创造的本质分析可以看出，消费者进行参与创造行为的本质是消费者与企业的互动。但是交互过程中到底是什么心理效应或心理机制促使顾客在参与过程中投入不同程度的资源来完成价值创造？换句话说，企业如何才能触及消费者参与创造的“黑箱”以了解消费者在参与中为什么倾向于增加投入或减少努力？这正是本章的研究内容。本章将采用交互研究视角，引入组织行为学理论中的心理契约，探讨顾客参与对顾客价值创造影响的中间心理过程，深入分析参与意义下的心理契约对顾客价值创造的影响，并进行实证检验。

3.1 顾客参与中的心理契约

心理契约这一概念最先出自于社会心理学，后来被组织行为学家借用而引入管理领域，指在雇佣关系中，组织与员工事先约定好的内隐的未说出来的各自对双方所怀有的各种期望。这个定义获得了多数心理契约研究学者的认可和支持。这种观点强调组织和员工之间内隐的主观信念、期望。但是这一定义将心理契约同时定位于个体和组织层面上，就会产生不同层次的期望的比较问题，如何体现组织的期望就给实证分析带来了困难。而 Rousseau 的研究代表了新旧观念的分水岭，将心理契约的研究范围从两个层面（个体和组织）的双边关系转到单一层面的个体上，将心理契约狭义地界定为在组织与员工互动关系的情境中，员工个体对于相互之间责任与义务的知觉和信念系统[156]。这种观点的最大特点就是重视了感知的作用，将研究焦点放在了更为具体的个体上，认为组织作为契约关系中的一方，其作用在于提供了形成心理契约的背景和环境，为实证分析提供了可能性。依据双方关系的不同类型，心理契约可以划分为交易心理契约和关系心理契约[157]。这两个维度的观点被学者们广泛应用，并得到了其他相关研究的支持。

虽然人们已经认识到心理契约的重要性，但对心理契约及其管理意义的认识还很少。心理契约概念最初用来描述雇员的工作关系，但现在已一般化地用来描述许多关系，如房东和租户间的关系、咨询员与客户间的关系、夫妻间的关系、师生间的关系。在上述关系中，除了丈夫和妻子的关系外，都可以归于营销关系的范畴。Blancero 和 Ellram(1997)将心理契约用于战略伙伴关系研究。他们认为，心理契约是双方持有的互惠协议的感知。这一概念能够投射到其他关系当中，包括买方与供应商之间的关系。在“买方—供应商”关系中，就是供应商努力工作满足消费者的服务期望和要求，然后期望能从这些消费者中得到持续的业务[158]。针对这一观点，有学者也指出，战略供应商伙伴是建立在相互期望、相互利益和持续期望、关系期望基础上的互惠关系[159]，这其中就蕴含着心理契约，只是没有使用心理契约这一专门术语而已。有研究表明，在“买方—供应商”这一框架中，企业(雇员)与内部顾客间存在重要的心理契约，同时，它对内部服务传递具有支撑作用[160]。随着心理契约研究范围的不断拓展，这一概念也可以应用到企业与外部顾客之间的关系中。Eddleston 等人(2002)的研究发现，顾客接触人员会面临着与顾客的许多心理契约，存在着从非连续的交易契约到常客的关系契约[161]。Zweig 和 Aggarwal(2005)的研究揭开了心理契约影响品牌关系的序幕，他们的研究发现在品牌关系中消费者也必然存在对品牌的心理契约，违背消费者心理契约将会导致消费者终止品牌关系[162]。此外，国内一些学者在营销情境中的心理契约相关研究方面也做了一些有益探索。罗海成(2006)就顾客忠诚背后的心理契约机制进行了探索性的研究，测量了营销情境中顾客对维修服务的心理契约感知，验证了顾客忠诚背后确实存在着心理契约机制的作用。同时，他还开发了应用在营销情境中的心理契约量表[163]。

事实上，心理契约的理论基础主要是社会交换理论，其主要内容为：个人基本是以自我为中心，其需求和动机有很大的个体差异；人与人之间的互动是在进行交换行为，可以是有形的，也可以是抽象的；在交换过程中，每一个个体都有追求利润最大化的动机。这表明，互惠性是心理契约的关键要素。同时，根据 Kotler 对市场营销核心概念就是交换的论述，心理契约可以应用到营销情境当中。此外，Blancero 和 Ellram(1997)指出，由于“雇员—雇主”情境中的实证文献验证了在密切关系中发展心理契约，因而，可以预期心理契约也将在营销关系中出现，企业与顾客之间也同样存在着经济契约之外的心理契约，且具有扩展性质[158]。

根据前述研究者们对心理契约的界定，其本质是正式契约之外，一方对另一方隐含的、非正式的期望。在顾客与企业的互动环节中，顾客除了关注购买商品或享受服务的价格、质量保证等明文规定的经济契约外，还有一些潜在的期望，诸如服务接触人员良好的服务态度、人格的尊重、人际关怀等，这些内容非文字化、没有标准，无法量化，但却是人之常情，这些经济交易之外的内容并没有体现在交易合同中，只是一种隐约感知到的含蓄承诺，这些就构成了企业与顾客间的心理契约内容。与经济契约相同，心理契约也有内容和过程之分，经济契约更强调内容，心理契约则更强调过程，“内容”说明交换的什么，而“过程”则是说明如何交换。在顾客购买服务中，过程产出服务是顾客购买服务的基本目的，然而，作为“过程”的服务交互将是评价作为“内容”的过程产出的重要因素。因而，在顾客与企业交互情境下，心理契约会对其消费行为产生深刻影响，并进而影响顾客感知结果。

基于上述理论分析，本书将 Rousseau 的单层次心理契约概念转移到顾客参与价值创造的营销情境中，将顾客心理契约定义为，在参与活动中，顾客对自己与企业之间互惠义务的感知和信念，而且关注的是顾客对企业许诺义务或责任的感知。这种主观信念或期望影响顾客的行为和态度，决定着顾客参与意愿的大小和顾客参与的程度，而企业的作用主要是为顾客的心理契约提供发生的基础和环境。心理契约本质上是一种期望，但又跟期望有所差异，区分心理契约与期望的一个关键问题是必须认识到并不是所有的期望都是契约的，尽管所有的心理契约都属于契约双方将要以某种方式来行动的期望。它不仅包含以要约承诺方式产生的信念，而且包含其他以推理或描述为基础而建立起来的信念[164]。因此，顾客心理契约是基于企业隐性承诺的顾客期望。同时，在顾客参与价值创造的情境下也同样存在交易心理契约和关系心理契约。交易心理契约是建立在短期回报和利益基础之上，主要关注具体明确的、经济基础上的交互关系，是基于物质的，也是基本的。相对而言，关系心理契约更多地关注广泛的、长期的、社会情感的交互关系，除经济方面的物质回报之外，还有来自较高参与水平的情感投入，如对个人的支持，家庭关注等无形因素，能激发顾客产生较强的参与情感和归属感。

营销情境中的心理契约概念将组织行为学中的雇员与雇主主体置换为顾客与企业，尽管“企业—顾客”和“雇主—雇员”同为互惠关系，但这种置换不等同于照搬，营销情境中的心理契约与组织行为中的心理契约存在着差异。首先，影响建立心理契约的因素不同。在营销情境中，企业的广告宣传、营销员的说明介绍、其他购买者或使用者的建议、产品特性等都会影响到顾客与企业建立心理契约；在组织行为中，社会环境、组织提供的信息和社会线索是影响员工心理契约的三大类因素。其次，心理契约的内容不同。组织环境下的员工心理契约内容包括薪资给付、奖金、训练和发展机会、升迁机会、吸引人的福利措施等；营销情境下的顾客心理契约内容包括产品或服务的质量、价格、有关营业人员或服务接触人员、售后服务、企业形象与品牌形象等。最后，心理契约违背后的反应不同。在营销情境下，顾客心理契约的违背可能会招致顾客忍受、投诉、中止交易和报复行为；在组织层面，员工心理契约的违背可能会导致员工的沉默、破坏(忽略)、申诉、离职等行为。尽管存在以上差异，但不难看出，无论是在组织背景下还是消费情境中，心理契约的建立都是基于个人对组织隐含承诺的认知，是一种期望，都包含基于物质利益层面和基于心理情感层面的内容，决定个人对目标的努力付出程度。此外，根据前述的研究回顾，在消费情境中，顾客与企业间也会构建交易心理契约和关系心理契约，因而，心理契约在组织背景下和消费情境下存在的差异，不会影响其在消费情境下的分析运用。

3.2 理论模型框架与假设提出

顾客参与价值创造是典型的消费情境。在产品或服务的生产过程中，顾客实际介入到服务过程中协助完成服务的行为越来越普遍，顾客通过参与产品或服务的设计、制造、和组织管理，作为一种资源和合作生产者来影响产品或服务产出。例如，顾客走进摄影店可以根据自己的爱好放大、修改照片，或是提高自己的摄影技术；在宾馆自己登记入住和付账离开。因而，顾客总是抱着一定的动机加入到组织边界参与价值创造的，希望借助企业来满足自己物质和精神上的多层次需要。根据 Ennew 和 Binks(1999)对顾客参与构面的划分，可知在顾客参与的每个构面，都存在着顾客心理契约的内容和形式。首先，分享信息给企业，以确定符合何种服务的需求，即顾客提供信息是为了提高其特定的需要。为了能保证顾客得到最符合其需求的服务，顾客需要与服务提供商进行信息交流。这些信息可分为两部分，包括提供服务的先决条件(例如，买卖合同)和非正式要求但能使服务更好地被提供的信息，这些非正式的信息就包含心理契约的内容；而在正式交易关系开始后，顾客担任一部分员工的工作，例如承担起自我理财规划与监督企业投资责任等，即顾客扮演着部分员工的角色[86]。顾客期望此合作生产行为能符合其需求。合作生产行为的发生表明顾客对企业的责任和义务有了一定程度的认知，并建立了一定的信任。另外，服务传递过程中的人际互动是很重要的方面，包括各种人际因素，如信任、可靠性、支持、合作配合、弹性及承诺等，这些人际互动往往是与情感相联系的，从而表明顾客与企业建立了关系心理契约。因此，心理契约在顾客参与情境下发挥着作用。

由 Oliver(1980)提出的期待绩效差异理论认为，顾客在购买前对产品或服务的效用有个预期，并将这个预期同购买使用该产品后感知到的实际效用相比较，当顾客觉得实际效用正好达到了预期水平时，会经历“单纯均衡”的心理状态；实际结果超过了预期水平，会经历“正向不均衡”的心理状态；当实际结果没有达到预期时，会经历“负向不均衡”的心理状态[165]。企业与顾客互动中，这种基于企业隐性承诺的顾客期望就给顾客的自我直觉和自我比较提供了一个标准，据此判断通过价值创造活动可能满足自己需求的程度，也就是对顾客价值创造的感知。区别于正式化的承诺，来自企业的这种示意性承诺是一种态度性承诺，是对于关系联系状态的认知或者意识[166]。在顾客参与情境下，就是顾客对企业为维系双方关系所做努力的感知。当顾客感知到企业维系与顾客关系仅是出于经济动机时，顾客就会建立交易心理契约；当顾客感知到企业维系双方关系除经济动机外，还有互利、友好、真诚等积极的情感动机，顾客就会建立关系心理契约。此外，顾客参与是企业与顾客的互动，互动双方可以相互传递态度、情感等信息，符号互动理论认为，在相互交往中一方能够根据对方的态度和意向而采取行动，因此，企业不同类型的示意性承诺会引起顾客在价值创造活动中采取相应的行为，继而影响顾客对价值创造的感知。

基于上述分析，我们提出如图3-1的概念模型。该模型反映出不同维度的顾客心理契约会触发顾客在参与价值创造活动中的不同动机，影响顾客获得不同的顾客价值。

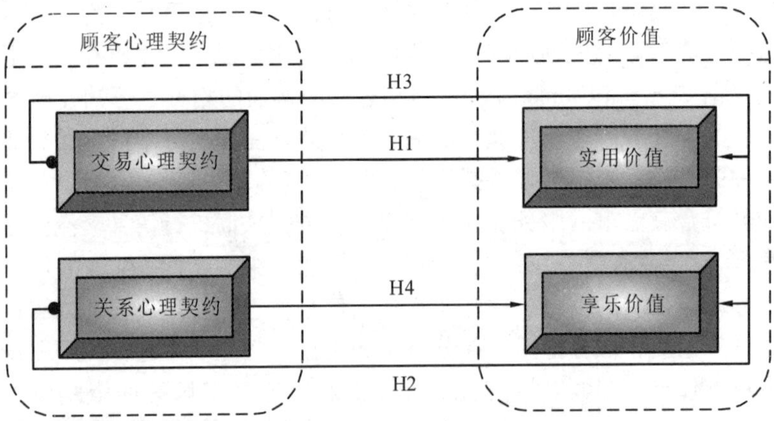

图3-1 顾客心理契约对顾客价值影响概念模型

Fig. 3-1 Theoretical framework of the impact of psychological contract on customer value

3.2.1 顾客心理契约对实用价值的影响

顾客交易心理契约意味着企业向顾客许诺了较为明确的利益。也就是说，顾客得到了与企业未来交换的心里保证，即与企业交易可以确保得到顾客想要的基本利益，获得想要的产品或服务，即实现功能价值。在顾客参与情境下，通过基本的服务接触，顾客接触人员就会与顾客形成交易心理契约，顾客期望从服务人员那里得到某一水平的绩效和表现，如礼貌的服务、清洁和努力的工作[161]，这些都体现为功能性效用，同时也是顾客与企业交互的基本前提。关系心理契约是建立在信任上的感知，是一种更高的情感承诺，是对交换伙伴更高程度的认同。这种较强的认同感会让顾客感知到自己同该组织间有很强的纽带关系，因而，顾客会更有信心通过参与活动来满足其独特性的产品需求。为此，我们提出以下假说：

H1：交易心理契约对实用价值的创造有显著的正向影响。

H2：关系心理契约对实用价值的创造有显著的正向影响。

3.2.2 顾客心理契约对享乐价值的影响

仅想在短期内获得收益的顾客在参与活动中，更倾向于被动的参与，不愿意发挥自己的创造力和想象力，会有较少的精神或情感上的投入，顾客可能不会得到心理和情感层面的满足。很多产品和服务的消费主要是为了情感的满足，消费的结果不仅仅从理性实用的角度来考虑，更要从体验的视角来分析。也就是说，顾客在与企业的交互过程中，除关注能否创造出符合自身特性的产品或服务外（问题解决的视角），还会关注自己能否获得一个愉快或刺激的体验过程（体验探索的视角）。如企业在互动过程中与顾客建立起友好的人际关系，使顾客在有形的经济交易过程中获得尊重和友谊，并对自己与企业间的关系引以为荣。在服务接触中，服务接触人员的情绪表现、服务态度和行为会直接影响顾客的情绪、态度和行为。Price 等人（1995）认为服务接触人员的真诚态度、对顾客利益的额外关心、服务接触人员与顾客间的互相理解、礼貌待客行为，都会增强顾客的正面消费情感[167]，这些都属于关系心理契约的范畴。积极的消费情感触发顾客积极的参与行为，给顾客带来新奇感，实现自我超越、体验到友情和归属感。此外，关系心理契约是基于情感的示意性承诺，当顾客逐渐喜欢（爱）上他们的服务提供商，他们就已经经历关系心理契约的心理状态了。在这样的心理状态下，顾客会积极主动地参与创造活动，发挥其创造力和想象力，并十分享受作为价值的共创者，得到心理和情感层面的满足。

此外，如前所述，顾客的心理契约强调关系双方交互方式，因而，消费者可以透过心理契约来评价企业的可信任程度，降低参与过程中的不确定性。在顾客参与情境中，交易心理契约的建立是基于顾客对企业能力的理性认知基础上的，有助于建立顾客对企业的初始信任，意味着顾客对未来交易的感知风险降低；伴随顾客参与活动的开始，企业关心顾客、呵护顾客关系，顾客受到激励，愿意在参与中卷入情感因素，与企业进行情感互动，进而产生更深层次的信任。关系营销领域的一些研究表明，买卖双方良好持久的关系能增进双方的信任，因而也容易推论，企业与顾客的良性关系，能减少顾客对参与行为的不确定性，降低顾客在价值创造活动中的感知损失。此外，按照 Beckett 等人(2000)的观点，当顾客处于不确定性较高且个人投入较高的情境时，他们很难进行完全理性的积极决策，而更多地通过关系来减少不确定性[168]，此时，关系心理契约就扮演了非常重要的角色。关系心理契约是基于情感的，会弱化顾客对交易条件的关注，是一种更高的情感承诺，会消除顾客对不公平交易的担忧和顾虑，降低顾客参与行为的损失预期。综合上述理论分析，我们提出以下假说：

H3：交易心理契约对享乐价值创造有显著的负向影响。

H4：关系心理契约对享乐价值创造有显著的正向影响。

3.3 研究设计

本章的数据分析主要采用统计软件包 SPSS16.0 和结构方程模型软件 AMOS7.0。统计分析手段主要包括描述性统计分析、探索性因子分析(Exploratory Factor Analysis，缩写为 EFA)、验证性因子分析(Confirmatory Factor Analysis，缩写为 CFA)、结构方程模型分析等。描述性统计分析描述样本的人口统计特征。探索性因子分析用来考察在理论上对结构变量预先设定的维度是否可能存在，而验证性因子分析对结构变量的维度是否真实存在做出评判。结构方程模型分析用于考察潜在变量，即参与活动中的顾客心理契约对顾客价值的影响关系，用于验证本章提出的四个理论假设。

3.3.1 问卷设计

根据 Churchill(1979)对量表设计原则的建议[169]，本章研究主要设计了测度顾客心理契约和顾客价值两个变量的问卷，并且有关各变量的测量方法和条目均尽量借鉴前人的研究。其中，顾客心理契约的测量借鉴了罗海成(2006)的量表，为了保证量表的测量质量，作者结合美发行业的特征，适当地修改和调整了各指标问项的表述。有关顾客价值创造的量表是由作者借鉴 Brock Smith(2007)所建议[170]的量表开发程序的基础上自行开发设计的。在该量表的指标生成阶段，通过分析现有的顾客价值文献和与5名营销硕士、博士生访谈，从信息、产品、互动、使用(购买)情境以及拥有(转让)这五项顾客价值创造来源来囊括顾客价值的全部范畴，并尽量用可以被受访者理解的语言进行编写，形成了初始量表。随后，作者先后请教了两名营销学教授，在吸收专家宝贵建议和意见后，对测量指标进行了修正，剔除了一些与顾客价值创造无关的项目，并增加了一些指标，得到第二次问卷。接着，作者邀请了30名营销专业的硕士生、本科生就第二次问卷内容进行了深度访谈，调整了问卷内在逻辑性与提问方式，使问卷更能符合中国人的思维模式和语言习惯。为保证问卷持续一致性，作者对本校80名MBA学员发放了问卷，并在12个工作日后对该样本群体再次发放相同问卷，以减少样本理解原因而出现的系统误差。运用SPSS 16.0统计软件包中的相关分析进行此Test-retest检验，以考察两次回收问卷之结果间相互关系的密切程度。通过统计分析发现，各测量条目的相关系数均超过0.60，均超过了最低临界值0.30，因而，在此次第二次问卷的修订过程中，没有测量条目被删除。

在正式调研前，我们进行了预调研。预调研的主要目的是通过初步调查获得数据，在数据分析的基础上对第二次问卷进行信度与效度的评价，根据评价结果对问卷进行进一步修改和完善，以获得最终量表。预调研样本为MBA学员和工商管理专业硕士生，共发放110份问卷，回收98份，删除无效问卷后，有效问卷为92份，有效回收率为83.6%。对92份预调研问卷数据的处理方法包括：应用变量与题项相关度分析(Corrected Item-Total Correlation，缩写为CITC)进一步净化测量条目；利用Cronbach's α系数评价多维度量表的内部一致性信度；通过探索性因子分析(EFA)检验维度划分的正确性，对测量条目进行进一步净化。

(1) 内部一致性信度检验。首先，应用SPSS 16.0软件包计算各构念的Cronbach's α系数和各条目的CITC系数，结果见表3-1。从表3-1中可以看出，量表中各构念的α系数均明显高于0.70，表明量表具有较好的内部一致信度。此外，大多条目的CITC系数均高于临界值0.50，只有测度实用价值的第四个条目(UV4)和测度享乐价值的最后一个条目(HV6)的CITC系数低于临界值0.50，见表3-1中阴影所示。依照Churchill(1979)的量表修订原则，条目UV4和条目HV6应予以删除。删除这两个条目后，实用价值构念和享乐价值构念的α系数均会得到显著提高，其中，实用价值构念的α系数由0.833上升至0.861，享乐价值构念的α系数则由0.872提高到0.881。故决定删除条目UV4和条目HV6。

表3-1 各构念测量条目的CITC与信度分析

Table 3-1 CTIC and reliability analysis of every items

构念	条目	CITC	删除条目后的α系数	Cronbach's α
UV	UV1	0.784	0.828	0.833
	UV2	0.811	0.816	
	UV3	0.802	0.825	
	UV4	0.317	0.861	
	UV5	0.750	0.829	
	UV6	0.724	0.831	

（续）

构念	条目	CITC	删除条目后的 α 系数	Cronbach's α
HV	HV1	0. 684	0. 848	0. 872
	HV2	0. 733	0. 802	
	HV3	0. 681	0. 855	
	HV4	0. 689	0. 851	
	HV5	0. 685	0. 847	
	HV6	0. 366	0. 881	
TPC	TPC1	0. 751	0. 808	0. 887
	TPC2	0. 818	0. 749	
	TPC3	0. 690	0. 817	
	TPC4	0. 748	0. 813	
	TPC5	0. 676	0. 859	
	TPC6	0. 739	0. 820	
RPC	RPC1	0. 869	0. 855	0. 902
	RPC2	0. 877	0. 851	
	RPC3	0. 808	0. 896	
	RPC4	0. 862	0. 857	
	RPC5	0. 883	0. 844	
	RPC6	0. 812	0. 887	

（2）探索性因子分析。在删除 UV4 和 HV6 两个条目之后，我们对剩余的 22 个条目进行探索性因子分析。结果显示，这些题项的 KMO 值为 0. 821，通过了 Bartlett's 球形检验（$p < 0.001$），说明问卷整体结构效度较好，数据具有因子分析的条件。采用主成分因子分析方法，并进行方差最大化正交旋转之后，以特征值 1 为标准来截取数据，可以得到表 3-2 所示的分析结果。分析结果显示，共有四个因子的特征根大于 1，四个因子解释了全部测度指标的 70. 14% 的方差。此外，TPC5 在因子 2 和因子 3 上重叠性高，在这两个因子上负载系数之差值小于 0. 1，且共同度小于 0. 5，故删除此条目。在删除此条目后，剩余的 21 个条目归属于 4 个因子。其中，第一个因子载荷了实用价值变量，第二个因子载荷了享乐价值变量，第三个因子载荷了交易心理契约变量，第四个因子载荷了关系心理契约变量。

整个问卷采用了 7 级 Likert 量表对每个条目进行测量，“1”表示完全不赞同，“7”表示完全赞同。被调查者通过填写一个 Likert 7 级数字来完成回答。其中，个别问项采取反向处理（R），以减少响应偏差，在进行数据分析时需将其分值进行反向转换。此外，我们还在问卷中设置两道完全一样的条目，用以识别随便作答的问卷。根据预调研的结果对问卷做修订后形成正式调研问卷见附录 1，并利用该问卷来收集数据，验证本章提出的假说。

表 3-2 预调研探索性因子分析结果

Table 3-2 Results of exploratory factor analysis in pilot study

潜变量	条目	因子 1	因子 2	因子 3	因子 4	共同度
UV	UV1	0.831	0.185	0.061	0.062	0.728
	UV2	0.847	0.294	0.036	0.111	0.816
	UV3	0.878	0.024	0.071	0.199	0.816
	UV5	0.799	0.051	0.203	0.093	0.714
	UV6	0.760	0.060	0.252	0.106	0.656
HV	HV1	0.044	0.783	0.135	0.213	0.679
	HV2	0.072	0.807	0.156	0.022	0.681
	HV3	0.177	0.778	0.075	0.025	0.648
	HV4	0.114	0.811	0.058	0.131	0.691
	HV5	0.089	0.691	0.149	0.257	0.574
TPC	TPC1	0.086	0.111	0.757	0.190	0.629
	TPC2	0.116	0.036	0.825	0.047	0.697
	TPC3	0.053	0.144	0.805	0.151	0.687
	TPC4	0.084	0.125	0.784	0.075	0.643
	TPC5[a]	0.174	0.383	0.469	0.203	0.438
	TPC6	0.095	0.087	0.821	0.107	0.702
RPC	RPC1	0.063	0.045	0.112	0.812	0.678
	RPC2	0.021	0.083	0.097	0.869	0.771
	RPC3	0.188	0.068	0.105	0.746	0.607
	RPC4	0.074	0.102	0.172	0.823	0.726
	RPC5	0.082	0.203	0.005	0.765	0.633
	RPC6	0.247	0.033	0.116	0.705	0.572

注：a. 表示删除的条目。

3.3.2 样本与数据收集

本研究采用问卷调查的方法来展开，选取美发行业作为调查背景。选取该行业有以下几点原因：其一，由于美发业是顾客参与度较高的行业。根据 Hubbert (1995)对顾客参与的分类，美发行业是属于中度参与的服务业，顾客参与比较突出；其二，顾客心理契约在美发行业中有较好的体现。正式调查数据资料主要来自于在校大学生和一般消费者。在校大学生主要通过社会关系和在自习室的随机抽样获得；对一般消费者样本的收集主要通过在人流较大的广场、百货商店进行现场问卷发放和收取。正式调查共发放问卷 500 份，问卷回收 420 份，在剔除了存在大量缺失值和明显缺乏合理性的无效问卷后，共获得有效问卷 414 份。其中，在校学生样本 167 人，非学生样本 247 人；男性占总体样本的 51.2%，女性为 48.8%，样本基本统计资料见表 3-3。

表3-3 样本基本资料统计表

Table 3-3 Sample characteristics

	统计量	样本数	百分比/%
性别	男性	212	51.2
	女性	202	48.8
年龄	20岁以下	14	3.4
	21~25岁	108	26.1
	26~30岁	213	51.4
	30岁以上	79	19.1
职业	政府机关或事业单位员工	107	25.8
	企业职员	111	26.8
	个体工商户	29	7.1
	学生	167	40.3
文化程度	高中	9	2.17
	大专	48	11.60
	本科	260	62.80
	硕士及以上	97	23.43

在进行数据分析之前，我们首先通过ANOVA对414位被试者的调查结果进行方差分析，以确定他们的同质性。结果发现，这两组被试者在交易心理契约、关系心理契约、实用价值、享乐价值这四个变量上均不存在显著性差异，F在0.003~1.092之间，p值在0.604~0.771之间。因此，我们认为，在校大学生样本(167份)和非在校大学生样本(247份)在该研究中不存在显著的组间差异。

3.4 数据分析

3.4.1 信度和效度分析

模型中的因果关系分析主要取决于模型各构成要素之间的相关性及每个要素的评价与测度。只有对每一个要素进行合理、可靠的测度，理论模型中的关系才会真实可靠，因此，要对问卷及问卷中的各项指标进行信度与效度分析。

首先，正式量表的总体KMO值为0.866，并通过Bartlett's球形检验($p < 0.001$)，累计方差解释度为76.3%，进一步证实了将量表划分为4个因子的合理性。其次，正式量表的Cronbach's α系数为0.889，4个因子Cronbach's α值处于0.862~0.902间，均高于前人所建议的最低临界水平0.70，且所有条目与构念间的相关系数值(CITC)均高于公认的门槛值0.50。除应用Cronbach's α系数

和 CITC 系数两个指标检验正式量表的内部一致性信度外，复平方相关系数（R^2）也是检验模型信度的重要指标。它反映了各测量条目受到其对应的潜在变量影响的程度，R^2 的取值在 0 和 1 之间，R^2 越高，表示测量模型的信度越高，相对的，若 R^2 越低，表示真实分数所占比例越低，信度也就越低。表 3-4 的结果表明，R^2 的取值在 0.50 ~ 0.71，表明数据具有较高的信度。此外，我们还计算了每个潜在变量的建构信度（Composite Reliability，缩写为 CR）。建构信度反应的是测量变量的变异量能够被潜在变量解释的百分比，用以衡量测量工具的稳定性。表 3-4 中潜变量建构信度中最小值为 0.860，高于所建议的最低临界水平 0.70，表明本研究所应用的测量工具获得较好的稳健性。

效度分析包含收敛效度检验和区别效度检验。收敛效度检验是指同一潜在变量不同条目间的相关程度，可以通过考察因子载荷的显著性和潜在变量的平均提炼方差（Average Variance Extracted，缩写为 AVE）这两项指标进行判断。其中，标准化载荷系数要求大于 0.55（Tabachnica and Fidell，2007），且 p 值显著。本研究的 21 个测量条目在 4 个因子上的载荷均处于 0.720 ~ 0.833 之间，且在 $p < 0.001$ 的条件下均表现出较强的统计显著性，见表 3-4；对于另外一个收敛效度的评价指标 AVE 而言，则要求 AVE 值大于 0.50。本研究的潜变量 AVE 值处于 0.55 ~ 0.63 之间，见表 3-5，表明本研究各变量具有较好的收敛效度。

除如上所述的收敛效度外，研究中的各个潜变量还应表现出较高的区别效度。区别效度检验是用以检验一个构念与另一构念的差异程度。根据 Fornell 和 Larcker（1981）的研究结论，各个构念 AVE 的平方根应大于该构念与其他构念的相关系数[171]，也就是说，各个建构之间存在着内涵和实证方面的差异。从表 3-5 中可以看出，对角线上的数字大于对角线下该变量与其他潜变量的相关系数，从而说明实用价值、享乐价值、交易心理契约、关系心理契约间存在本质差异。另外，各个潜变量之间的相关系数均低于 0.80，说明各变量间的相关水平是合宜的。以上结果表明测量模型的区别效度得到支持。

表 3-4 正式量表的载荷、信度、效度检验结果

Table 3-4 The results of factor loadings, reliability and validity in formal scale

潜变量及测量条目	均值	标准差	标准化因子载荷	t 值	R^2	CR
实用价值（UV）$\alpha = 0.862$						
UV1	4.993	1.435	0.724	——	0.59	
UV2	4.993	1.329	0.720	11.27	0.61	
UV3	4.981	1.227	0.761	11.79	0.52	0.860
UV5	4.570	1.369	0.763	11.67	0.50	
UV6	4.653	1.280	0.744	11.34	0.63	

（续）

潜变量及测量条目	均值	标准差	标准化因子载荷	t 值	R^2	CR
享乐价值(HV) α =0.881						
HV1	4.065	1.457	0.813	——	0.57	0.894
HV2	4.780	1.311	0.793	10.61	0.63	
HV3	4.387	1.227	0.750	9.30	0.51	
HV4	4.992	1.203	0.768	10.44	0.58	
HV5	4.722	1.248	0.833	12.56	0.57	
交易心理契约(TPC) α =0.887						
TPC1	4.652	1.168	0.820	——	0.72	0.878
TPC2	4.275	1.442	0.755	9.36	0.58	
TPC3	4.667	1.213	0.734	9.24	0.68	
TPC4	4.316	1.410	0.772	9.41	0.70	
TPC6	4.887	1.303	0.759	9.38	0.69	
关系心理契约(RPC) α =0.902						
RPC1	4.437	1.374	0.783	——	0.59	0.897
RPC2	4.816	1.201	0.822	10.58	0.70	
RPC3	4.812	1.207	0.831	9.43	0.57	
RPC4	4.630	1.114	0.817	11.64	0.71	
RPC5	4.575	1.350	0.770	10.05	0.58	
RPC6	4.683	1.400	0.727	9.39	0.51	

注：$CR = (\sum_{n=1}^{k}\lambda)^2/(\sum_{n=1}^{k}\lambda)^2 + \sum_{n=1}^{k}\varepsilon$，其中 λ 为标准化因子载荷系数，ε 测量误差。

此外，通常采用判定系数(R^2)来验证所构建模型的解释能力，表3-5中显示，本章研究的两个内生潜变量实用价值(UV)和享乐价值(HV)的 R^2 值皆高于建议值0.30，从而表明本研究之构建模型具有较好的解释力和预测力。

表3-5 相关系数矩阵与平均提炼方差(AVE)的平方根

Table 3-5 The latent variable correlation matrix and square root of AVE

潜变量	均值	标准差	TPC	RPC	UV	HV
TPC	4.559	1.307	0.77			
RPC	4.659	1.274	0.302 * *	0.79		
UV	4.838	1.328	0.542 * *	0.538 * *	0.74	
HV	4.589	1.289	-0.232 * *	0.656 * *	0.580 * *	0.79
AVE	——	——	0.59	0.63	0.55	0.63
R^2	——	——	——	——	0.49	0.72

注：* 为 $p<0.05$，* * 为 $p<0.01$；对角线上的数字为AVE的平方根，对角线下方是各潜在变量的相关系数。

3.4.2 验证性因子分析

表3-6是验证性因子分析后得到的结果。分析结果表明，测量模型的卡方检验值χ^2为327.57，自由度为183，显著性水平为0.001，见表3-6。但许多研究学者发现，在应用χ^2统计量时需小心解释，因为其对样本大小敏感度较高。也就是说，在大样本下χ^2检验可能会产生统计力过强的问题[172]。因此，需采用相对拟合指标以检验模型的拟合程度，例如，利用卡方自由度比($\chi^2/d.f.$)进行模型间拟合度的比较，只要$\chi^2/d.f.$小于3时，表明模型具有合理的拟合度。此外，NFI，NNFI与CFI也是相对拟合指标，它们的值只要大于0.90，表明数据与模型契合良好。在该测量模型中，绝对拟合指数GFI = 0.93、RMSEA = 0.057、SRMR = 0.06，均处于可接受范围内；相对拟合指数NFI、NNFI、CFI的值分别为0.91，0.96和0.97，均超过了最小临界值0.90。由此表明，数据与验证性因子分析模型的拟合程度良好。验证性因子分析终解路径图如图3-2。

表3-6 测量模型拟合优度检验结果

Table 3-6 Fit indices for measurement model

	$\chi^2/d.f.$	RMSEA	CFI	NFI	NNFI	IFI	GFI	AGFI	SRMR
模型	1.79	0.057	0.97	0.91	0.96	0.95	0.93	0.91	0.06
建议标准	<3.0	<0.08	>0.90	>0.90	>0.90	>0.90	>0.90	>0.80	<0.08

3.4.3 结构方程模型分析

本研究采用结构方程模型(Structue Equation Modeling，缩写为SEM)方法验证本章所建构的顾客参与的心理契约对顾客价值影响的理论模型以及检验各研究假设。之所以采用该方法主要有以下几方面原因，结构方程模型是一种验证性的多元统计技术，该方法能够在满足统计学意义的基础上同时检验多维变量之间的依赖关系：验证性因子分析能够通过信度和效度严格检验并解释因子的一致性；结构方程模型能够同时考虑并处理多个因变量；容许自变量和因变量含有测量误差；能够同时估计因子结构和因子关系；能够估计整个理论模型的拟合程度。

(1) 整体拟合度分析。本研究借助结构方程模型软件AMOS 7.0，采用基于极大似然估计的方法来计算模型拟合指标和各路径系数的估计值，得出了假设检验相关的潜变量之间的关系。虽然结构方程模型的卡方检验值χ^2为270.1，自由度为185，显著性系数为0.001，很多记录表明，χ^2对于接受或拒绝模型并不是一个很稳定的工具，因为它对样本量很敏感。依照侯杰泰等人(2004)[173]，邱皓政和林碧芳(2009)的建议[174]要考虑样本大小，以卡方值与其自由度比值来检验假

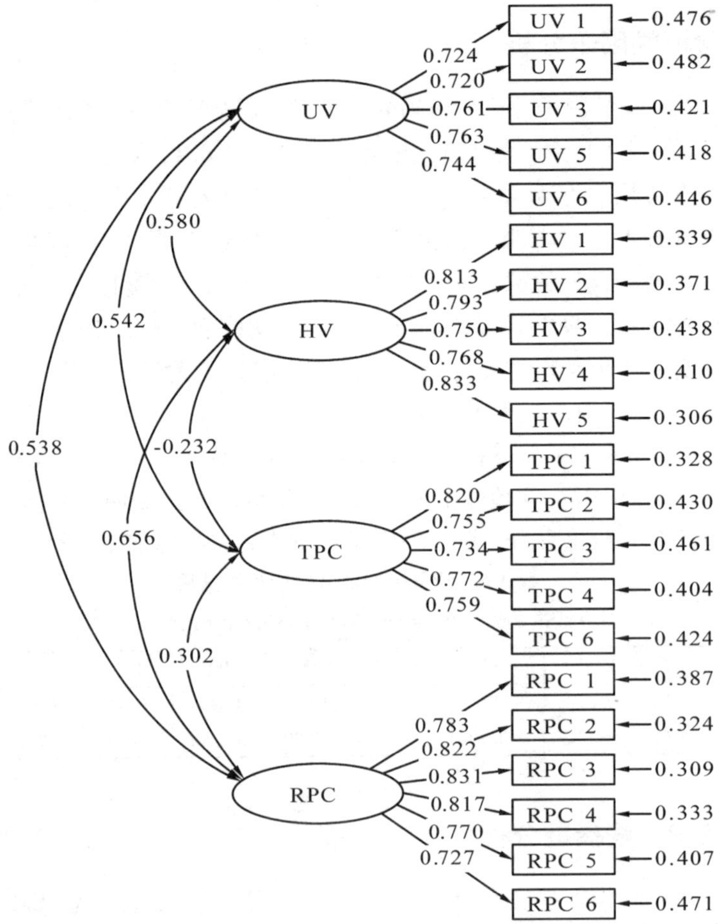

图 3-2　验证性因子分析终解路径图

Fig. 3-2　Path model of CFA

设模型适配度，且以不超过 3 为标准(Chin and Todd，1995)[175]。分析结果显示，在结构方程各项拟合指标中除相对拟合指数 NFI＝0. 89 略小于 0. 90 之外，其余拟合指标均高于相关研究所建议的最低临界值 0. 90，见表 3-7。整体而言，本研究假设模型与数据拟合程度可以接受。

表 3-7　结构方程拟合优度检验结果

Table 3-7　Fit indices for structural model

	$\chi^2/d.f.$	RMSEA	CFI	NFI	NNFI	IFI	GFI	AGFI	SRMR
模型	1. 46	0. 050	0. 96	0. 89	0. 95	0. 96	0. 92	0. 89	0. 05
建议标准	<3. 0	<0. 08	>0. 90	>0. 90	>0. 90	>0. 90	>0. 90	>0. 80	<0. 08

（2）理论假设验证。本研究之验证方式结果见表3-8和图3-3，我们检查模型以确认参数的估计值是否显示了正确的符号和大小，以及是否支持所提出的理论。首先，结果显示交易心理契约（$\beta = 0.502, p < 0.001$）、关系心理契约（$\beta = 0.554, p < 0.001$）对功能价值有显著的正向影响，就总体样本而言，关系心理契约对功能价值的影响权重更大，即假设1，假设2得到支持；交易心理契约与体验价值呈负相关（$\beta = -0.068, p = -1.373$），但未达显著，因而，假设3被拒绝。可能的合理解释是，在我们抽取的样本中，顾客参与过程中的合作生产

表3-8 假设检验结果

Table 3-8 Results of hypothesis testing

路径关系（假设）	β	t值	结果
H1 交易心理契约→功能价值	0.502	4.197***	支持
H2 关系心理契约→功能价值	0.554	4.642***	支持
H3 交易心理契约→享乐价值	−0.068	−1.373	不支持
H4 关系心理契约→享乐价值	0.733	4.422***	支持

注：β为标准化路径系数，*为$p < 0.05$，**为$p < 0.01$，***为$p < 0.001$。

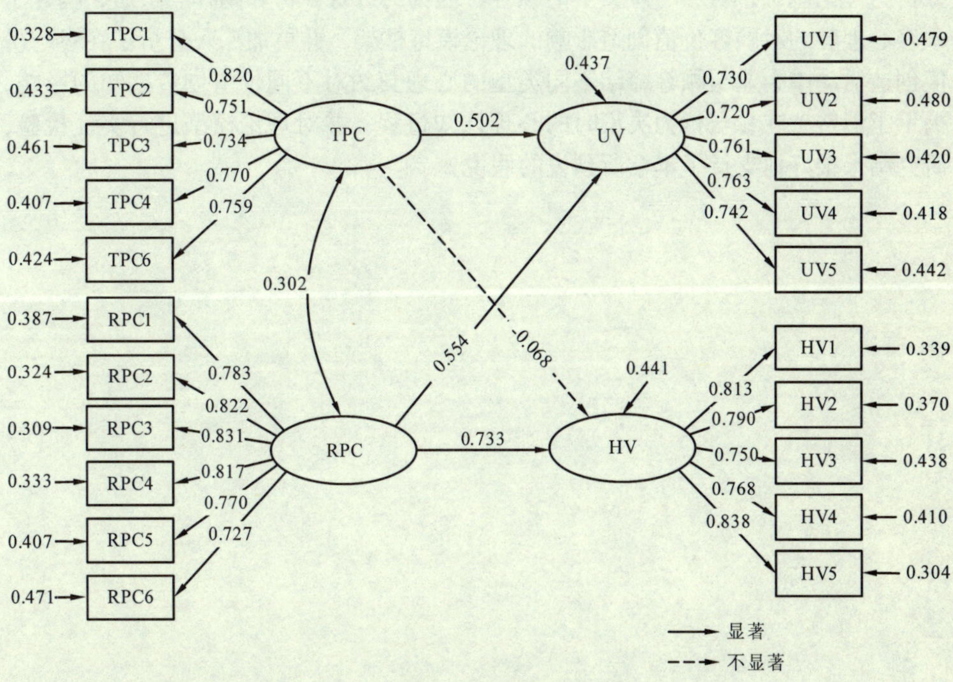

图3-3 顾客心理契约对顾客价值创造影响的结构方程模型结果

Fig. 3-3 Model results about influence of psychological contract on customer value creation

行为和人际互动程度比较高，顾客对参与过程的感知控制程度较高，这是由美发行业自身的特点造成的。美发业是典型的消费和制造同时发生的行业，当美发师在完成发型设计过程中，顾客能够马上感知所设计的发型、长短等是否符合其要求，可以随时对美发师的服务表达自己的建议或提出质疑，因此顾客对美发过程的感知控制程度比较高。Langer 和 Saegert(1977)的研究发现，感知控制在服务经历中影响顾客行为，并且是消费者评价服务感知的重要维度[176]。因而，参与过程中较高控制感的顾客会更积极地评价服务经历。关系心理契约对享乐价值($\beta = 0.733, p < 0.001$)有显著正向影响，即假设4获得支持。

3.5 本章小结

本章将组织行为学中的心理契约概念应用到顾客参与的情境中，探讨心理契约对顾客价值创造的影响作用，以期从企业与顾客交互视角来补充顾客参与价值创造活动的心理作用机制。首先，从一般意义上的心理契约理论入手，对其进行简要阐述。然后，以心理契约理论和本书第2章中顾客参与顾客价值创造的本质分析为理论基础，对参与意义下的顾客心理契约进行分析和阐释。最后，构建了顾客心理契约对顾客价值创造影响的理论模型框架，并更加深入分析了在参与价值创造活动中企业与顾客缔结不同类型的心理契约对不同价值创造感知的影响，揭示了消费者在参与行为决策时的心理认知过程。并对理论模型进行实证检验，研究结果很好地支持了本章所预设的假说。

第 4 章

顾客参与对顾客价值创造的作用模型构建

基于第 2 章关于顾客价值和顾客参与的概念及维度的界定，以有界理性、目标追求理论及顾客参与价值共创的动机和本质为理论基础，本章将构建包含顾客参与前因和参与结果的整合模型，分别阐释企业与顾客交互视角下的顾客参与前因要素对顾客参与活动的影响，顾客参与行为对顾客价值和顾客满意的影响，以及顾客价值在顾客参与和顾客满意关系间的中介效应，在相应的理论分析基础上，构建本研究的理论模型，并提出研究假设以及所要进行实证分析的路径模型。

4.1 理论模型框架

依照传统观点，价值是由企业为顾客创造然后传递给顾客，传统的附加价值概念正是基于这种观点的。企业在核心价值的基础上，为产品或服务增加了附加价值，然后将核心价值和附加价值一并传递给顾客。然而，正是顾客利用源于企业的产品、服务、信息等资源或源于自身的投入才得以实现他们的消费目标。由此看来，顾客价值不是由制造商或服务提供者创造的，而是由顾客在其价值创造过程中创造的，企业的作用在于通过向顾客提供恰当的资源要素与顾客资源形成互动，支持顾客价值创造过程。这就意味着研究顾客感知价值的起点应该是：顾客在与企业或服务提供者的互动过程中，在其内部过程创造并感知价值。Vargo 和 Lusch (2004) 也指出，价值是由顾客定义、由企业与顾客共同创造、并由顾客在“使用价值”的基础上确定的，而不是存在于由企业预先确定的产出当中，因而将顾客包含入产品和服务生产开发过程十分必要[1]。

从本书第 2 章的相关理论基础以及顾客参与价值创造的动机和本质可以看出，顾客参与是企业与顾客不断交互的过程，既是以工具性为导向的活动，也是以享乐性为导向的活动。参与的过程虽然涉及消费者个人的心理过程，但是也受到创造过程中企业活动的影响。因为参与意义下的价值创造互动必须基于共同的创造实践才能够完成，而这种创造实践需要参与双方甚至是多方的动机、态度、行为的推动，并且一方对待参与活动的积极或消极的意识和行为会对另一方的创造实践产生显著影响。因而，顾客参与的前因不仅受到顾客自身和企业自身的影响，顾客与企业在交互活动中形成的环境类要素可以提高消费者个体的动机内化程度，有利于顾客形成较强的参与创造意愿。

此外，要想获得令企业和顾客都满意的结果，顾客参与行为都会或多或少地与企业的创新活动相连接。也就是说，参与活动不仅仅是一个顾客“灵光一现”的过程，还涉及如何激励消费者将这些新颖独特的想法和观点付诸实践，使之转变为现实的商品或服务的执行和实施过程，以及其后对参与活动的评价过程和对参与创造结果的使用过程。可以说，顾客参与活动不能简单地仅从消费者单方视角被探讨，也不能将其分割地置于单一阶段之下，而必须以整合的视角来理解。倘若抽取掉影响顾客参与活动的前因和参与活动的结果，孤立地思考消费者在参与过程中的创造行为，对于企业而言是不全面的，可能会形成较片面的理解结果。因为即使消费者产生了新颖的观点或具有高水平的创造性也不会无缘无故地释放在传统以企业为主导的创造活动中，更不会在参与活动之后不留一丝痕迹。为此，本书以顾客参与价值创造的动机分析和顾客参与价值创造的本质为基础，从企业与顾客交互角度，构建包含顾客参与前因要素的顾客参与对顾客价值和顾客满意影响的较为完整的理论模型框架，如图 4-1。

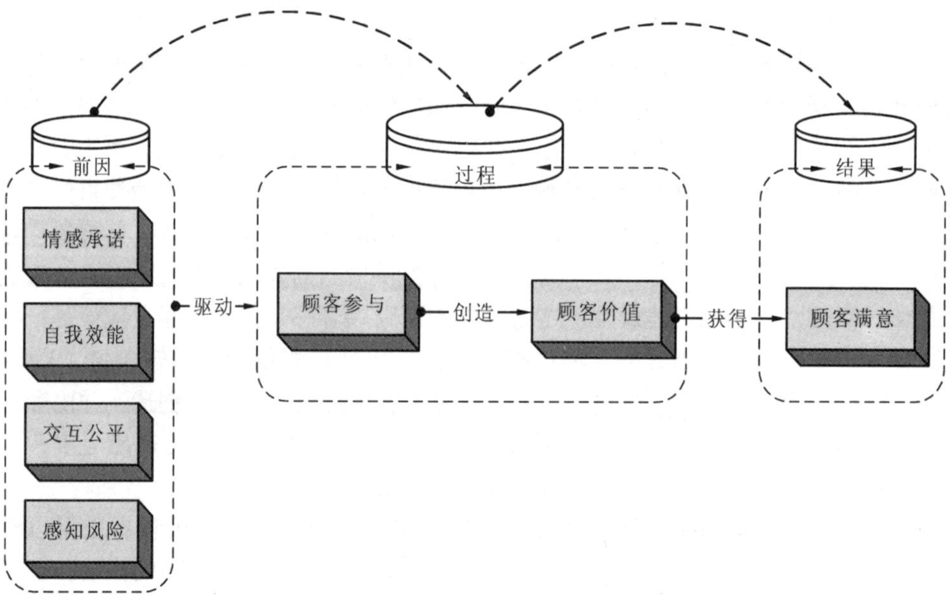

图 4-1　顾客参与对顾客价值创造作用的整合理论模型框架

Fig. 4-1　Integtated theoretical framework of the impact of customer participation on customer value creation

从该理论模型可以看出，基于企业与顾客交互视角下的影响顾客参与的前因包含四个要素，即情感承诺、自我效能、交互公平和感知风险。顾客参与的本质和目的是为了创造顾客价值，进而获得顾客满意。各前因要素对不同维度的顾客参与产生影响，顾客参与对不同维度的顾客价值和顾客满意产生影响的具体内容和过程将在以下详细阐述。至此，本研究后文的研究范围囿于图4-1所描述的影响顾客参与的前因要素和顾客参与对顾客价值和顾客满意的理论分析和实证研究。

4.2 顾客参与的前因

4.2.1 情感承诺对顾客参与的影响

承诺(commitment)是社会性和资源交换关系中参与方相互依存的重要因素。这一概念源于组织行为学与社会心理学理论，但在营销的研究中也被视为重要变量。承诺是一个复杂的多维变量，在营销领域，对承诺的构成研究主要借鉴组织行为学领域对组织承诺的研究成果。在组织承诺研究中，情感性承诺、持续承诺和规范性承诺被学术界认可为组织承诺的三个维度，不仅广泛运用于员工与组织关系的研究中，而且还被 Gilliland 等(2002)、Fullerton(2003)、Bansanl 等(2004)等学者借鉴到营销领域，应用在消费者和组织的相互关系中。然而，规范性承诺是指员工维持与组织关系的一种责任和义务，依照营销环境，消费者与企业间的关系并非如雇员与雇主间一般存在道德意义下的义务。而持续性承诺维系关系的潜在动机是“不得不继续保持关系”，是一种消极的维持关系的态度，源于消费者的理性消费行为，没有情感因素(Fullerton，2003)，因而结构性安排是持续性承诺维系关系的主要机制，往往以契约来限制竞争替代者并对关系伙伴施加转换成本，在服务参与的情境下，顾客同企业间很少会发生结构性联结，因而，基于本书的研究设计和为了达到可追溯的目的，规范性承诺和持续性承诺在本研究中不作为顾客参与的前因要素而加以考虑。

尽管营销文献中对情感承诺做出了不同的定义(例如，Anderson and Weitz，1992；Morgan and Hunt，1992；Wison，1995；Rutyer，2001)，本研究依照 Moorman，Zaltman 和 Deshpandé(1992)的观点，认为在顾客和企业的关系层面，情感承诺是顾客从心理视角看待双方的交换关系，体现顾客希望将有价值的关系继续下去的长期意愿[177]。从本质上讲，情感承诺是一种态度性结构要素，是建立在对交易伙伴的积极情感基础之上，这种承诺维持关系的潜在动机是对组织积极的关心和依恋的感觉，当消费者逐渐喜欢或爱上他们的服务提供商，就表明已经在经历情感承诺的心理状态了。

个体对组织的承诺将会对个体行为产生影响(O'Reilly and Chatman, 1986)[178]。态度行为理论认为，个体对他人的态度和情感决定了个体在与他人交往中的行为，为此，情感承诺会对行为意愿和行为结果产生影响。具有较高情承诺的消费者愿意与企业建立关系并继续保持双方交易的可能性更大，可能的原因是情感承诺来源于情感上的愉悦和对交易伙伴的喜爱之情。此外，情感承诺与有益的行为意向正相关，与损害性的行为意向负相关[179]，对顾客维系起到积极的影响作用。

情感承诺以对交易伙伴的积极认知为基础，并蕴含着消费者对企业的认同感。认同特定组织的人会下意识地关注该组织，自发地去维护该组织的形象，并渴望同该组织的成员结成一种相互协作的关系(Bergami and Bagozzi, 2000)[180]。Kelly等人(1992)在针对财务机构的385位顾客的一项研究中将顾客参与的内容划分为技术品质和功能品质的参与，这其中包含了愉快、友好等积极的的情感要素[91]。因而，由情感承诺引发的积极情感和较强的纽带关系会促使消费者积极完善自身的合作生产行为，与服务提供者相互协作以完成参与任务。

参与意义下的信息分享是顾客的认知过程，认知加工过程中不可避免地会有情感要素的介入，情感对信息处理过程、注意、记忆和决策等认知活动均存在显著地影响，且积极的情感对会对认知活动起到正面的影响。Jarvenpaa 和 Staples (2001)认为具有较强情感承诺的个体会认为组织有权利拥有个体创造和获取的信息和知识[181]。此外，Hooff 和 Weenen(2004)对情感承诺和知识共享的关系研究中，指出情感承诺是知识共享的重要前因[182]。因而，具有较高情感承诺的顾客愿意在服务参与活动中分享自己的需求、经验，更愿意与服务提供者和其他顾客进行互动。

从以上理论分析看出，相对于低情感承诺的顾客，高情感承诺的顾客由于感知到自己同企业有更强的纽带关系而愿意成为组织中的一员，进行参与活动。据此，提出研究假说H1，假说H1包含以下3个子假说：

H1：情感承诺对顾客参与有显著的正向影响。

H1a：情感承诺对信息分享有显著的正向影响。

H1b：情感承诺对合作生产有显著的正向影响。

H1c：情感承诺对人际互动有显著的正向影响。

4.2.2 自我效能对顾客参与的影响

社会认知理论认为，自我效能(self - efficacy)是指个体在执行某一行为操作之前对自身能够在何种水平上完成该行为活动所具有的信念、判断或主体自我感受(Bandura，2004)[183]。自我效能并不是一个人所拥有的技术能力，而是个人对自身运用这些技能完成特定任务的能力判断。自我效能对人类行为的选择、努力的大小、持续的时间以及行为结果发挥着决定性的作用，因为它直接影响到个体在执行这一活动的动力心理过程中的功能发挥。这在教育、医学、体育等领域都得以广泛运用和研究。Orsega - Smith 等人(2007)通过对美国中老年人的调研表明，中老年人遵照美国疾病预防控制中心(CDC)的建议从事体育运动与其自我效能显著相关[184]。Elias 和 MacDonald(2007)以学生为研究对象探讨并发现学业自我效能和学校绩效间有紧密的关系[185]。然而，在需要顾客参与的服务环境下，消费者服务参与的自我效能能否促进他们的积极参与行为，已有相关文献鲜有探讨。

自我效能不是主体自我的稳定特征。正如 Bandura(1994)指出的那样，任何影响到选择行为的因素，都会对个体的发展产生深远的定向作用(转引自：高申春，2000)[186]。自我效能随着直接经验、替代经验、语言说服和情绪反应而发生变化(Bandura，2004)，此外，自我效能感作为个体对自己与环境发生相互作用的效验的主体自我判断，不是凭空作出的，而要以一定的经验或信息为依据。可以说，Bandura 用自我效能这一概念概括了能力、认知过程和环境的交互作用的结果，基于整合的视角强调人类潜能发挥的自我决定性，对于参与过程中的消费者从事创造活动以及其创造性的发挥具有重要作用。一方面，个体的自我效能感反映出其认识事物与评价事物所特有的方法，促进其创造性的产生。另一方面，个体的自我效能感反映出其行为的性质和范围，反映了个体面对困难时所付出的努力程度和坚持性，从而保证个体创造性的实现。此外，依照顾客参与的互动本质，介入组织边界的顾客对其主体的自我效能感知不可避免地会受到企业环境类要素的影响，例如，企业的宣传信息、服务提供者的积极行为和激励、企业与顾客间缔结的心理契约以及进入组织边界所招致的情绪等都会增强顾客进行服务参与的自信心，因而，企业可以通过与顾客的交互行为来影响顾客的个人效能。

社会心理学的大量研究表明，自我效能是个人行为的指示器，对个体行为和结果产生决定性作用。在营销学领域，研究者们在研究顾客是否选择自我服务技术(TBSS)时，发现顾客对其能够掌握和操作自我服务设备的能力判断，例如，ATM 机器操作的自我效能对其采用自我服务技术具有重要影响(Curran，Meuter and Surprenan，2003；Meuter，Bitner，Ostrom and Brown，2005)[120,187]。Hubbert(1995)在探索减肥行业中顾客参与中的三种角色时指出，顾客应当清楚的认识到他们的角色，应当对自己的成功有信心[89]。尽管表述中对“成功的信心”没有更为详尽的解释，但反映了一个人对于自己有能力和有效的感觉。然而，一个人的自我效能就是在多大程度上他认为自己有能力做某事(Myers, 2005)[188]，因而实际上这其中已蕴含着顾客参与的自我效能，只是没有使用自我效能这一专门的术语而已。

社会认知理论认为，对自我效能高低的判断不仅决定了个体在发展过程中当面临新的任务时，是把它当做挑战加以迎接还是当做困难加以回避的生活态度，而且也通过影响个体对不同活动方式的选择而决定其人性潜能在哪些方面得到开发，又在哪些方面被忽视而得不到实现。具体来说，高自我效能的人会投入更多精力增加其努力水平以解决所面临的困难；相对而言，低自我效能的人则会夸大任务的困难，较易放弃自己力所能及的任务。同时，低自我效能的人倾向于注意并记忆自己在活动表现中的消极方面，而高自我效能的人则倾向于注意自己活动的成功方面而忽视其失败方面。因而，高自我效能的顾客对自身在服务过程中的贡献会有一个良好的预期，可能会进行服务参与活动。目标的挑战性激发高自我效能的顾客积极表达自己的需求、分享自身的经验、明确个人在服务参与中的角色，以显现和提升消费者自我驾驭参与事件的能力。相反，由于无法确知参与后果，低自我效能的顾客对其参与行为的感知风险较高[189]，因而即使是简单的工作任务，也可能无法激发效能感弱的消费者进行服务参与。

此外，效能感强的人倾向于把成功归因为自己的能力和努力，而把失败归因为技能的缺乏和努力的不足，这种思维方式反过来促使消费者提高其动机水平，发展和提高参与活动中的合作生产活动，从而有利于服务参与的成功。顾客若坚信自己的活动效能，则会倾向于想象成功的活动场面并体验与服务参与活动有关的身体状态的微妙变化，从而有助于支持并改善其参与活动中的实体执行过程；否则，消费者更多想到的是参与活动的失败场面，担心自己能力的不足，并将心理资源主要投注于参与活动中可能出现的失误，抑制自身创造性潜能的发挥，进而会对实体执行的合作生产行为产生消极影响。

更进一步地，自我效能受主体情绪反应的影响，同时也会影响个人的情绪反应。当个人判断自己的自我效能不能应对参与活动需要时，对困难的担忧便使其产生应激状态或焦虑唤起，并以各种保护性的防御甚至是退缩行为来加以应对，不利于参与活动中的信息分享和人际互动的开展。

从以上理论分析看出，顾客参与服务的自我效能越高，顾客在参与活动中的资源投入越多。据此，提出研究假说 H2，假说 H2 包含以下 3 个子假说：

H2：自我效能对顾客参与有显著的正向影响。

H2a：自我效能对信息分享有显著的正向影响。

H2b：自我效能对合作生产有显著的正向影响。

H2c：自我效能对人际互动有显著的正向影响。

4.2.3 交互公平对顾客参与的影响

公平是人类的基本需求(Seiders and Berry, 1998)[190]。从公平理论的研究渊源来看，其着眼点就是主观感知，即感知公平(perceived fairness)，不是绝对的客观公平，而是一个相对的概念。Oliver(1997)认为公平可以应用到任何人们需要投入并期望获得产出的交换过程中[191]。遵照这一观点，顾客参与服务的共同生产和传递活动也可视为一种交换。在参与服务的过程中，由于服务的无形性，共同创造与服务消费同时性等特殊性质，顾客则更希望企业公平地对待自己。Carr(2007)认为在服务企业与顾客关系研究中，顾客不仅注重服务质量，也注重感知公平性[192]。

研究社会交换理论的学者认为感知公平包含三个维度：结果公平、程序公平和交互公平。且每个维度都分别与交换过程中所得某种结果相对应。其中，结果公平是指顾客对资源分配和可感知实际结果交换的公平性判断，主要考察资源是如何在交易双方之间进行分配的；程序公平关注成果分配的程序顾及到客观公正性和消费者利益的程度，重点在于结果和流程的控制。可见，顾客对结果性公平和程序性公平的感知和判断主要发生在交换行为开始之后，对交易行为后的顾客满意和顾客忠诚产生影响。而交互公平指顾客对企业信息交流和结果传递中的人际交往的公平性判断，它与交往过程中的人际互动质量密切相关，包括服务人员的诚信、礼仪、态度等人际交往因素。有学者透过对顾客感知的不公平事件的分析发现，许多消费者感到不公平正是源于服务提供者的不友善行为，进而终止他们与企业的交换行为(Blodgett, Hill and Tax, 1997; McColl - Kennedy and Sparks, 2003)[193,194]，换句话说，交互公平有助于解释为什么消费者在制定解决方案的过程和最终结果都公平时，仍然认为受到了不公平的对待。因而，服务接触中的交往公平对消费者与企业继续交换的行为意向有较强的预测能力。鉴于此，消费者与企业接触中企业展现出的代表交互公平的行为将成为影响顾客进行服务参与行为的要素。

Chebat 和 Sluzarczyk(2005)在以银行零售业为背景的研究中表明，交互公平性与消费情感显著相关[195]。Schoefer 和 Ennew(2005)以旅游服务为研究背景检验感知公平对消费情感的反应，结果表明感知公平性能够预测顾客消费情感的性质，顾客的感知公平性越高，顾客越有可能产生积极的消费情感[196]。服务人员真诚的态度、对顾客利益的额外关心、服务人员与顾客间的相互理解、服务人员礼貌待客行为等展示交互公平的行为会诱发顾客的正面消费情绪。而当人们遭遇不公平的待遇后，往往会唤醒生气、害怕、厌恶等负面情感(Mikula, 1998)[197]。由情绪一致性效应可知，积极情绪下，人们倾向于对事物的判断持肯定的态度，通常表现出积极配合的行为；而消极情绪下，人们对事物的判断则往往持否定的态度，表现为消极不配合的行为。Frijda(2002)的研究也表明，积极情绪下的个体更倾向于作出乐观积极的判断，消极的情绪则会导致悲观的判断[198]。积极的情绪有利于提高消费者的决策效能，消极情绪容易造成消费者的认知失调，从而对顾客的消费决策起到预警的作用。

更进一步地，有研究表明，积极情绪有助于人们瞬间知行能力的拓展，而消极情绪通常会窄化人们的知行能力，如害怕使人逃跑，愤怒使人攻击，厌恶则使人作出驱逐行动。积极情绪则可以拓展人们注意、认知与行为范围，使人能更有效地获取和分析信息，作出更恰当的行动选择并采取创造性行动。由于感受到较高程度的交互公平所引发的正面情绪，顾客的“希望”就被唤起，消费者感知到的交互公平程度越高，消费者个人的“希望”就越强烈，也就是说消费者认为服务参与的结果对其自身有很大的关系，于是顾客就会积极主动地与企业进行信息沟通、清晰、完全地表达自己的需求信息，以使其希望的结果得以实现。同时，由交互公平所引发的情绪会影响顾客对参与成功可控性的估计。具体来说，积极情绪的顾客对成功参与可控性的估计高，消极情绪的顾客对成功参与可控性的估计低。对参与过程可控性程度高的顾客对自身影响服务参与过程的真实性及知觉能力有一个较高水平的认识，受正面情绪的影响，消费者会在随后的参与活动中努力扮演好自己的角色，更主动履行其合作生产行为进行创造活动。

此外，与传统的价值创造模式相比，有顾客参与的价值创造过程需要顾客在服务参与更多的精力和情感投入，以应对服务参与中存在的人际交互行为。顾客在消费活动中存在不同的情绪状态，一位兴奋的顾客通常比一位沮丧的顾客更容易沟通和接触。服务参与中的沟通和接触是服务提供者与员工间有效、顺畅互动的一个决定因素。通过沟通来更好地完成顾客参与中的任务和服务生产、传递过程，具体包括与角色相关的沟通、个人间的沟通和小话沟通。良好的互动可以促进顾客参与价值创造的过程更加流畅、排解顾客在参与过程中可能面临的疑惑或问题，有助于提升消费者的正面情绪、服务价值的知觉和行为意向。

由于服务的特殊性，顾客很难在参与前评估参与结果，顾客在组织边界接触的人物或事物都会影响顾客对参与结果的评价，因而人们关心他人在决策和交互过程中对待自己的态度和行为的公平程度。当顾客对结果的感知不确定性高时，顾客对交互公平就更为敏感。Hui，Au 和 Zhao(2007)在以购书为背景的情景模拟研究中加入不确定性程度的度量，探讨公平性的启发理论是否适用，研究发现，无论结果的确定性高低，交互公平对顾客的行为意向和行为满意度均有显著影响，且当顾客的感知不确定较高时，顾客更对交互公平敏感[199]。

由以上理论分析可以推断，感知交互公平的程度会影响顾客是否参与合作创造的行为意向。据此，提出研究假说 H3，假说 H3 包含以下 3 个子假说：

H3：交互公平对顾客参与有显著的正向影响。

H3a：交互公平对信息分享有显著的正向影响。

H3b：交互公平对合作生产有显著的正向影响。

H3c：交互公平对人际互动有显著的正向影响。

4.2.4 感知风险对顾客参与的影响

自 Raymond Bauer(1960)将感知风险的概念从心理学延伸出来并引入消费者行为学研究之后，遂引发一系列消费者行为领域的相关研究(例如，Mitchell，1992；Mitchell and Boustani，1993 等)，营销领域一系列相关的消费者行为研究就以感知风险作为考察变量进行研究，它已成为消费者购买行为理论和模型中的一个重要因素(Dowling and Staelin，1994)[200]。感知风险的概念最初是由 Bauer(1960)界定，他指出因为消费者在考虑购买时不能确定使用产品的结果如何，故消费者承担了某些不确定性，所以消费者行为可视为一种“风险承担”。也就是说，消费者在做出购买决策时，无法确定决策的结果，这种结果的不确定性中就隐含着风险，这是感知风险的最初含义。它是指在产品购买过程中，顾客因无法预料其购买结果的优劣以及由此导致的后果而产生的一种不确定性感知。继 Bauer 之后，有很多学者对感知风险进行了研究，并对感知风险的定义不断进行完善和补充。其中，得到大多数学者赞同的是 Cunningham(1967)的定义，他认为感知风险包含不确定性(购买结果优劣)和后果两个因素。此后，后续研究一般都从这两个要素角度出发将感知风险定义为：消费者在购买产品或服务时所感知到的不确定性和不利后果的可能性(转引自：Dowling and Staelin，1994)[200]。感知风险包括两种成分：一是内在风险(inherent risk)，即某产品类别对一个消费者所具有的潜在风险，损失的重要性在这一层次发挥作用；二是可应对风险(handled risk)，即消费者从某产品类别中选择一个品牌时能够唤起的冲突数量，损失的可能性在这一层次发挥作用[201]。由于本研究关注的不是跨产品类别的感知风险，为此，本书聚焦于感知风险中损失可能性的部分。

感知风险在服务业一直未被赋予重要角色。很多关于消费者的行为研究都忽略了感知风险的作用(Johnson，2004)[202]。在早期的有关感知风险的研究中，已有研究的研究对象大多关注于实物商品而非服务产品，尽管服务行业在许多西方国家占据重要地位，如英国，但大多有关感知风险的研究却将焦点定位于实物产品而非服务(Mitchell，1995)[203]。然而有越来越多的证据表明消费者是以不同于实物商品的方式来购买和评价服务的。由于服务的无形性、异质性等独特特征使得服务被感知有更大的风险(Guseman，1980；Murray and Schlacter，1990)[204,205]。

因而，感知风险在服务产品的消费决策过程中也同样扮演重要角色。

感知风险是影响消费者行为的重要因素，顾客改变、推迟或取消消费行为的决策在很大程度上都受到感知风险的影响。顾客面对消费行为的首要前提是做选择，而面临选择时，消费者会产生感知风险，随之便产生焦虑，此时，消费者就会寻求减少风险的方法，以降低消费行为后果的不确定性以及可能产生不利后果的严重性。顾客参与价值共创是典型的消费行为，在参与情境下，顾客能感受到较高的风险，因为服务的生产与消费同步进行，导致很难对服务结果进行评价，为此在消费过程中顾客会以更多地参与来减少不利结果的数量并增加有利结果的机会。Silpakit 和 Fisk(1985)也指出顾客在服务经历中的积极参与可能是减少感知风险的方法[69]。从这个意义上讲，顾客参与行为就是一种减少风险的行为。消费者自身减少感知风险的动因在于，认知失调理论(cognitive dissonance)认为，任何一个人都会因环境刺激而感受到内心的不稳定，即认知体系中各认知要素间产生不协调后，个体在心理上会产生诸如不安和紧张等状态，原有的平衡被打破，人们通常会使不协调变为协调，以消除不安，重新达到内心平衡(Olson and Stone, 2005)[206]。因而，一旦消费者在消费行为中感受到这种风险，就会在其内心形成一种消极的“不安”状态，依照认知失调理论，顾客就会在这种境遇下促使自己面对风险或减少这种风险来达到内心平衡。

信息不对称被学者们广泛认定为是顾客感知风险的来源，因而信息搜寻被认为是顾客降低感知风险的有效方法。在营销研究中，学者们就感知风险对信息搜寻具有正向影响作用基本达成共识，信息搜寻被作为感知风险的结果，而不是估计感知风险是使用的输入变量(Conchar, et al., 2004)[207]。问题认知后的心理不适感(感知风险)促使消费者搜集能够解决认知到的问题的方法的信息(Mitchell, 1992)[208]。顾客参与意义上的信息分享是顾客为了了解服务需求和自己应该扮演的角色所进行的信息搜寻和分享，而不是为了评价。顾客和服务提供者之间的信息交流与共享一方面是让服务提供者更加准确、清楚地了解顾客的需要和期望，以便正确提供顾客所需的服务内容与形式或通过即时的信息反馈对服务方式进行调整；另一方面能够让顾客了解更多有关服务提供者的信息，了解到什么样的服务可能提供，什么样的服务很难提供，顾客就会对其参与过程和结果形成更加现实的期望。随着顾客占有信息的增多，风险水平则开始降低。因而，利用参与中的信息分享来增加消费者的参与行为的确定性。

顾客参与中的人际互动是为了发展关系，更具体地说，为了更多地了解对方。人际互动中涉及双方的情感投入，互动层次愈高，双方情感投入愈深。这意味着当双方共享多种体验时，信任就会增长，由此提高了一方预测另一方行为的能力(Doney and Cannon, 1997)[209]。此外，通过及时的人际互动和沟通，顾客参与还能引起社会联结，为顾客提供一种重要的心理利益，更能抵抗服务失败造成的负面影响(Andreas and Simon, 2006)[210]。

Assael(1998)指出，消费者主要从两个方面来降低知觉风险，其一是增加购买结果之确定性；其二是降低产品失误风险[211]。如果参与意义下的信息分享和人际互动角度都是顾客增加参与结果确定性的努力活动，那么合作生产行为则是消费者降低服务失误风险的一种手段。由于环境的不确定性，人们更希望能拥有对事务的控制权[212]，而当服务发生时，情境的或人际交往的属性会使顾客的控制感增加，从而影响其情感反馈和行为决策。顾客作为合作生产者，通过与服务提供者合作完成或自己承担一部分服务，他们就会感觉自己对服务结果有一定的掌控力。Rodie 和 Kleine(2000)主张，顾客积极参与服务过程可以为顾客带来心理利益，其中包括感知控制[130]。感知控制的增加会对人们的生理和心理变化产生积极的影响。很多顾客是为了降低服务质量的不确定性而参与其中的，当顾客感觉自己能够部分控制服务结果的产生，则更倾向于为共同生产的结果承担责任，对服务生产过程有更好的认知，对企业的能力以及服务本身也将会产生更深刻的认识，从而提高其合作生产行为。换句话说，顾客感觉到如果没有自己的合作生产行为，服务就有可能失败。因而，通过提高自身的合作生产水平，顾客会增强对结果的控制感，降低风险。正是抱以这样一种心理也驱使着顾客即使在没有金钱激励的情况下，也会积极参与到价值创造的过程中去。

从以上理论分析看出，风险愈高，则消费者所投入寻求降低知觉风险的努力也会提高。据此，提出研究假说 H4，假说 H4 包含以下 3 个子假说：

H4：感知风险对顾客参与有显著地正向影响。

H4a：感知风险信息分享有显著的正向影响。

H4b：感知风险对合作生产有显著的正向影响。

H4c：感知风险对人际互动有显著的正向影响。

4.3 顾客参与行为维度对顾客价值创造的影响

区别于传统的价值创造模式，有顾客参与的价值创造模式所关注的焦点在顾客——企业的互动环节上，企业和顾客之间的所有互动点，都有可能进行价值创造和价值获取。在共同创造过程中，顾客希望以其偏好的语言和方式进行互动和完成交易，将自己的价值观纳入到选择菜单之中，借以反映出自己的价值期望；企业向顾客传递的不是价值，而是价值主张，通过互动，企业可以借此和顾客一起塑造价值期望。与此相一致的，服务导向的营销范式认为，顾客不仅仅是营销目标，还是服务产品的合作生产者和价值的共创者，在参与过程中，顾客投入体力，智力等资源完成价值的感知和获取，完善自己的需求并影响企业价值主张的实现，如图4-2。从图4-2中可以看出，顾客参与价值创造活动其实质是两个互为因果的过程。一方面，企业必须通过共同创造过程，形塑与消费者的共同经历和事件，在成功培养顾客信任的基础上，与消费者达成一致的认识和行为目标。另一方面，在顾客参与的互动关系中形成的统一目标和行为规范又转而塑造消费者对参与关系的责任和预期，从而促进企业与顾客共创价值活动的发展。

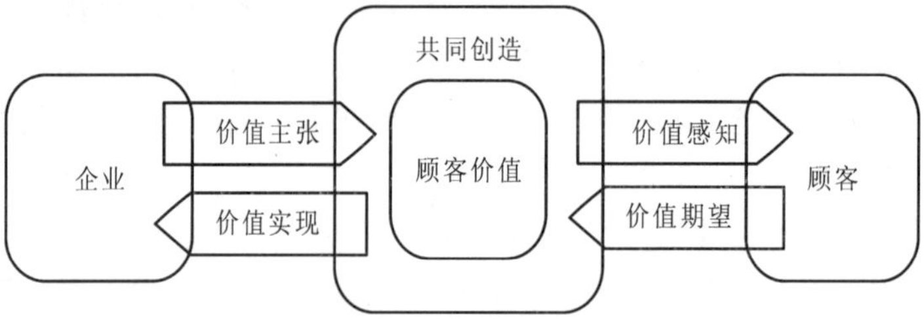

图4-2 顾客与企业共同创造价值

Fig. 4-2 Customers are associated with the organization to the value co-creation process

Chandran 和 Morwiz(2005)在针对顾客参与定价活动(拍卖)的研究中指出，消费者在参与价格制定时往往更加关注定价执行的过程，而不只是协商出价格的结果[213]。Babin 等人(1994)认为实用型消费者认为购物本身在于任务的达成(商品获得)，并追求购物过程的效率，而享乐型消费者则认为购物过程本身就是享乐，无论是否购买到商品他们仍感到满足[214]。换言之，对消费者而言，参与活动的结果固然重要，然而为实现参与结果所经历的过程也同样具有意义。根据心理学理论，人的行为受到外在动机和内在动机的激发，所以在顾客消费行为中，外在动机是理性(功能性)导向的，而内在动机则是享乐导向的(Lofman，1991)[215]。此外，依照目标追求理论，顾客参与活动既是一种工具性活动，也是一种享乐性(体验)活动，顾客一方面通过主动参与来达成某种基本目标，另一方面也会在参与创造的活动中去体验和感受。Gursoy 等人(2006)认为，许多消费活动都是会产生是实用和享乐两方面的结果[216]，因而，顾客进行参与活动的目的是要得到他们在传统交易中无法得到的新顾客价值，在参与活动中同时寻求实用和享乐两个方面的利益，即实用价值和享乐价值，区别只是两者的偏重程度不同。Harris 等人(2001)认为，顾客参与是企业利用顾客资源的唯一途径，也是提升顾客感知价值的重要方法，并且已经成为企业获取新的竞争优势的重要方式[217]。随着参与水平的提高，消费者会更加积极和投入地进行价值共创。Grönroos(2004)提出，使产品、服务的使用信息能够便捷、易懂地传递给顾客会支持顾客价值的创造[218]。Smith 和 Colgate(2007)也指出，信息通过教育和告知顾客提供功能性和指导性价值，通过创造性的广告提供体验价值(享乐价值)[219]。Williams 和 Soutar(2000)在针对旅游体验的研究中发现，消费者认为信息搜寻行为所带来的探索知识、思考、获得启发让其获得了不一样的体验价值，进而增进了消费者对旅游经历的评价[220]。可以说，参与意义下的信息交换有助于顾客价值的创造。同时，Grönroos(2000)认为，价值只有通过与顾客的关系才能创造出来，因而价值部分来源于顾客与供应商、服务提供商的互动[221]。LaSalle 和 Briton(2002)也指出，顾客体验是顾客与产品、企业或企业相关代表之间的一个或一系列的互动所造成的一种反应，若反应是正面的，就会让顾客认同产品或服务的价值[222]。因而借互动过程可以促进(或阻碍)消费者对享乐消费目标的达成。随着消费者与企业互动程度的加深，随之带来的是他们相互依赖程度的逐步提高。在这一过程中，顾客可能会感到感知收益高于感知成本，就会更积极主动地进行价值共创活动。为此，参与活动中的人际互动内容是促进顾客参与价值共创的一个积极因素。顾客参与中的合作生产行为则更加突出了消费者在产品或服务生产及传递过程中的能动作用。合作生产行为可能为顾客带来多种利益，包括更低的价格、更多的服务选择机会以及对最终产品配置的更高判断力。此外，顾客可能会体验到更大等待时间和获得更大程度的定制化。由此，参与意义下顾客合作生产行为对其参与活动会给予更多的价值回报。Babin 和 Darden(1995)在研究零售环境时发现，消费者购物活动中不仅关注他们要购买的产品，对于购物过程中零售环境也十分关注。受环境的刺激，消费者可能会更多地投入自身资源等，例如，在卖场里停留更多的时间等，从而使得他们从购物活动中获得实用性和体验性的价值都得到提升[223]。同样，Wang 等人(2007)在关于网上零售的研究中也证实了网上购物过程能让消费者获得愉悦的体验，从而增强消费者的工具性价值和享乐性价值[224]。

为了获得适用和独特的参与结果，顾客投入资源到共同创造活动中，这些资源包括他们所花费的时间、消耗的体力和耗费的脑力。因而，对于顾客而言在参与价值创造活动中的投入可能会远远高于他们在传统消费活动中的投入。行为决策理论研究表明，当个体投入更多的认知资源到一项任务中时，可能会形成对该任务更丰富和更完整的目标解决方案选择阈，从而得到更精确的解决方案。同时，新近的营销研究表明，顾客通常在消费活动之前没有明确的偏好，而偏好仅仅在顾客需要作出决策时形成，由此导致顾客在表达自身需求时出现困境。因为，消费者无从想象他们没有经历过的或不甚了解的产品和服务(Ulwick，2002)[225]。而参与价值创造活动提供了一种企业与顾客的互动，可以有效发掘顾客潜在需求及偏好，使产品被定制化，从而增加产品对顾客的适用性，因而，顾客参与有助于根据其真实需求来定制他们的产品，实现其消费行为的基本目的。当消费者认为其参与完成产品兼具独特性和适用性时，就表明参与活动强化了他们对于参与活动实现目标的工具效能的感知，提高了顾客实用价值的创造。

顾客愿意参与某些服务的生产或传递，除让服务过程更有效率，提高服务结果的有效性外，还能满足情绪或精神上的愉悦感(Firat, Dholakia and Venkatesh, 1995)[145]。尽管顾客参与最初是满足消费者的经济需求，但随着顾客参与程度的提高，顾客参与就逐步地具备其社会功能，即满足消费者心理和情感层面的需求。现实中也有很多证据表明，顾客认为自己获得的超额顾客价值并不仅仅来自于核心的产品或服务，还来自于情感的体验和消费目的的实现。Prahalad 和 Ramaswamy(2004)就指出，所有的产品或服务均是外在的形式，其最终是要为消费者提供一种体验。而体验的过程正是享乐价值的来源[226]。在零售领域，Kivetz 和 Zheng(2006)通过一系列实验发现，消费者随着自己的努力或成就(excellence)提高，都会提升他们选择享乐性产品的可能性[227]。在服务领域，顾客与消费环境的互动、顾客间的互动或顾客与员工的互动行为有助于提升消费者的享乐价值(Keng et al., 2007)[228]，消费行为中的互动要素是享乐价值(体验价值)的前因(Wu and Liang, 2009)[229]。可以说，享乐消费价值取决于消费者的主观反应，主体与客体间的持续互动构成了整个消费经历并影响了最终的消费结果。这意味着，随着顾客与企业互动程度的提高，顾客的参与行为能为自身创造更多的享乐价值。

从理论角度来说，根据目标追求理论，顾客进行服务参与活动既是以结果为导向的行为亦是以过程为导向的行为，这也就可以解释一些消费者愿意支付金钱去陶吧制造一件陶器的消费行为，他们并不缺陶器，而制作结果可能会以失败而告终，也并非想向他人展示自己的与众不同，参与制作陶器只是想享受参与创造的过程。顾客在参与价值创造过程中，通过自身的参与所生产的产品或服务不仅满足了其个性化的需求，促成其个性化的形象体验，同时，由于他们将参与过程亦视为一种体验探索活动，参与的交互本质唤起了消费者的兴趣，因而，消费者认为参与创造的过程是内在有趣的，也就是说，参与的过程被顾客所看重，而有研究认为个人一般会高估他们所重视的活动结果(Bagozzi and Dholakia, 1999)[132]。当人们重视某一活动时，他们会自动调节认知的注意力，以确保感知的结果与过程重要性一致。此外，顾客的积极参与可以使顾客在参与群体中感受到友情、亲情、归属感等心理层面的需求。顾客参与企业价值创造使生产和消费合二为一，顾客得到了独一无二的体验，情感和心理得到了满足，例如，期待、享受和难以忘怀等。当参与过程结束时，顾客把“体验”的感受珍藏在心中，也就获得了享乐价值。因而，顾客参与所带来的这些精神或情绪方面的满足，可以在很大程度上增强顾客对产品或服务的感知利得。

另外，从任务领域视角，一旦做出货币、时间或精力的投资后，当目标未实现时，随着投资的增加，个人将增加的投资视为不断追涨的损失，为了尽力减少损失，个体会增强对目标的承诺，研究表明沉没成本效用通过独特的心理机制(例如，自我正当化)来产生作用。对于参与价值创造的顾客而言，在参与过程投入越多，就越可能通过接受最后的产出结果来为自己的创造活动正名，以减少因沉没成本产生的心理损失感。此外，相关研究表明，人们对一件东西的评价与自身是否拥有它存在密切关系，即人们对所拥有东西的评价会比自己未曾拥有过的高(Soloman, 2004)[230]。从消费心理学角度分析，人们往往倾向于对自己亲自参与活动的结果估计更为乐观，而对完全不由自己掌握的活动结果则持谨慎态度。相应地，在服务参与意义下，随着参与程度的提高，顾客在体力上、精神上和智力上的投入越来越多，与不需要投入或较少投入的产出结果相比，顾客对自身高投入后形成的良好结果抱有更大的信心，尤其当对结果的评价是基于个人标准时，人们更倾向于为自身付出投入的结果给予更高的评价。

从以上理论分析可以看出，随着顾客参与的程度越高，资源投入的增多，消费者就越有可能创造出更优异的顾客价值。据此，提出研究假说 H5、假说 H6，各假说分别包含 3 个子假说：

H5：顾客参与对实用价值有显著的正向影响。

H5a：信息分享对实用价值有显著的正向影响。

H5b：合作生产对实用价值有显著的正向影响。

H5c：人际互动对实用价值有显著的正向影响。

H6：顾客参与对享乐价值有显著的正向影响。

H6a：信息分享对享乐价值有显著的正向影响。

H6b：合作生产对享乐价值有显著的正向影响。

H6c：人际互动对享乐价值有显著的正向影响。

4.4 实用价值与享乐价值

在价值交换过程中，实用价值与享乐价值一直被视为两个最基本的组成成分。从顾客的角度来看，其购买与消费活动不仅是一个比较权衡产品性能、价格的理性思考过程，也是一个寻求体验、想象、诱惑的感觉之旅(Shiv, Fedorikhin and Nowlis, 2005)[231]。尽管有研究将某种产品(服务)视为实用性产品或视为享乐性产品(服务)，但实际上每种产品(服务)大多同时具有实用性和享乐性产品(服务)，如图 4-3。消费者对产品或服务的选择通常是基于实用性和享乐性两方面考虑的，并根据产品或服务在这两方面的表现对其作出评价。

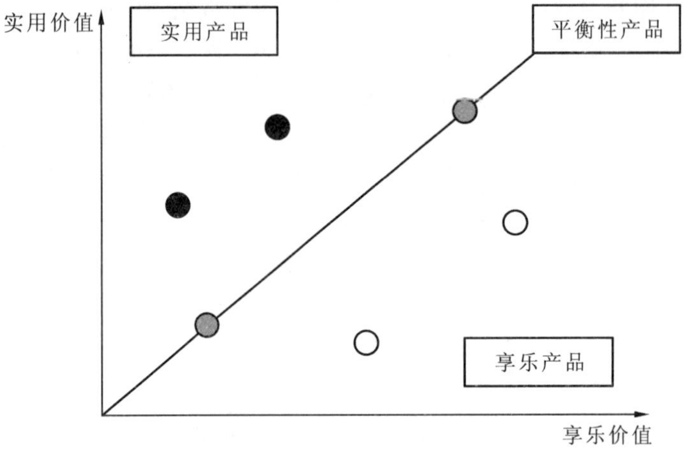

图4-3　实用产品与享乐产品

Fig. 4-3　Utilitarian and hedonic products

消费者希望从产品中获取实用与享乐的双重价值是不同产品品类购买的普遍规律(Sweeney and Soutar, 2001)[30]。实用价值来源于产品或服务使用中体现的功能，消费者对其评价主要来自于人们的理性因素，消费者主要在产品利益的基础上根据自己的偏好来评价产品；享乐价值来源于产品或服务使用体验中得到的感觉，与消费过程本身紧密相关，消费者对其评价主要来自于人们的情感因素。两类价值的不同之处在于客观特征和主观反应各自所占比例的不同(Addis and Holbrook, 2001)[232]。对于实用价值来说，产品的客观特征所占比例大于消费者的主观反应，对于享乐价值而言，消费者的主观反应则发挥更大作用。

从本质上讲，对实用价值的评价更强调认知，享乐性价值则更突出情感。根据心理学理论的“认知—情感—行为”范式，情感反应建立在认知基础之上。因而由顾客对实用价值的感知可以预测其对享乐价值的感知。有研究发现享乐价值并不是消费者首要考虑因素，他们会较多关注消费活动所带来的实用价值(Babin, et al. , 1994)[214]，即首先要满足顾客实际功能性需求，继而消费者根据产品或服务的实用性绩效是否达到其期望水平来发展其对产品或服务正面或负面的情感，然后决定消费行为。Dodds等人(1991)认为当消费者形成对产品质量的累积优点的认知后，会以此为基准，持续影响可感受价值的价值评估[233]。换言之，对产品质量的累积优点认知结果所形成的实用价值感知会影响顾客在情感和心理层面所形成的享乐价值评价。而Oliver(1993)在针对消费情绪的研究中也指出，一项产品或服务可能存在多种属性，对某个属性表现的态度会给顾客带来不同的情绪[234]。具体来说，对某些属性的肯定会带来顾客的积极情绪，对某些属性表现的否定则造成顾客的消极情绪。顾客在消费过程中对产品或服务某些属性表现的态度会形成他们对产品或服务实用属性方面的评价，即实用价值，根据Oliver的观点，对实用属性的评价会影响到与情绪属性相关的享乐面。此外，理性的享乐主义将享乐主义视为通过有目的的理性行为以实现对快乐的追求，有目的的理性行为可以直接达成工具性价值，工具性价值是达成终极性价值的手段，是由消费产品所知觉或想象的最终目标状态。这时的顾客价值由消费者认知的产品物质属性价值上升为享乐价值的过程，顾客消费的享乐价值存在于实用价值的背后。

然而，学术界也有不同的观点。Zajonc(1980)认为与实用价值相比，享乐价值是消费者面对刺激的一种自发、快速、不假思索的反应，不依赖于认知评价甚至先于认知而发生[235]。也就是说，消费者对实用价值的评价倚重对与产品相关信息的详细加工，对享乐价值的评价往往选取与产品关联度低，甚至是环境中完全无关的信息。以精细加工可能性模型(elaboration likelihood model)中人的态度形成与改变所遵循的两种模式为依据，消费者对产品或服务实用价值的评价采用中枢加工的路径，对享乐价值的评价则采用边缘加工的路径，对实用价值和享乐价值在加工方式上的差异意味着两者相互独立。然而，在有限理性框架之下，消费者在进行决策时无法完全遵循理性的效用最大化原则，而是部分倾向于情绪性的决策行为。这意味着消费者对某项产品或服务的感知评价往往是理性判断与情绪判断交织在一起。Ahtola(1985)曾指出价值的效用面和价值的享乐面通常是正向关的[236]。Babin等人(1994)也指出顾客价值的这两个维度存在正向相关，并用实证结果支持了该观点[214]。此外，手段—目的链理论认为价值的不同层级间互相连接，低层级的价值属性是达到高层级价值目标的手段。

从以上理论分析可以看出，消费者对产品或服务实用性方面的评价将会影响他们对其享乐性方面的评价。据此，提出假说H7。

H7：实用价值对享乐价值有显著的正向影响。

4.5 顾客价值对顾客满意的影响

无论哪个行业，创造高顾客满意度是企业成功实施顾客导向经营活动的基石(Szymanski and Henard, 2001)[237]。尽管“期望—不一致”范式是顾客满意研究的重要理论基础，认为满意是期望水平与此后不一致的综合结果，但未能指出顾客价值作为顾客满意的前因作用。一些研究将产品或服务质量作为顾客满意的前因加以研究(例如，Rust and Oliver, 1994；Spreng and MacKoy, 1996；Fornell, et al., 1996；Caruana, et al., 2000；Cronin, et al., 2000；Szymanski and Henard,

2001；Choi et al.，2004；Tam，2004；Grace and O'Cass，2005）[237~245]，这些研究都将质量视为收益，却忽视了成本要素。然而，即使是收益上存在某些不足（例如，服务失败），感知成本的削减（例如，降低价格）也可能弥补这些缺陷，顾客仍旧获得较高程度的满意。由此，当研究顾客满意的前因时，由顾客所支付的成本就成为一个必须考虑的要素。而顾客价值可以被看做是收益与成本间的差异，因而，顾客价值与顾客满意之间存在着因果关联。事实上，在有关顾客导向的概念中，顾客满意与顾客价值间的关系最为密切，顾客价值的研究就是在顾客满意未能很好地解释顾客消费行为时提出的，多数研究者认为它们是相互补充的范式，而不是相互排斥的。顾客价值和顾客满意的比较见表4-1。

表4-1 顾客价值与顾客满意的区别

Table 4-1 The difference between customer value and customer satisfaction

	顾客价值	顾客满意
理念范式	认知构念	情感构念
评判视角	购前或购后视角	购后视角
行动导向	战略性导向	战术性导向
目标顾客	当前或潜在顾客	当前顾客
评判依据	企业或竞争者的产品	企业的产品
发生条件	可以独立于产品或服务的购买和使用	依赖于对特定产品或服务的使用经历

资料来源：本研究整理。

学者们对顾客价值和顾客满意间的因果关联基本达成一致，但就两个构念间何因何果问题，仍存有争议。有学者（例如，Chang，et al.，1994；Cronin，et al.，1997；Sirohi，et al.，1998；Petrick，et al.，2001）[246~249]认为，顾客满意是顾客价值的前因，消费者感到满意才能认为此次消费是有价值的。该类观点是基于以下事实：较顾客满意构念来讲，顾客价值是一个高阶、复杂的构念，能形成对消费结果更稳定的评价，因而顾客价值作为对购后行为的评价结果更合理。然而，大多数学者（Fornell，et al.，1996；Caruana，et al.，2000；Day and Crask，2000；Cronin，et al.，2000；McDougall and Levesque，2000；Brady and Cronin，2001；Eggert and Ulaga，2002；Lam，et al.，2004；Yang and Peterson，2004；Choi，et al.，2004；Tam，2004；Grace and O'Cass，2005；Lin and Wang，2006；Gallarza and Gil－Saura，2006；Sparks，et al.，2007）都持有"顾客价值直接驱动顾客满意，是顾客满意的前因"的观点[240~245,250~258]。该类观点是基于以下事实：顾客价值描述的是企业、顾客和服务之间关系的本质，顾客满意则代表顾客对从特定产品上获取价值的反应，只有给顾客提供和传递优异的价值才是组织获取顾客满意的唯一方式。此外，从心理学角度，顾客价值是顾客对"所得"与"所失"两者之间的权衡，是一种认知评价，而顾客满意是一种态度，一种情感状态。根据认知心理学中的“认知—情感—行为”范式，认知思维过程可以引发情感反应，这意味着，顾客对于感知价值的判断会影响其满意水平。

上述这些研究都是将顾客价值视为单一维度的整体来探讨顾客价值对顾客满意的前因效应。随着对两者间因果关系研究的进一步深入，少数学者着手从多维价值角度探讨顾客价值和顾客满意的因果关系。Blackwell 等人(2001)强调，顾客的消费体验的实现程度会影响顾客消费后的评估，亦即关系到消费者是否满意[259]。Wang 等人(2004)研究了感知价值维度对顾客满意的影响，发现功能价值、社会价值、情感价值、感知付出是顾客满意的前因。Lee 和 Overby(2004)针对消费者的网上购物行为研究表明，购物实用价值和享乐价值均与满意度显著正相关[260]。Eroglude 等人(2005)[261]和 Jones 等人(2006)[262]通过对消费者在商场购物的消费行为研究表明，消费者感知价值的实用维度和享乐维度对顾客满意度有显著影响，也证实了顾客满意是顾客对企业所提供价值的评价，是顾客感知价值的结果。Lee 等人(2007)在旅游业中的实证研究也表明了实用价值和享乐价值显著影响顾客满意度，证实了顾客价值是顾客满意的重要前因，也是顾客满意的决定因素[263]。

本研究认同大多数学者的观点，将顾客价值看做是顾客满意的先行变量。据此，提出假说 H8，假说 H8 包含以下子假说：

H8：顾客价值对顾客满意有显著的正向影响。

H8a：实用价值对顾客满意有显著的正向影响。

H8b：享乐价值对顾客满意有显著的正向影响。

顾客满意感是顾客对自身消费经历的认知和顾客情感反应的综合，顾客在消费过程中的情感是影响顾客满意程度不可忽视的因素。享乐价值是来自于消费者的感官愉悦、美感上的享受以及情绪上的反应等。由此可以看出，消费者对满意和享乐价值的评价均与消费者的情感或情绪反应紧密相关，因而，顾客满意与享乐价值有着更密切的关系。

事实上，顾客对满意的判定部分是依赖于情境的。很多研究表明，在体验情境下，情感是满意的关键驱动要素。也就是说，顾客的消费情感会影响满意感(Babin and Darden，1996；Wu and Liang，2009)[229,264]。而顾客参与价值共创本身就是与企业互动的情景片段或体验过程，消费者共同创造价值的体验已经成为了价值的基础。因而，在参与活动中，消费者体验到的是更多情绪与情感。Holbrook 和 Gardner(2000)指出，在顾客的消费行为中，顾客的消费情绪会不断变化。顾客消费前的情感和消费过程中的情感都会影响他们消费后的情感，实证研究结果也支持了他们的观点[265]。在产品零售领域，Machleit 和 Mantel(2001)实证研究表明，如果顾客认为自身在消费过程中经历的某种情感是由企业引起的，这种情感对顾客满意度的影响就比较大[266]。同时，在服务领域，Price 等人(1995)认为，与收看广告和购买产品相比较，顾客在服务消费过程中与服务性企业及其员工的接触更多、更主动、投入程度也更高，因此，顾客在服务消费中的情感反应更强烈[167]。因而，尽管在顾客参与服务中包含实用性元素，但消费者在对参与服务事件与服务过程作出情感的评价时，主要考虑服务过程带给消费者在情绪上的价值感，而非仅考虑实际的服务产出结果。此外，Dubé 等人(1996)在针对医疗营销服务中的顾客满意度的研究中指出，在预测满意判断时，消费者的情感响应和认知评价都有显著影响，但情感响应的影响略大于认知评价的影响[267]。

从理论上，情绪会以与情绪一致的方向使个体的感觉和评价产生偏差。处于积极情绪状态的人作出的评价和行为好像是透过玫瑰色的眼镜来观察整个世界——一切看起来比平常更要完美，他们会努力使自己保持这种愉快的情绪(Clark and Isen，1982)[268]。与之相对应，消极的感觉状态具有完全相反的作用。人们总是努力在情绪与相关的评价判断(例如，满意)两者间保持一致性。因而，相对于对产品或服务属性的感知而言，顾客在消费过程中的情绪对满意评判的作用更强烈。

由此，我们有理由推论，消费者在参与过程中对享乐价值的评价较对实用价值的评价对顾客满意的形成有更强的促进作用。为此，提出 H8 的第 3 个子假说(H8c)。

H8c：享乐价值较实用价值对顾客满意的影响效应更加显著。

4.6 顾客价值的中介效应

从前面文献回顾中可以看出，有学者从服务质量的视角探讨了顾客参与和顾客满意之间的传导机制，提出顾客参与通过服务质量进而影响顾客满意。例如，Ennew 和 Binks(1999)的研究明确提出了参与行为对服务质量、顾客满意和顾客维系的影响模型[86]，如图 4-4。他们的研究着重从服务关系的角度来研究顾客参与，因而，在该模型中，参与行为既被视为顾客的特征，也被视为服务提供者的特征。遗憾的是，研究在分析顾客满意的决定因素时着眼于企业人员的参与行为和机构氛围对顾客满意有显著和实质的影响，而对顾客自身参与行为对顾客满意的影响却较少涉及。从这个意义上说，Ennew 和 Binks(1999)模型未能凸显顾客在价值创造和实现自身满意过程中的重要作用。

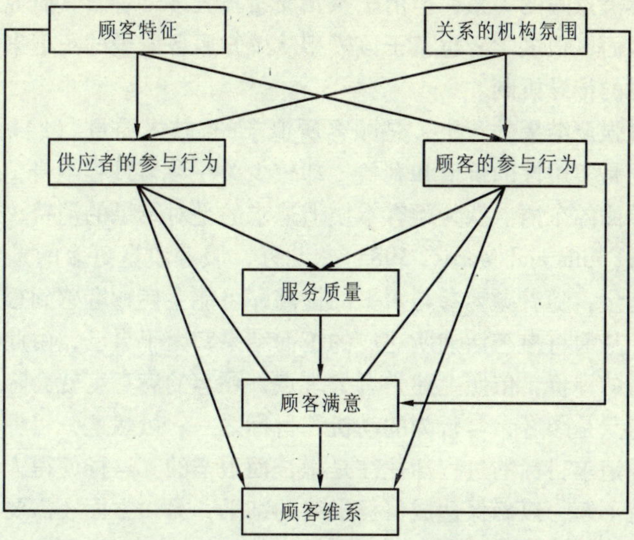

图 4-4 参与行为对服务质量、满意和维系的影响

Fig. 4-4 Participative behavior and its impact on service quality, satisfaction, and retention.

（资料来源：Ennew C, Binks M R. Impact of Participative Service Relationships on Quality, Satisfaction and Retention: An Exploratory Study. Journal of Business Research. 1999.）

Dabholkar(1990)认为，顾客参与会对感知控制产生影响，而感知控制又会影响感知服务质量，并提出了描述服务质量和顾客参与相关的一系列变量间关系的模型[71]，如图 4-5。该模型显示了顾客参与对感知服务质量的直接效应和通过感知等待时间的感知控制等中间变量的间接影响。尽管此项研究并非直接研究顾

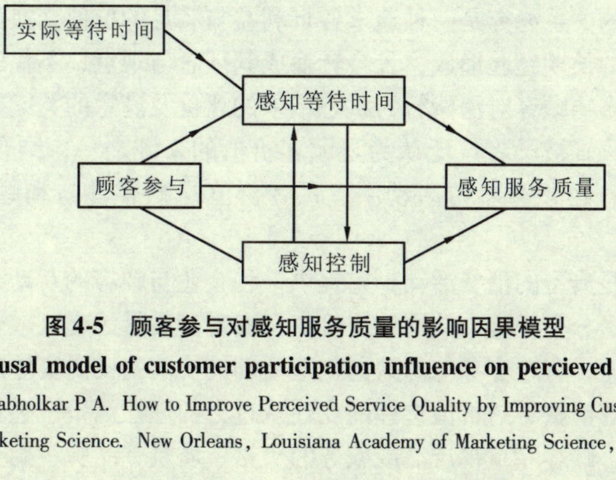

图 4-5 顾客参与对感知服务质量的影响因果模型

Fig. 4-5 The causal model of customer participation influence on percieved service quality.

（资料来源：Dabholkar P A. How to Improve Perceived Service Quality by Improving Customer Participation. Developments in Marketing Science. New Orleans, Louisiana Academy of Marketing Science, 1990.）

客参与和顾客满意间的关系，但由于感知质量被大多学者及其研究认为是顾客满意的前因，因而，很多学者也基于该模型从感知服务质量的角度来探讨顾客参与影响顾客满意的传导机制。

服务质量强调结果的产出，是顾客所追求的“技术质量”(结果质量)，主要带给消费者的是实用性的价值和利益，却较少关注参与过程本身，忽视消费者的情感及精神层面的东西。认为顾客本质上追求的是对结果的消费，而不是生产或创造过程本身(Mills and Morris，1985)。此外，服务质量更多的是对服务提供者表现的一个衡量，随着顾客参与水平的提高，可能会使顾客感到很多工作都是由自己完成的，从而将参与活动所达成的正面结果归因于自己，由此便会降低消费者对服务质量的评价，依照上述学者的观点，顾客的满意度就会降低。然而，更好的服务质量只是顾客参与行为的动机和目标之一，虽然这一目标对于个人具有吸引力，然而追求目标的过程却往往是漫长而艰辛的。这样使得人们一方面不断激励自己坚持不懈，以确保达成目标最终的结果，另一方面还需要在执行过程中去寻找愉悦的体验，以使个人从追求目标的活动中获得最大的收益(Novak and Hoffman，2003)[269]。从这个角度而言，即使顾客从事参与活动之后并未如预期那样得到他们想要的结果(例如，在陶吧制作陶器而失败、未能开发出他们想要的新产品等)，体现消费者创造性的参与活动本身仍然是有价值的，尤其对消费者而言，顾客参与价值共创意味着对传统交易或消费方式的颠覆，它让消费者得以在消费的过程中自主地构建自己的体验和社会意义。因而，我们认为，将感知质量作为顾客参与影响顾客满意的传导机制并不全面。

作为顾客导向的重要概念，顾客价值是所有营销活动的基础(Holbrook，1994)[41]。消费者为何要购买或消费某产品或服务，其理由不外乎是以目的为导向去追求某些价值。价值最大化是消费者同企业实施交换活动的首要动机，因为企业与顾客间的关系终究是一种追求各自利益与满足的价值交换关系。由于价值可能由消费者的长期经验形成，且会转换成其理念与观点，不仅驱动着顾客的消费行为，还是影响顾客对消费行为状态结果的评价及满意的关键要素。此外，产品或服务质量一直被学者广泛认为是顾客价值的来源之一，结合上述学者的研究，我们认为，在顾客参与活动中，顾客价值是顾客参与和顾客满意的中介变量。

顾客参与是典型的消费活动，它提供一种企业与顾客的互动，允许每一名顾客与企业合作、分享经验、共同创造价值，实现高质量的交互融合。与传统的价值创造模式相比，有顾客参与的共同创造活动的价值基础由实体产品转向了共同创造体验。随着消费者的价值选择的变迁从过去的理性消费、感觉消费到今天的感性消费时代，顾客除重视产品或服务的价格、质量、品牌、购买便利性等诸多方面之外，他们也越来越重视内心的满足和充实，更注重消费过程中的情感体验。尽管消费者会为了降低服务质量的不确定性而参与其中，但消费者参与也是为了享受乐趣。人们从事消费活动的目的不再是处于生活必需的需求，而是满足于一种情感上的渴求，或是追求某种特定产品与理想的自我概念相吻合。根据科特勒的观点，顾客以自身盈利最大化为目标，这种盈利既包含物质方面的内容也包含精神方面的内容，通过创造性参与活动，顾客不仅达到基本目的(例如，获得个性化的产品，提升了服务质量等)，还在参与活动中追求体验上的满足。因而，顾客参与企业活动的根本目的是为了创造和获取顾客价值。

顾客参与活动不仅有利于顾客在行动中展现自己的偏好信息，使企业更好地为顾客服务，改善产品或服务质量，提高顾客体验，从而提高顾客对产品或服务的感知效用，还有利于降低顾客的搜寻成本和信息成本，使顾客成本降低。顾客感知效用的提高或顾客成本的降低，即顾客价值的提升，才能使顾客获得认同感和满足感。Jensen 和 Hansen(2007)在针对餐饮业顾客的消费行为研究中发现，顾客对就餐经历的认知和评价取决于顾客的信息搜寻行为，是否有良好的情感状态，是否感知到价值[46]。Dellande 等人(2004)的有关减肥服务的实证研究表明，顾客对服务提供者指导的顺从度愈高，顾客的目标就能更好的实现，目标实现的越好，其满意度就会越高[270]。而这个顾客的目标，不仅仅包含成功减肥、减重(实用价值利益)，还包含减肥过程中的愉悦的心情、体会到成就感、对自我能力的肯定等(享乐价值利益)，只有让消费者在其参与活动中感受到获取这两方面的利益，企业才能获得更高程度的顾客满意。

从以上理论分析可以看出，顾客参与并非一定导致顾客满意，只有让顾客在参与活动中创造并获取价值，才能实现顾客满意。据此，提出假说 H9，假说 H9 包含以下 6 个子假说：

H9：顾客价值在顾客参与和顾客满意之间起中介效应。

H9a：实用价值在信息分享与顾客满意之间起中介效应。

H9b：实用价值在合作生产与顾客满意之间起中介效应。

H9c：实用价值在人际互动与顾客满意之间起中介效应。

H9d：享乐价值在信息分享与顾客满意之间起中介效应。

H9e：享乐价值在合作生产与顾客满意之间起中介效应。

H9f：享乐价值在人际互动与顾客满意之间起中介效应。

基于上述研究假设以及 4.1 节所构建的包含顾客参与前因要素的顾客参与对顾客价值和顾客满意的整合理论模型框架及理论分析，提出本研究所要进行实证分析的路径模型，如图 4-6。

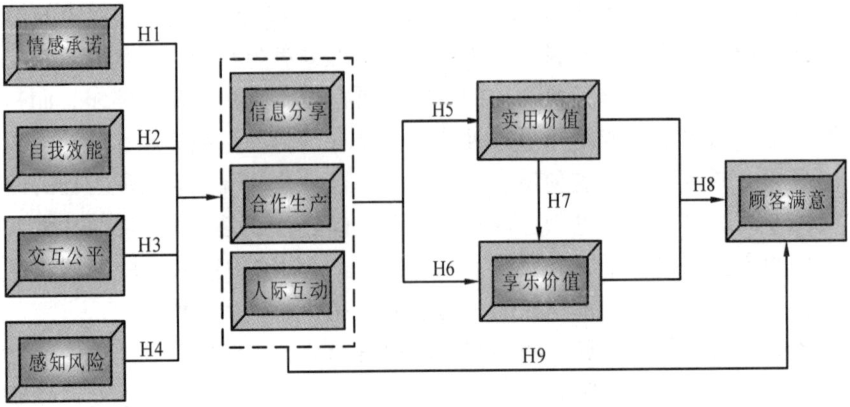

图 4-6 路径模型

Fig. 4-6 Path model

4.7 本章小结

本章以有限理性理论、调节匹配理论、目标追求理论和顾客参与价值共创的动机与本质分析为基础，构建了包含顾客参与前因和结果的顾客参与对顾客价值和顾客满意影响的理论模型框架，并分别分析了顾客参与的前因要素对参与活动的影响、顾客参与对顾客价值创造的影响、顾客价值对顾客满意的影响、顾客价值在顾客参与和顾客满意关系间的中介效应。其中，主要从企业与顾客交互的角度研究了情感承诺、自我效能、交互公平、感知风险作为顾客参与的前因要素效应；从信息分享、合作生产和人际互动角度研究了顾客参与行为对顾客价值的影响；从实用价值、享乐价值角度研究了顾客价值对顾客满意的影响。以包含顾客参与前因的顾客参与对顾客价值和顾客满意影响的整合模型的构建及理论分析为基础，提出本研究要验证的研究假说与路径模型，为后文的实证研究奠定基础。

第 5 章

顾客参与对顾客价值创造作用模型验证

基于第 4 章的构建理论模型，本章将对此进行相应的实证检验。具体内容包括研究设计、调查问卷的生成、最终问卷的确定与数据收集、预测试及数据分析、正式测试与数据分析，以及研究分析结果与讨论。

5.1 研究设计

5.1.1 研究过程设计

为了验证顾客参与顾客价值创造的作用机制理论模型，本研究以个人培训行业为背景进行调研。从总体上来说，本研究可分为两个阶段。第一阶段，测量量表的编制。在文献回顾和焦点小组访谈的基础上，形成了本研究的初始问卷。2008 年 9 月我们选取了哈尔滨市区内的 7 所个人培训机构：哈尔滨绿岛驾校、洋话连篇语言培训中心、哈尔滨新东方学校、哈尔滨天艺舞蹈室、哈尔滨知行教育机构(南岗校区)、哈尔滨汇通会计学校和哈尔滨邦尼职业培训学校，采取随机拦截的方式，对上述培训机构的学员进行访谈和调查，以初步检验假说和模型是否合理。此阶段共发放 200 份问卷，回收 189 份，其中有效问卷为 162 份，有效率为 85.7%。通过对数据进行分析，得到第二次问卷。第二阶段是对整体概念模型的调研。该阶段包含两个步骤。第一步骤是对第二次问卷进行预测试，根据预测试的数据分析结果，在删除一些题项并调整问卷逻辑顺序之后，确定了最终问卷。受研究条件和费用的限制，预测试选择了哈尔滨工业大学的 MBA、EMBA 学员；第二步是正式调研。正式调研从 2008 年 11 月中旬开始，2009 年 3 月底截止，历时 4 个多月，共发放 600 份问卷，回收 546 份，最终收回的有效样本(剔除空白、数据缺失过多或题项回答前后明显自我矛盾问卷)为 499 份，有效样本率 83.2%。

5.1.2 问卷设计

在进行问卷设计之前，笔者查阅和整理了大量的国内外相关文献资料。同时，在文献研究的基础上，根据调研的实际需要，同多位消费者及业内人士进行了深度访谈，并依据个人培训行业的特点进行修正，进而设计出初始量表。本研究所采用的原始测量量表都取自以往针对西方消费者进行的研究，因此确保其正确地应用在以中国为背景的研究中是至关重要的。作者首先对原始量表中所用概念、语句、词汇的相关性进行了考察，并采用双向翻译的方法检验量表中的词语表达是否准确和清晰。首先，由一名博士生将问卷中的所有英文条目翻译成汉语。接着，由另外一名精通汉语和英语的博士生将翻译完的汉语条目返译(back-translation)成英文，以此检验翻译后的中文条目是否准确地表达了初始含义，不同意见经过讨论并在两位精通汉英双语的营销学教授的帮助下得以解决。随后，邀请了 10 名拥有个人培训经历的博士生、硕士生作为判断者，首先让他们对初始题项进行详细阅读与理解，找出其中表述含糊或难于做出判断的题项。作者根据他们反馈的意见对问卷作了处理。将修改后的初始问卷进行打印，由 2 名博士生和 3 名硕士生对上述 7 所哈市市区内的个人培训机构进行实地调研和访谈，进一步提炼问项，以检验具体语句措辞的准确性、语义清晰度和测量题项的有效性。该阶段没有题项删除，只是进行了适当的语义拓展与修辞润色，得到第二次问卷。为了确定最终问卷，我们对第二次问卷进行了预调研。预调研选取了哈尔滨工业大学 MBA，EMBA 的学员 103 人，回收有效问卷 89 份，问卷的有效率为 86.41%。在对预测试所得数据分析的基础上，对第二次量表进行信度与效度评价，并根据信度与效度分析结果对问卷进行修改和完善，最终确定了问卷的内容。问卷采用了 7 分 Likert 量表对每个条目进行测量(从非常赞同到非常不赞同)。被调查消费者通过填写一个 Likert 7 级数字来完成回答，数字越大代表认同度越高。

问卷由以下内容构成：第一部分，测量影响顾客参与的前因要素，请被试者回忆自己在最近的一次个人培训经历，对消费者在参与创造活动前对感知到的与企业的情感承诺、自我效能感、交互公平和感知风险四个变量进行打分；第二部分，对顾客参与的测量；第三部分和第四部分分别测量了顾客对此次个人培训经历的总体满意度和顾客对价值创造的感知；第五部分，测量消费者的人口统计特征。另外，我们还设置了识别无效问卷的条目：第一，在问卷开始部分，首先请被试者核对是否经历过个人培训(可参考，外语类、IT 类、艺术类、驾校、资格认证、财会金融、职业技能)，如果有，则继续填写，如果没有，请被试者直接填写最后的个人信息部分。第二，我们在问卷中设置了两道完全一样的条目，用以识别随便作答的问卷。

5.1.3 变量定义与测量

心理计量学家建议对某一概念的测量最好不要依赖于单一题项，而应该使用多个题项来综合测量一个概念。因而本研究对所有概念都是用多题项的方法来进行衡量。

情感承诺的衡量方式参酌 Bansal 等人(2004)的研究[271]；自我效能的衡量方式参酌 Sharma 和 Patterson(2000)[272]及 Maxharm 和 Netemeyer(2003)的研究[273]；交互公平的衡量方式参酌 Smith 等(1999)的研究[274]；感知风险的衡量方式参酌 Stone 和 Gronhaug(1993)的研究[275]，但需要说明的是，根据我们针对哈尔滨市7所个人培训机构学员的访谈发现，消费者参加个人培训过程中不会涉及人身风险，因而，本研究确定感知风险的测量主要从社会风险、时间风险、财务风险、绩效风险和心理风险五个方面，采用单维度的测量方法。

表 5-1 顾客参与测量方法总结

Table 5-1 Summary of methods for measuring customer participation

学 者	研究背景(内容)	测量维度
Cermak, File and Prince(1994)	实证研究	实际付出时间和努力程度是多少
Kellogg, Youngdahl and Bowen(1997)	关键事件法	事前准备、建立关系、信息交换、干涉行为四个维度。
Ennew and Bink(1999)	针对银行的实证研究	信息分享、责任行为、人际互动三个维度，共11项条目
Claycomb et al. (2001)	针对零售业的实证研究	出席、信息提供、合作生产三个维度，共9项条目
Lloyd(2003)	实证研究	感知努力、工作认知、信息寻找三个维度
Yen, Gwinner and Su(2004)	推广教育的模拟场景	信息分享、责任行为、人际互动三个维度
彭艳君和景奉杰(2008)	针对美发行业的实证研究	事前准备、信息交流、合作行为、人际交互四个维度，共17项条目

资料来源：本研究整理。

有关顾客参与的衡量方式，目前尚未有成熟的量表。早期的研究中对顾客参与的衡量多采用单一维度的形式，例如，Cermak 等人(1994)认为顾客参与是一个整体变量，可用“你实际付出的时间和努力程度是多少”这样一个简单问题进行测度。随着理论的演进，学者们开始转向对顾客参与的维度的探讨以及多维度的顾客参与量表的开发，逐渐采用多维度方法来测量这一构念。例如，Ennew 和

Bink(1999)从信息分享、责任行为和人际互动这三个维度来测度企业和银行的参与；Claycomb 等人(2001)则依据顾客参与的三个维度：出席、信息提供和合作生产，发展问卷并进行实证，提出了一个较为完整的测度顾客参与的测量量表。表 5-1 对学者们就关于顾客参与的测度研究进行了总结。本研究对顾客参与的衡量方式主要参酌西方学者 Ennew and Binks(1999)[86]、Bettencourt(1997)[85]、Claycomb 等人(2001)[80]的看法，此外，作者还参考了国内学者彭艳君和景奉杰(2008)[276]对顾客参与量表的探索，在此基础上，为了体现对顾客参与行为测量更全面的意图，本书对上述研究者的相关研究中的测量题项进行了补充。

本研究的顾客满意是基于顾客经由一段时间的培训后所形成的一种对培训服务整体感觉和判断，是一种累积性的顾客满意概念。本研究参考 Fornell(1996)等人[277]，Cronin 等人(2000)[278]的量表，结合个人培训行业的特点，从消费者对自身参与过程的满意程度、愉悦程度、对企业的满意程度、企业的服务满足消费者期望程度四个方面计量顾客满意。

顾客价值量表参酌 Hung - Chang Chiu 和 Yi - Ching Hsieh 等人(2005)的研究[279]，从实用价值维度和享乐价值维度分别进行测量，在定性访谈的基础上，根据研究情境的行业特征进行了适当的改编。

5.2 预测试

5.2.1 预测试数据分析方法

限于研究经费，预测试的对象是哈尔滨工业的大学的 MBA、EMBA 学员，发出问卷 120 份，收回有效问卷 107 份。有效回收率为 89.17%。预测试的目的主要是通过对量表的信度和效度进行初步分析后，对影响量表信度和效度的测量条目予以删除，使测量条目得以简化。对 107 份问卷的处理方法包括：使用纠正条目的总相关系数 CTIC 来净化测量条目；利用克朗巴哈(Cronbach)一致性系数 α 信度值(the Cronbach Alpha)检验测量条目的信度；通过采用结构变量层面的因子分析来检验每个构念的单维度性。

Churchill(1979)强调[169]，在因子分析前，应对量表的测量条目进行净化，若在没有净化条目前就对条目进行因子分析，可能导致多维度现象，进而更加难以解释每个因子所代表的释义。净化条目的处理技术是应用 CITC 方法，即在同一构念维度下，每一个条目与其他所有条目之和的相关系数，若 CTIC 数值低于 0.50，除非有特别理由，一般应删除此条目。而且，在净化条目前后，都应分别计算克朗巴哈(Cronbach)α 系数。

在对量表条目进行净化后，为了消除不是纯粹因子性的条目，应对每一个构念下的每个维度中所包含的剩余测量条目进行探索性因子分析，以评价剩余条目的单维度性。然而，对于交叉负载的那些条目，若出于研究的理论原因而认为应该值得保留的话，这些因子可暂时保留，在大规模的正式调研中再进行检验和处理。在单维度分析中，若探索性因子分析的结果不止一个因子，则必须将多余因子删除，或者认可该构念的维度比预先设想的更为复杂，则需要在理论基础上对该构念和研究模型进行修正。

如果构念的单维度得到保证，且有条目被删除，则需要重新计算剩余条目的可靠性 α 系数。如果在内容信度没有改变的前提下，删除这些条目可增加 α 系

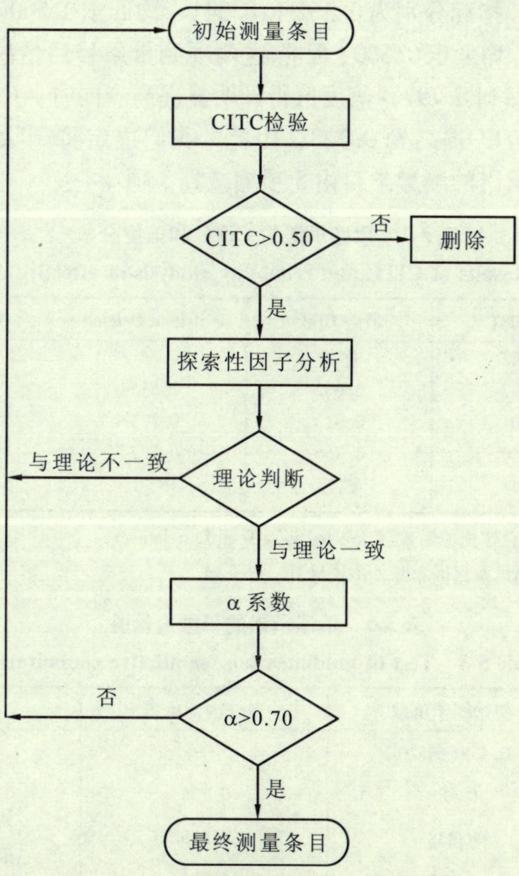

图 5-1 预测试的数据处理流程

Fig. 5-1 Data processing cycle of pretest

数值，即可提升整体信度，便可以对这些条目进行删除。依照 Nunnally 和 Berntein(1994)的建议[280]，认为剩余测量条目的 α 系数超过0.70，则表明剩余测量条日已取得了很好的测量效果。最后，为确保测量条目的质量，降低测量问卷的复杂程度，对于超过7个测量条目的维度，因子负载小于0.70的条目应予以删除。数据处理程序如图5-1。

5.2.2 预测试数据分析结果

依照上述的数据处理流程，通过对预测试调查数据进行可靠性分析，得到各构念的CITC、信度和探索性因子分析结果。

由表5-2和表5-3可以看出，初始测量情感承诺的5项测量条目中，条目AC1和AC5的CITC指标分别为0.362和0.341，均低于0.500。因子载荷为分别为0.438和0.409，均低于0.600，删除这两项测量条目后情感承诺构念的信度α系数由0.728提高到0.797，信度值得到明显提高。同时，KMO指数在删除这两个条目后亦由0.713提高到0.728，因此，我们决定将删除测量条目AC1和AC5。由此，情感承诺的测量条目由5项缩减到3项。

表5-2 情感承诺的CITC和信度分析

Table 5-2 Results of CITC and reliability analysis of affective commitment

条目	初始 CITC[a]	最终 CITC	α if Item Deleted	Cronbach's α 系数
AC1	0.362	删除	—[b]	初始 α 系数 =0.728 最终 α 系数 =0.797
AC2	0.597	0.662	0.815	
AC3	0.901	0.913	0.735	
AC4	0.740	0.766	0.727	
AC5	0.341	删除	—	

注：a 为纠正条目－总体相关系数(Corrected Item-Total Correlation)；

b "—"表示该测量条目因删除，不需计算，以下同。

表5-3 情感承诺的单维度检验

Table 5-3 Test of unidimension for affctive commitment

条目	初始因子负载	最终因子负载	KMO 指数
AC1	0.438(删除)	—	初始 KMO =0.713 最终 KMO =0.728
AC2	0.688	0.738	
AC3	0.838	0.819	
AC4	0.720	0.701	
AC5	0.409(删除)	—	

通过表5-4和表5-5可以看出，用于衡量消费者自我效能的3个测量条目CITC指标均大于0.50，信度α系数为0.816，因子载荷均大于0.60，这表明测量条目有效，应该全部保留。

表5-4 自我效能的CITC和信度分析

Table 5-4 Results of CITC and reliability analysis of self-efficacy

条目	初始CITC	最终CITC	α if Item Deleted	Cronbach's α系数
SE1	0.711	0.711	0.797	初始α系数=0.816 最终α系数=0.816
SE2	0.828	0.828	0.773	
SE3	0.617	0.617	0.804	

表5-5 自我效能的单维度检验

Table 5-5 Test of unidimension for affctive commitment

条目	初始因子负载	最终因子负载	KMO指数
AC1	0.668	0.668	初始KMO=0.699 最终KMO=0.699
AC2	0.816	0.816	
AC3	0.611	0.611	

通过表5-6和表5-7可以看出，用于衡量交互公平的5项测量条目中，条目IJ4的CITC指标为0.330，低于最低临界值0.50，因子载荷为0.532，低于最低临界值0.60。删除该测量条目后，交互公平构念的信度α系数由0.817提高到0.863，信度有明显提高。删除条目IJ4后，交互公平构念的KMO值由原来的0.734提高到0.815，为此应当删除条目IJ4。

表5-6 交互公平的CITC和信度分析

Table 5-6 Results of CITC and reliability analysis of interactional justice

条目	初始CITC	最终CITC	α if Item Deleted	Cronbach's α系数
IJ1	0.791	0.838	0.702	初始α系数=0.817 最终α系数=0.863
IJ2	0.617	0.631	0.803	
IJ3	0.744	0.822	0.799	
IJ4	0.330	删除	—	
IJ5	0.752	0.793	0.735	

表 5-7 交互公平的单维度检验

Table5-7 Test of unidimension for interactional justice

条目	初始因子负载	最终因子负载	KMO 指数
IJ1	0.879	0.904	初始 KMO = 0.734 最终 KMO = 0.815
IJ2	0.736	0.796	
IJ3	0.854	0.866	
IJ4	0.532(删除)	—	
IJ5	0.685	0.705	

通过表5-8和表5-9可以看出，用于衡量感知风险的8项条目中，条目PR3和PR6的CITC指标分别为0.248和0.253，均低于最低门槛值0.50。同时，这2项测量条目的因子负载分别为0.452和0.490，均低于相关最低门槛值0.60。删除这2项测量条目后，感知风险构念的信度α系数由原来的0.834提高到0.868，信度得以强化。此外，删除这两项测量条目后，该构念的KMO指数亦由原来的0.802提高到0.851。由此，我们决定删除条目PR3和PR6。

表 5-8 感知风险的 CITC 和信度分析

Table5-8 Results of CITC and reliability analysis of perceived risk

条目	初始 CITC	最终 CITC	α if Item Deleted	Cronbach's α 系数
PR1	0.687	0.715	0.815	初始 α 系数 = 0.834 最终 α 系数 = 0.868
PR2	0.682	0.704	0.814	
PR3	0.248	删除	—	
PR4	0.664	0.624	0.823	
PR5	0.671	0.657	0.820	
PR6	0.253	删除	—	
PR7	0.659	0.681	0.827	
PR8	0.597	0.640	0.830	

表 5-9 感知风险的单维度检验

Table 5-9 Test of unidimension for perceived risk

条目	初始因子负载	最终因子负载	KMO 指数
PR1	0.705	0.599	初始 KMO = 0.802 最终 KMO = 0.851
PR2	0.689	0.708	
PR3	0.452(删除)	—	
PR4	0.697	0.682	
PR5	0.795	0.808	
PR6	0.490(删除)	—	
PR7	0.726	0.775	
PR8	0.761	0.823	

从表5-10和表5-11来看，顾客参与构念共包含3个维度，分别为信息分享、合作生产和人际互动。它们原来分别有5、6、5个条目。对于信息分享维度而言，从表5-10，表5-11可以看出，条目IE5的CITC指数为0.426，低于最低门槛值0.50，因子载荷为0.426，低于0.60，删除该条目后，该维度的信度α系数由原来的0.755提高至0.797，KMO指数也由原来的0.735明显提高至0.822，因而决定删除信息分享维度下的条目IE5。对于合作生产维度而言，从表5-10，表5-11可以看出，由于CB2、CB3和CB5的CITC指标分别为0.331、0.415和0.329，均低于0.50的要求。删除这3项条款后，该维度的信度α系数由0.697提高到0.737，信度得以强化。此外，删除这3项条目后，该维度的KMO指标亦有所提高，由原来的0.776上升至0.831，因此，我们决定删除合作生产维度下的条目CB2、CB3和CB5。对于人际互动维度而言，该维度下的测量条目均符合相关要求，未进行任何删除。经过小样本分析之后，信息分享由原来的5项条目减至4项条目，合作生产有原来的6项条目减至3项条目。此外，从表5-11可以看出，对顾客参与的每个维度层面进行因子分析的结果表明，每个维度不再具有子维度，且相应的测量条目上的因子负载均高于最低门槛值0.50。由此，本研究用于衡量顾客参与构念的测量条目由最初的16项降为现在的12项。

表5-10 顾客参与的CITC和信度分析

Table 5-10 Results of CITC and reliability analysis of customer participation

条目	初始 CITC	最终 CITC	α if Item Deleted	Cronbach's α 系数
信息分享				
IE1	0.793	0.801	0.802	初始α系数=0.755 最终α系数=0.797
IE2	0.875	0.890	0.733	
IE3	0.860	0.875	0.752	
IE4	0.876	0.893	0.726	
IE5	0.426	删除	—	
合作生产				
CB1	0.772	0.765	0.801	初始α系数=0.697 最终α系数=0.737
CB2	0.331	删除	—	
CB3	0.415	删除	—	
CB4	0.737	0.722	0.700	
CB5	0.329	删除	—	
CB6	0.817	0.826	0.646	
人际互动				
PI1	0.824	0.824	0.782	初始α系数=0.873 最终α系数=0.873
PI2	0.810	0.810	0.835	
PI3	0.812	0.812	0.820	
PI4	0.743	0.743	0.858	
PI5	0.846	0.846	0.768	

表 5-11 顾客参与的单维度检验

Table 5-11 Test of unidimension for customer participation

条目	初始因子负载	最终因子负载	KMO 指数
信息分享			
IE1	0.725	0.788	初始 KMO = 0.735 最终 KMO = 0.822
IE2	0.700	0.598	
IE3	0.792	0.808	
IE4	0.685	0.712	
IE5	0.492(删除)	—	
合作生产			
CB1	0.826	0.836	初始 KMO = 0.776 最终 KMO = 0.831
CB2	0.444(删除)	—	
CB3	0.489(删除)	—	
CB4	0.743	0.765	
CB5	0.511(删除)	—	
CB6	0.799	0.823	
人际互动			
PI1	0.751	0.751	初始 KMO = 0.836 最终 KMO = 0.836
PI2	0.833	0.833	
PI3	0.826	0.826	
PI4	0.805	0.805	
PI5	0.855	0.855	

从表5-12和表5-13来看，顾客价值共包含有2个维度，分别为实用价值和享乐价值。它们最初各有5项测量条目。对于实用价值维度而言，从表5-12和表5-13可以看出，该维度下的5项测量条目的CITC指标均高于0.50，信度α系数为0.871，各因子载荷均大于0.60，表明测量条目有效，全部保留。对于本研究中顾客价值构念的另一维度——享乐价值而言，由表5-12和表5-13可知，由于条目HV3的CITC指标为0.487，低于最低临界值0.50，因子载荷为0.502，低于最低门槛值0.60，删除此条目后，该维度的信度α系数由初始的0.792提高至0.834，信度提高明显，同时，KMO指数也由原来的0.756上升至0.828，因而，应当删除条目HV3。由此，顾客价值的2个维度由最初的10项测量条目，减少为现在的9项条目，删除了条目HV3，使得实用价值维度包含5项条目，享乐价值维度包含4项条目。

表 5-12 顾客价值的 CITC 和信度分析

Table 5-12 Results of CITC and reliability analysis of customer value

条目	初始 CITC	最终 CITC	α if Item Deleted	Cronbach's α 系数
实用价值				
UV1	0.676	0.676	0.847	初始 α 系数 = 0.871 最终 α 系数 = 0.871
UV2	0.679	0.679	0.845	
UV3	0.808	0.808	0.814	
UV4	0.698	0.698	0.846	
UV5	0.650	0.650	0.861	
享乐价值				
HV1	0.735	0.722	0.788	初始 α 系数 = 0.792 最终 α 系数 = 0.834
HV2	0.778	0.717	0.799	
HV3	0.487	删除	—	
HV4	0.817	0.826	0.748	
HV5	0.697	0.764	0.803	

表 5-13 顾客价值的单维度检验

Table 5-13 Test of unidimension for customer value

条目	初始因子负载	最终因子负载	KMO 指数
实用价值			
UV1	0.782	0.782	初始 KMO = 0.776 最终 KMO = 0.776
UV2	0.745	0.745	
UV3	0.853	0.853	
UV4	0.787	0.787	
UV5	0.750	0.750	
享乐价值			
HV1	0.755	0.802	初始 KMO = 0.756 最终 KMO = 0.828
HV2	0.722	0.753	
HV3	0.502（删除）	—	
HV4	0.824	0.836	
HV5	0.786	0.800	

从表5-14 和表5-15 来看，顾客满意的4 项测量条目的 CITC 指标均高于最低值0.50，信度 α 系数为0.844，各因子载荷均大于最小值0.60，表明顾客满意构念下的测量条目有效，应全部保留。

表 5-14 顾客满意 CITC 和信度分析

Table 5-14 Results of CITC and reliability analysis of customer satisfaciton

条目	初始 CITC	最终 CITC	α if Item Deleted	Cronbach's α 系数
实用价值				
CS1	0.772	0.772	0.798	初始 α 系数 = 0.848 最终 α 系数 = 0.848
CS2	0.805	0.805	0.819	
CS3	0.741	0.741	0.825	
CS4	0.845	0.845	0.837	

表 5-15 顾客满意的单维度检验

Table 5-15 Test of unidimension for customer satisfaction

条目	初始因子负载	最终因子负载	KMO 指数
实用价值			
CS1	0.878	0.878	初始 KMO = 0.755 最终 KMO = 0.755
CS2	0.896	0.896	
CS3	0.847	0.847	
CS4	0.913	0.913	

通过小样本分析，我们进一步改善了各构念测量条目的质量，为接下来的大规模数据调研提供了良好的基础。尽管在此过程中，有些数据还不是很理想，例如，自我效能构念的 KMO 指标偏低，但根据前人的研究结果，我们认为样本数量是导致这一结果的原因，而在正式调研之后，这些指标可能会得以改善。

5.3 样本与数据收集

本研究采用问卷调查的方法展开，选取个人培训行业这一顾客参与情境为调查背景。选取该行业有以下几点原因：其一，个人培训市场是一个朝阳产业，中国每年有将近 1 亿人参加各式各样的培训，在我国有巨大的发展潜力。根据中国投资咨询网的调查报告显示，中国的培训市场正以年递增 10 倍的速度迅猛发展，目前已形成了初步的市场结构。此外，2008 年以来的金融危机导致各大企业纷纷裁员，越来越多的员工选择各项职业培训进行充电，中国培训市场也迎来了更庞大的消费需求；其二，根据 Hubbert(1995)的划分，个人培训属于顾客高度参与的行业，在培训服务中，顾客成为强制性的生产角色，如果不能实现该角色，就会影响顾客对价值的感知和顾客满意。

需要指出的是，本研究中所列举的培训种类中未包含企业为职工举办的员工培训，作者认为这类培训大多是为了满足企业需求，以提高员工的工作能力和工作效率为目的，带有一定强制性，个人选择余地有限；另外，本研究所列举的培训种类中也未包含研究生学位(考研辅导)培训，外语类培训未包含四、六级英语等级考试辅导和考研英语辅导这类学历型培训。根据前期对哈尔滨市7所个人培训机构的实地访谈发现，消费者选择这类学历型培训时大多选择“官办”培训机构，如大学。相对于“民办”培训机构，由于“官办”培训机构的非企业化运营模式，使其不会花费大量精力去研究市场，了解消费者到底需要什么，缺乏以消费者为核心的服务意识。因而这几类培训不在本研究范围内。

本研究的正式调研历经4个多月，全部通过互联网的方式发放。正式抽样中，共发放600份问卷，回收546份，根据前面所述的识别无效样本的方式，剔除了无效样本47份，最终得到有效样本数为499份，样本的基本统计资料见表5-16。

表5-16　样本基本资料统计表

Table 5-16 Sample characteristics

统计变量		样本数	百分比%
性别	男性	275	55.2
	女性	224	44.8
年龄	25岁以下	203	40.7
	26～35	275	55.2
	36～45	21	4.1
学历	职高或高中	14	2.8
	大专或本科	246	49.3
	硕士	201	40.3
	博士及以上	38	7.7
(最近一次)参加培训的种类	外语类	131	26.2
	IT类	70	14.0
	艺术类	11	2.3
	驾校	83	16.7
	资格认证	95	19.0
	财会金融	72	14.5
	职业技能	27	5.4
	其他	9	1.8

从表5-16中看出，描述性指标主要包括两个方面：一是人口统计变量，在所有应答者中，男性占55.2%，女性占44.8%，而绝大多数都是年轻人，36岁

以下的人数占到95.9%，有97.2%的被试者拥有大专以上学历。这些人口统计特征都比较符合当前我国接受个人培训服务的人群的基本特征。二是个人培训基本情况，在所有被试者中接受过资格认证、财会金融、职业技能个人培训经历的人最多，合计占到38.9%，有过外语类个人培训经历的人占到26.2%。这与中国当前的个人培训行业现状相吻合。根据《2009~2012年中国培训行业投资分析及前景预测报告》指出，每年有近1000万人参加会计等工作技能方面的培训，有近500万人参加外语类的培训。此外，在被试者中有14.0%的人参与过或正在参与IT类培训，这也体现了中国当前的个人培训现状，语言类培训、IT类培训是个人培训产业的支柱。

5.4 数据分析

5.4.1 信度和效度分析

虽然本研究所借鉴的国外量表经过严格的翻译与返译，尽可能保证了翻译的准确性和严谨性，并通过在个人培训机构的实地访谈和调研以及预测试对测量量表进行了纯化，但量表最终能否适用于我国的文化背景与特定的语言环境，能否被受试者理解并充分表达原始问卷的含义，还需利用本研究获得的数据对中文问卷的信度和效度进行检验。

参照第3章内容，我们仍然通过项目-总体相关系数(CITC)以及Cronbach's α两项指标来检验正式量表的内部一致性信度。首先，我们要检验条目-总体相关系数，从表5-17可以看出，各维度下的测量条目与其所在的构念的条目-总体相关系数(CITC)值处于0.577~0.756间，皆高于0.50的最低标准，未发现需要删除的测量条目，说明正式调研问卷测量条目全部有效。其次，需要检验Cronbach's α系数，从表5-17可以看出，各构念的Cronbach's α值处于0.754~0.891间，此外，正式量表的整体Cronbach's α值为0.879，均大于最低门槛值0.70。由此表明，本研究所使用的测量量表具有良好的内部一致性信度。除检验正式量表的内部一致性信度外，我们还检验了各维度下每个测量条目的复平方相关系数(R^2)，由表5-20可知，各测量条目的R^2处于0.33~0.84之间，皆高于公认的最低值0.30，从而表明数据具有较高的信度。此外，表5-20的结果表明，本研究潜变量建构信度(CR)中最小值为0.80，高于所建议的最低临界水平0.70，表明本研究所应用的测量工具获得较好的稳健性。

表 5-17 正式量表的内部一致性信度分析结果

Table 5-17 The results of realiability analysis in formal scale

构念	条目编码	CITC	α if Item Deleted	Cronbach's α 系数
情感承诺(AC)	AC2	0.658	0.812	0.833
	AC3	0.728	0.794	
	AC4	0.756	0.781	
自我效能(SE)	SE1	0.592	0.725	0.754
	SE2	0.577	0.737	
	SE3	0.716	0.619	
交互公平(IJ)	IJ1	0.699	0.816	0.849
	IJ2	0.712	0.791	
	IJ3	0.752	0.778	
	IJ5	0.667	0.841	
感知风险(PR)	PR1	0.623	0.864	0.878
	PR2	0.609	0.875	
	PR4	0.735	0.848	
	PR5	0.722	0.850	
	PR7	0.738	0.844	
	PR8	0.697	0.855	
信息分享(IE)	IE1	0.726	0.853	0.886
	IE2	0.735	0.853	
	IE3	0.739	0.851	
	IE4	0.685	0.858	
合作生产(CB)	CB1	0.756	0.781	0.824
	CB4	0.738	0.792	
	CB6	0.754	0.777	
人际互动(PI)	PI1	0.738	0.866	0.891
	PI2	0.769	0.863	
	PI3	0.733	0.867	
	PI4	0.702	0.874	
	PI5	0.744	0.867	

（续）

构念	条目编码	CITC	α if Item Deleted	Cronbach's α 系数
实用价值(UV)	UV1	0.737	0.793	0.847
	UV2	0.755	0.783	
	UV3	0.752	0.774	
	UV4	0.697	0.818	
	UV5	0.721	0.797	
享乐价值(HV)	HV1	0.755	0.799	0.833
	HV2	0.731	0.809	
	HV4	0.750	0.799	
	HV5	0.695	0.817	
顾客满意(CS)	CS1	0.735	0.861	0.881
	CS2	0.720	0.867	
	CS3	0.715	0.869	
	CS4	0.697	0.872	

Anderson 和 Gerbing(1988)指出，单维度检验是确定各个构念测量的必要条件[281]。为了确定研究变量的单维度性，我们需要对正式调研所得数据进行探索性因子分析(EFA)。一方面，利用探索性因子分析可以确定各研究构念的单维度性，即验证顾客参与的3个维度、顾客价值的2个维度和情感承诺、自我效能、交互公平、感知风险以及顾客满意是不可再分的，判断的标准就是看每一个构念的测量条目是否都仅生成一个因子；另一方面，可以通过探索性因子分析来检验各构念间的区别效度，若各测量条目都以较高的负载系数载荷到相应的构念上，并且未出现交叉负载现象，则可以初步判断各构念间具有较好的区别效度。

针对某一构念的单维度检验是将该构念的所有题项进行因子分析，具体检验结果见表5-18。分析结果表明，本研究所有构念的 KMO 值皆高于0.50的最低值，并通过 Barlett's 球形检验($p < 0.001$)，适合进行因子分析，此外，各构念所包含的测量条目都只生成了单个因子，每个因子的累计方差解释度也均超过了60%。上述研究结果表明，本研究将各构念当作单维度概念的做法是合理的。

表 5-18 各变量的单维度检验

Table 5-18 Test of unidimension for variables

潜变量	因子数目	累计方差解释率	KMO
AC	1	73.63%	0.755
SE	1	74.72%	0.847
IJ	1	68.47%	0.775
PR	1	74.12%	0.846
IE	1	86.47%	0.865
CB	1	79.33%	0.807
PI	1	68.21%	0.856
UV	1	70.81%	0.837
HV	1	72.19%	0.829
CS	1	77.89%	0.849

本研究根据 Straub(1989)的建议应用探索性因子分子的方法来检验测量工具的区别效度，该方法已在众多研究领域中获得广泛运用与认同。Bentler 和 Chou(1987)指出，原则上应该将所有变量的测量题项放在一起进行因子分析，若模型中变量个数太多，则可将模型中的变量分为几组分别进行因子分析[282]。为了更好地验证本研究中各构念的区别效度，我们将测度所有构念的 41 项条目一同纳入到探索性因子分析当中，应用 SPSS 16.0 中的主成分分析法，以特征值 1 为标准来截取数据，并采用方差最大化正交旋转(Varimax)，分析结果见表 5-19。

表 5-19 探索性因子分析结果

Table 5-19 Results of exploratory factor analysis(EFA)

构念	条目	因子									
		1	2	3	4	5	6	7	8	9	10
AC	AC2	0.111	0.159	0.089	0.801	0.180	0.214	0.132	0.116	0.060	0.148
	AC3	0.136	0.025	0.029	0.916	0.004	0.109	0.022	0.013	0.160	0.033
	AC4	0.041	0.118	0.115	0.853	0.063	0.033	0.120	0.061	0.048	0.150
SE	SE1	0.073	0.077	0.093	0.049	0.105	0.034	0.150	0.801	0.032	0.068
	SE2	0.130	0.264	0.108	0.021	0.033	0.023	0.046	0.860	0.013	0.021
	SE3	0.019	0.157	0.091	0.170	0.108	0.081	0.031	0.748	0.042	0.020
IJ	IJ1	0.012	0.057	0.794	0.035	0.035	0.019	0.074	0.170	0.089	0.026
	IJ2	0.077	0.028	0.873	0.132	0.140	0.013	0.054	0.005	0.090	0.110
	IJ3	0.148	0.017	0.857	0.037	0.062	0.031	0.013	0.048	0.131	0.004
	IJ5	0.150	0.091	0.781	0.085	0.103	0.037	0.095	0.131	0.066	0.113

（续）

构念	条目	因子									
		1	2	3	4	5	6	7	8	9	10
PR	PR1	0.167	0.098	0.075	0.103	0.029	0.785	0.017	0.056	0.032	0.066
	PR2	0.050	0.115	0.019	0.034	0.080	0.822	0.026	0.155	0.022	0.101
	PR4	0.025	0.029	0.107	0.092	0.031	0.778	0.111	0.144	0.061	0.037
	PR5	0.152	0.110	0.060	0.088	0.041	0.769	0.075	0.098	0.052	0.085
	PR7	0.035	0.064	0.037	0.011	0.026	0.835	0.003	0.014	0.028	0.084
	PR8	0.033	0.072	0.046	0.155	0.046	0.807	0.044	0.039	0.007	0.013
IE	IE1	0.046	0.054	0.030	0.002	0.895	0.052	0.077	0.030	0.015	0.096
	IE2	0.029	0.156	0.050	0.121	0.799	0.037	0.033	0.083	0.017	0.159
	IE3	0.025	0.125	0.079	0.039	0.743	0.063	0.103	0.030	0.022	0.186
	IE4	0.104	0.003	0.027	0.021	0.817	0.044	0.039	0.050	0.008	0.287
CB	CB1	0.835	0.022	0.014	0.012	0.035	0.009	0.043	0.028	0.025	0.104
	CB4	0.874	0.010	0.015	0.031	0.144	0.027	0.033	0.016	0.005	0.160
	CB6	0.841	0.026	0.003	0.014	0.117	0.026	0.027	0.016	0.031	0.110
PI	PI1	0.006	0.152	0.025	0.037	0.018	0.022	0.010	0.073	0.041	0.854
	PI2	0.082	0.078	0.133	0.066	0.014	0.034	0.097	0.182	0.005	0.840
	PI3	0.047	0.102	0.024	0.014	0.158	0.036	0.004	0.026	0.033	0.851
	PI4	0.096	0.030	0.068	0109	0.054	0.027	0.132	0.039	0.016	0.776
	PI5	0.129	0.005	0.047	0.023	0.021	0.034	0.027	0.013	0.020	0.805
UV	UV1	0.057	0.754	0.045	0.050	0.017	0.028	0.034	0.020	0.212	0.068
	UV2	0.079	0.803	0.122	0.106	0.044	0.037	0.011	0.053	0.008	0.258
	UV3	0.104	0.868	0.003	0.084	0.052	0.074	0.033	0.028	0.165	0.178
	UV4	0.051	0.751	0.089	0.055	0.009	0.107	0.027	0.030	0.121	0.131
	UV5	0.133	0.714	0.075	0.072	0.058	0.021	0.013	0.034	0.074	0.272
HV	HV1	0.059	0.084	0.028	0.005	0.049	0.062	0.215	0.063	0.820	0.088
	HV2	0.108	0.036	0.052	0.031	0.026	0.022	0.013	0.077	0.836	0.121
	HV4	0.005	0.023	0.074	0.040	0.027	0.068	0.044	0.016	0.871	0.052
	HV5	0.017	0.014	0.055	0.023	0.097	0.003	0.029	0.115	0.870	0.036
CS	CS1	0.003	0.181	0.069	0.014	0.025	0.022	0.882	0.036	0.031	0.019
	CS2	0.072	0.208	0.030	0.027	0.024	0.015	0.866	0.029	0.044	0.024
	CS3	0.085	0.193	0.013	0.021	0.096	0.006	0.882	0.035	0.027	0.019
	CS4	0.170	0.012	0.007	0.014	0.019	0.008	0.909	0.017	0.012	0.022

本研究的探索性因子分析结果显示41个题项的KMO值为0.970，大于前人所建议临界值0.50，并通过Barlett's球形检验（$p < 0.001$），表明数据适合做因子分析。在正交旋转后本研究共提取10个特征值大于1的因子，累计方差解释度为78.30%。提取的10个因子与理论模型中的10个构念完全吻合，而且所有题项都负荷到相应的因子上，题项在单一因子上的负荷系数在0.743~0.916间，均远远高于最低标准0.50；同时，每个题项在不相关因子上的负荷系数都较低，且没有出现跨因子负荷的现象，这表示各构念间具有较好的区别效度，应该保留所有的41个题项。在探索性因子分析的基础上，我们继续利用验证性因子分析，根据各构念AVE的值和各构念间相关系数二者间的比较，来测度本研究的测量量表的区别效度。从表5-21可以看出，各构念的AVE值的平方根在0.699~0.841之间，而各构念间相关系数的绝对值在0.015~0.640之间，每一构念AVE值的平方根均明显大于该构念与其他构念的相关系数，根据Fornell和Larcker(1981)的研究结论，再次表明各构念具有较好的区别效度。

表5-20 正式量表的载荷、信度、效度检验结果

Table 5-20 The results of factor loadings, reliability and validity in formal scale

潜变量	测量条目	均值	标准差	标准化因子载荷	t 值	R^2	CR [a]
情感承诺（AC）	AC2	4.69	1.47	0.67	—[b]	0.48	0.84
	AC3	4.13	1.46	0.92	10.30	0.84	
	AC4	3.77	1.50	0.78	9.89	0.61	
自我效能（SE）	SE1	5.52	1.31	0.67	—	0.49	0.80
	SE2	4.95	1.69	0.83	11.21	0.69	
	SE3	5.24	1.41	0.75	7.72	0.55	
交互公平（IJ）	IJ1	5.06	1.40	0.89	—	0.78	0.88
	IJ2	5.28	1.41	0.77	13.57	0.59	
	IJ3	5.04	1.47	0.86	15.99	0.75	
	IJ5	4.66	1.42	0.71	12.05	0.51	
感知风险（PR）	PR1	2.60	1.21	0.78	—	0.59	0.92
	PR2	4.06	1.45	0.86	16.68	0.56	
	PR4	3.63	1.32	0.76	9.56	0.67	
	PR5	4.63	1.41	0.82	13.56	0.71	
	PR7	4.56	1.34	0.85	15.97	0.80	
	PR8	2.84	1.20	0.80	10.22	0.58	

（续）

潜变量	测量条目	均值	标准差	标准化因子载荷	t 值	R^2	CR [a]
信息分享（IE）	IE1	4.79	1.30	0.87	—	0.76	0.86
	IE2	3.98	1.57	0.71	8.32	0.50	
	IE3	4.09	1.52	0.77	10.81	0.52	
	IE4	4.76	1.54	0.78	9.48	0.61	
合作生产（CB）	CB1	5.69	1.12	0.76	—	0.66	0.82
	CB4	5.21	1.21	0.78	10.78	0.61	
	CB6	5.66	1.19	0.76	10.64	0.64	
人际互动（PI）	PI1	5.75	1.12	0.81	—	0.59	0.88
	PI2	5.68	1.13	0.78	10.10	0.41	
	PI3	5.32	1.28	0.80	10.44	0.62	
	PI4	4.87	1.04	0.73	9.75	0.51	
	PI5	4.74	1.06	0.74	9.24	0.33	
实用价值（UV）	UV1	4.51	1.37	0.79	—	0.57	0.88
	UV2	4.89	1.39	0.73	10.72	0.58	
	UV3	4.77	1.28	0.77	11.18	0.55	
	UV4	4.52	1.41	0.81	13.90	0.54	
	UV5	4.63	1.41	0.77	11.56	0.51	
享乐价值（HV）	HV1	4.57	1.39	0.71	—	0.52	0.83
	HV2	4.53	1.55	0.72	9.63	0.63	
	HV4	4.57	1.45	0.70	9.38	0.65	
	HV5	5.03	1.38	0.82	10.52	0.63	
顾客满意（CS）	CS1	4.82	1.18	0.84	—	0.77	0.91
	CS2	4.76	1.28	0.80	10.25	0.73	
	CS3	4.63	1.23	0.84	11.58	0.73	
	CS4	4.53	1.36	0.88	12.52	0.78	

注：a. $CR = (\sum_{n=1}^{k}\lambda)^2/(\sum_{n=1}^{k}\lambda)^2 + \sum_{n=1}^{k}\varepsilon$，其中 λ 为标准化因子载荷系数，ε 测量误差；

b. t 值空缺处是由于应用 AMOS，对于每个潜变量均固定了与一个观测变量间的负为 1。

表 5-21 相关系数矩阵与平均提炼方差(AVE)的平方根

Table 5-21 The latent variable correlation matrix and square root of AVE

构念	AC	SE	IJ	PR	IE	CB	PI	UV	HV	CS
AC	0.796									
SE	0.233	0.699								
IJ	0.117	0.104	0.811							
PR	-0.072	-0.015	-0.048	0.813						
IE	0.517	0.352	0.418	0.365	0.785					
CB	0.551	0.355	0.219	0.414	0.602	0.767				
PI	0.486	0.284	0.511	0.373	0.415	0.388	0.773			
UV	0.277	0.223	0.207	0.196	0.246	0.513	0.582	0.774		
HV	0.242	0.305	0.399	0.225	0.320	0.352	0.408	0.640	0.739	
CS	0.279	0.237	0.369	0.229	0.523	0.595	0.422	0.639	0.581	0.841
AVE	0.634	0.567	0.657	0.660	0.616	0.588	0.597	0.560	0.546	0.707
R^2	—	—	—	—	0.532	0.479	0.388	0.667	0.737	0.761

注：对角线上的数字为 AVE 的平方根，对角线下方是各潜在变量的相关系数。

对于收敛效度而言，本研究的 41 个测量条目在相应潜变量上的标准化因子载荷数值在 0.67 ~0.92 之间，均超过了 0.50 的最低要求，且在 $p < 0.001$ 的条件下均表现出较强的统计显著性，见表 5-20；对于另外一个收敛效度的评价指标 AVE 而言，本研究的潜变量 AVE 值处于 0.546 ~0.707 之间，见表 5-21，皆高于前人所建议的临界值 0.50。另外，各个潜变量之间的相关系数的绝对值均低于 0.80，说明各变量间的相关水平是合宜的。以上结果表明本研究理论模型中的 10 个构念的测量量表均具有较高的收敛效度。

此外，通常采用判定系数(R^2)来验证所构建模型的解释能力，表 5-21 显示，本研究的核心变量顾客参与的三个维度——信息分享、合作生产、人际互动的 R^2 值分别为 0.532、0.479、0.388，顾客价值两个维度——实用价值和享乐价值的 R^2 值分别为 0.667、0.737，顾客满意的 R^2 值分别为 0.761，均高于建议值 0.30，从而表明本研究构建模型具有较好的解释力和预测力。

5.4.2 验证性因子分析

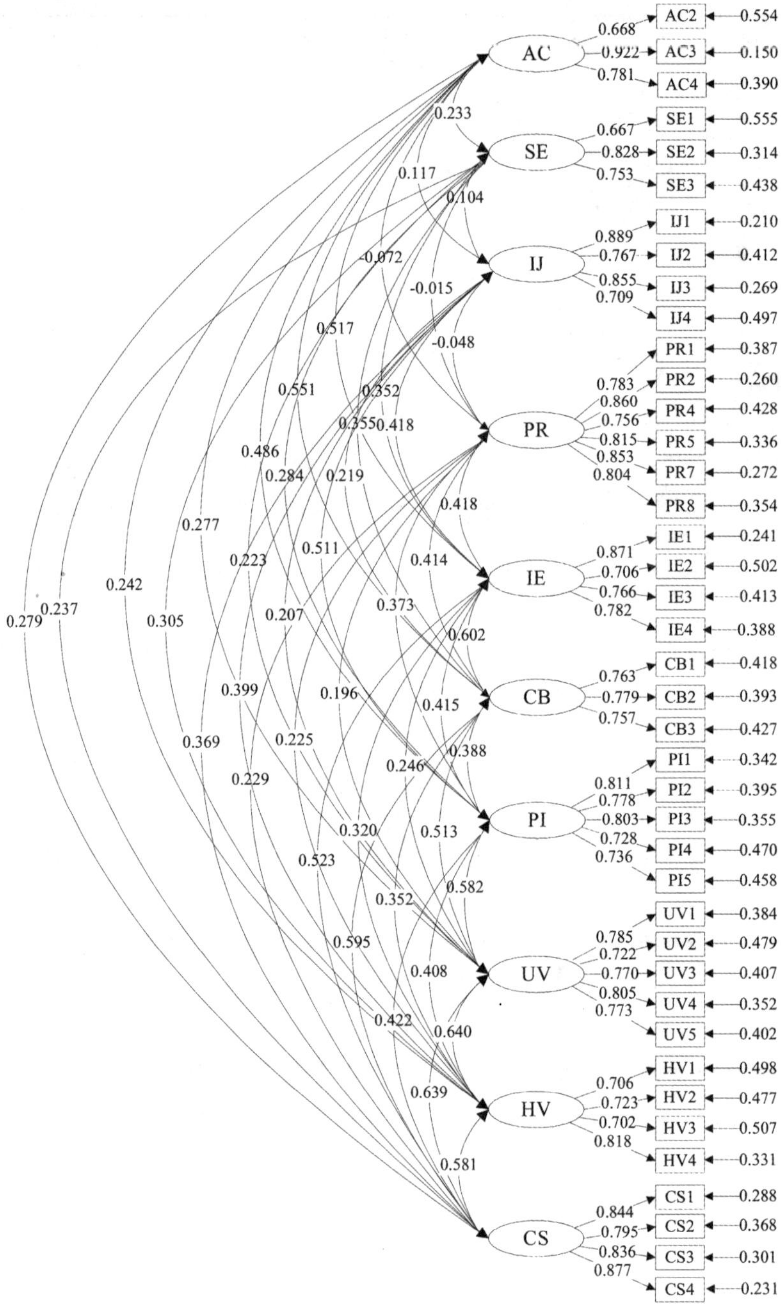

图 5-2 验证性因子分析终解路径图

Fig. 5-2 Path model of CFA

表5-22是验证性因子分析后得到的结果。分析结果表明，测量模型的卡方检验值χ^2为1964.18，自由度为734，显著性水平为$p<0.001$，卡方与自由度的比值为2.68，符合小于3.0的标准。RMSEA值为0.063，小于Gundersen等人(1996)所建议的0.08的标准[283]；SRMR为0.062，小于邱皓政和林碧芳(2009)建议的0.08标准[174]。此外，测量模型的拟合参数GFI、NFI、CFI分别为0.92、0.95、0.98均大于相关研究所建议的0.90的标准，AGFI为0.90，也高于相关研究所建议的0.80的标准。由此表明，数据与验证性因子分析模型的拟合程度良好。验证性因子分析终解路径如图5-2。

表5-22 测量模型拟合优度检验结果

Table 5-22 Fit indices for measurement model

	$\chi^2/d.f.$	RMSEA	CFI	NFI	NNFI	IFI	GFI	AGFI	SRMR
模型	2.68	0.063	0.98	0.95	0.97	0.97	0.92	0.90	0.062
建议标准	<3.0	<0.08	>0.90	>0.90	>0.90	>0.90	>0.90	>0.80	<0.08

5.4.3 结构方程模型分析

在前文中，已经对本研究中各变量的信度和效度进行了分析，并证实了它们的信度和效度。接下来，仍然采用结构方程模型(Structue Equation Modeling，缩写为SEM)方法来对本章所建构的顾客参与对顾客价值作用机制影响的整合理论模型进行分析，并考察研究概念间的路径影响关系，并对理论模型的显著性和模型的预测力作出判断和推论。

首先，我们需要将本研究构建的理论模型转化为结构方程模型的表达形式，如图5-3。

从图5-3中可以看出，本研究的理论模型包括10个变量：情感承诺(ξ_1)、自我效能(ξ_2)、交互公平(ξ_3)、感知风险(ξ_4)、信息分享(η_1)、合作生产(η_2)、人际互动(η_3)、实用价值(η_4)、享乐价值(η_5)、顾客满意(η_6)，其中前4个变量是模型的外生潜变量，其他6个变量则是模型的内生潜变量。

本研究的22个研究假设也可以由该模型的22个因果关系来表示。假设H1a可以由图中的γ_{11}来表示，假设H1b可以由γ_{21}来表示，假设H1c可以由γ_{31}来表示；假设H2a可以由γ_{12}来表示，假设H2b可以由γ_{22}来表示，假设H2c可以由γ_{32}来表示；假设H3a可以由γ_{13}来表示，假设H3b可以由γ_{23}来表示，假设H3c可以由γ_{33}来表示；假设H4a可以由γ_{14}来表示，假设H4b可以由γ_{24}来表示，假设H4c可以由γ_{34}来表示；假设H5a可以用β_{41}来表示，假设H5b可以用β_{42}来表示，假设H5c可以用β_{43}来表示；假设H6a可以用β_{51}来表示，假设H6b可以用

β_{52} 来表示，假设 H6c 可以用 β_{53} 来表示；假设 H7 可以用 β_{54} 来表示；假设 H8a 可以用 β_{64} 来表示，假设 H8b 可以用 β_{65} 来表示，需要说明的是，由于假设 H8c 是检验享乐价值对顾客满意的影响程度要大于实用价值对其影响程度，因而，未能在图 5-3 中以路径的形式表示出来。

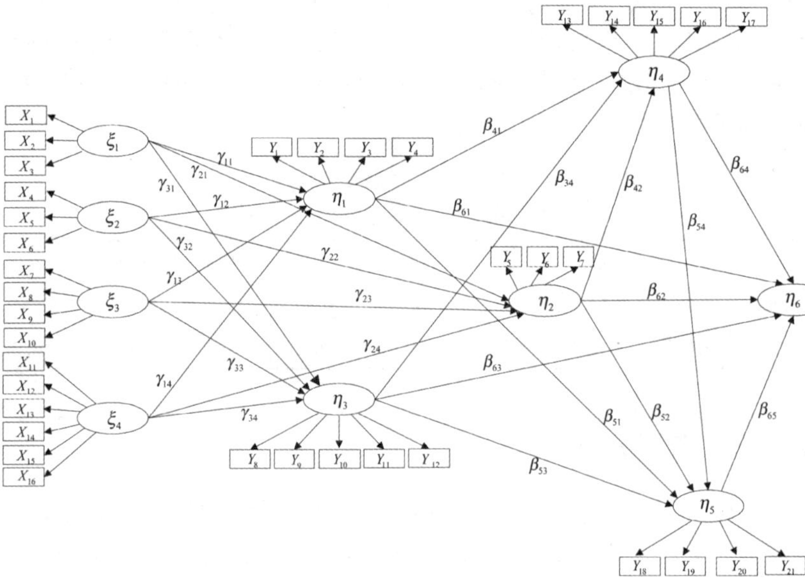

图 5-3 模型路径图及参数

Fig. 5-3 The path model and parameters of AMOS

结构方程模型的分析结果表明，理论模型的卡方检验值χ^2 为 1602. 50，自由度为 745，卡方值和自由度的比值为 2. 151，符合 Chin 和 Todd(1995)所建议的小于 3. 0 的标准[175]；良好拟合指数 GFI 和调整拟合指数 AGFI 分别为 0. 91 和 0. 88，分别高于本研究设定的标准 0. 90 和 0. 80，NFI 拟合指数和 CFI 拟合指数分别为 0. 93 和 0. 97，皆高于本研究设定的边界值 0. 90；近似误差均方根 RMSEA 值为 0. 041，标准化残差均方根指数(standardized root mean square residual，缩写为 SRMR)为 0. 036，分别小于国内外相关研究设定的临界值 0. 08，模型整体拟合度检验结果见表 5-23。整体而言，本研究假设的理论模型与数据拟合情况较好，理论模型可以接受。

接下来，本研究在理论模型分析的结果的基础上，根据路径显著性对研究假设逐一进行检验，本研究之验证方式如图 5-4 和表 5-24。本章研究共提出 28 个假设，对于顾客价值的中介效应检验(H9)将在 5. 5. 4 节中进行详细阐述和讨论，表 5-24 将 H1 ~ H8 的共 22 个研究假设、对应的关系表达与参数、标准化路径系数、t 值及假设检验结果进行了汇总。

表 5-23 结构方程拟合优度检验结果

Table5-23 Fit indices for structural model

	$\chi^2/d.f.$	RMSEA	CFI	NFI	NNFI	IFI	GFI	AGFI	SRMR
模型	2.151	0.041	0.97	0.93	0.96	0.97	0.91	0.88	0.036
建议标准	<3.0	<0.08	>0.90	>0.90	>0.90	>0.90	>0.90	>0.80	<0.08

表 5-24 H1 - H8 假设检验结果

Table 5-24 Results of hypothesis 1 - 8 testing

假设	路径关系	关系表达	参数	标准化路径系数	t 值	结果
H1a	AC→IE	$\xi_1 \rightarrow \eta_1$	γ_{11}	0.24 * *	3.11	支持
H1b	AC→CB	$\xi_1 \rightarrow \eta_2$	γ_{21}	0.18 * *	2.86	支持
H1c	AC→PI	$\xi_1 \rightarrow \eta_3$	γ_{31}	0.16 * *	2.82	支持
H2a	SE→IE	$\xi_2 \rightarrow \eta_1$	γ_{12}	0.20 * *	3.06	支持
H2b	SE→CB	$\xi_2 \rightarrow \eta_2$	γ_{22}	0.14 * *	2.77	支持
H2c	SE→PI	$\xi_2 \rightarrow \eta_3$	γ_{32}	0.05	0.93	不支持
H3a	IJ→IE	$\xi_3 \rightarrow \eta_1$	γ_{13}	0.08	0.98	不支持
H3b	IJ→CB	$\xi_3 \rightarrow \eta_2$	γ_{23}	0.20 * *	3.06	支持
H3c	IJ→PI	$\xi_3 \rightarrow \eta_3$	γ_{33}	0.22 * *	3.15	支持
H4a	PR→IE	$\xi_4 \rightarrow \eta_1$	γ_{14}	0.32 * * *	3.89	支持
H4b	PR→CB	$\xi_4 \rightarrow \eta_2$	γ_{24}	-0.04	-1.21	不支持
H4c	PR→PI	$\xi_4 \rightarrow \eta_3$	γ_{34}	0.13 * *	2.71	支持
H5a	IE→UV	$\eta_1 \rightarrow \eta_4$	β_{41}	0.39 * * *	4.22	支持
H5b	CB→UV	$\eta_2 \rightarrow \eta_4$	β_{42}	0.67 * * *	8.06	支持
H5c	PI→UV	$\eta_3 \rightarrow \eta_4$	β_{43}	0.25 * * *	3.31	支持
H6a	IE→HV	$\eta_1 \rightarrow \eta_5$	β_{51}	0.15 * *	2.80	支持
H6b	CB→HV	$\eta_2 \rightarrow \eta_5$	β_{52}	0.38 * * *	4.07	支持
H6c	PI→HV	$\eta_3 \rightarrow \eta_5$	β_{53}	0.21 * *	3.03	支持
H7	UV→HV	$\eta_4 \rightarrow \eta_5$	β_{54}	0.77 * * *	9.39	支持
H8a	UV→CS	$\eta_4 \rightarrow \eta_6$	β_{64}	0.69 * * *	8.27	支持
H8b	HV→CS	$\eta_5 \rightarrow \eta_6$	β_{65}	0.33 * * *	3.95	支持
H8c	—	$\beta_{64} < \beta_{65}$	—	—	—	不支持

注：* 为 $p < 0.05$，* * p 为 < 0.01，* * * p 为 < 0.001。

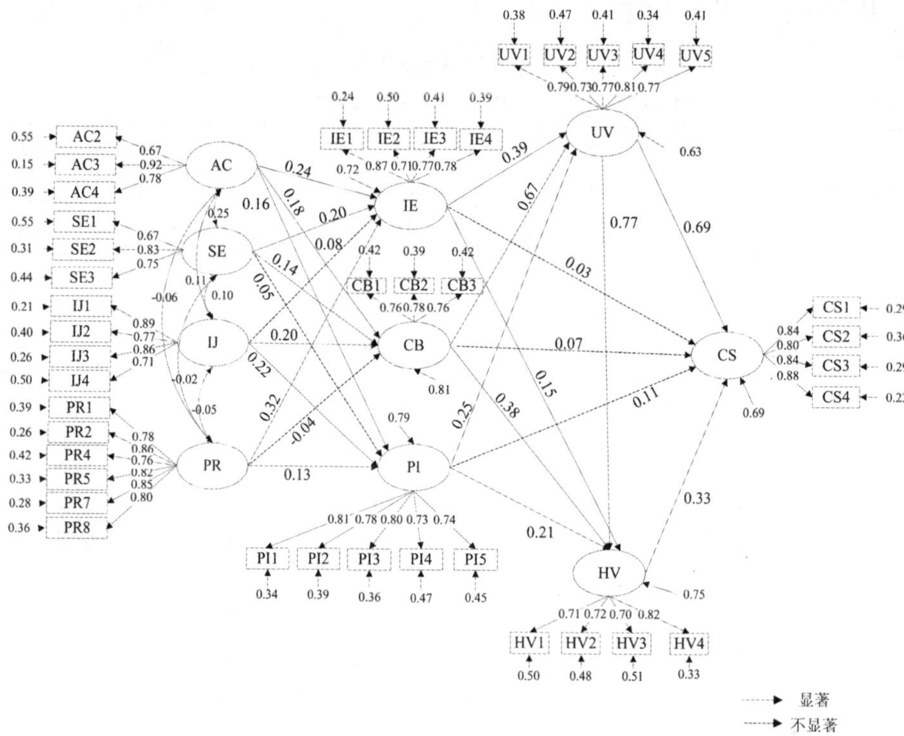

图5-4　顾客参与对顾客价值创造影响作用的结构方程模型结果

Fig. 5-4　Model results about influence action of customer participation on customer value creation

5.5　研究假设检验结果

5.5.1　顾客参与的前因

本章研究在文献回顾与分析的基础上，从消费者与企业交互的视角提出了影响消费者从事创造性参与活动的四个因素：情感承诺、自我效能、交互公平和感知风险。实证研究表明，情感承诺对顾客参与活动有显著的正向影响效用。其中，情感承诺分别对信息分享产生显著正向影响($\beta = 0.24, p < 0.01$)，对合作生产有显著正向影响($\beta = 0.18, p < 0.01$)，对人际互动产生显著正向影响($\beta = 0.16, p < 0.01$)，即假设H1a，假设H1b，假设H1c均得到验证，表明企业与消费者间的情感承诺在促进消费者进行参与价值创造活动中表现出积极的推动

作用。

自我效能感对参与活动的影响得到部分验证。其中，消费者的自我效能感对信息分享($\beta = 0.20, p < 0.01$)和合作生产($\beta = 0.14, p < 0.01$)都有显著的正向影响，而对人际互动的影响不显著($\beta = 0.05, p = 0.455$)，即假设H2a，假设H2b得到支持，假设H2c未获得支持。尽管，一般的创造性理论认为，自我效能与个人的创造意愿正相关(Choi, 2004)，但心理学也有研究表明，自我效能部分地通过动机因素(如，认知需求)来间接地影响创造意愿。在顾客参与的三个维度中，信息分享和合作生产与消费者的动机要素(如，认知需求)紧密相关，而对于人际互动维度而言，消费者只要自愿进入组织边界，就能独立于自身能力和经验之外来评价参与活动中的人际因素，如态度、信任、承诺等。即不论消费者是否肯定自己的能力或是否拥有相关经验，只要企业员工态度友善、积极热情、他都有可能毫无障碍地与企业进行情感交流。

交互公平对顾客参与的影响得到部分验证。其中，交互公平对信息分享有正向影响($\beta = 0.08, p = 0.737$)，但未见显著，即假设H3a未获得验证。这可能与现实中个人培训多属中、低层次的培训，多以接受程式化的知识为导向的实际情况有关。根据我们的前期访谈发现，参与个人培训的消费者鲜有在参与培训过程中主动与培训教师或培训机构对其所期望教授的内容、预期达到的目标等内容进行沟通，个人培训中信息分享活动多以教师为中心，可能更多的只是一种“刺激—反应”式的被动行为，因而，交互公平会对消费者的信息分享意愿会产生影响，但不明显。此外，研究结果表明，交互公平对合作生产($\beta = 0.20$，$p < 0.01$)和人际互动($\beta = 0.22, p < 0.01$)均具有显著的正向影响，即假设H3b和假设H3c得到验证。

感知风险对顾客参与的影响得到部分验证。其中，感知风险对信息分享($\beta = 0.32, p < 0.01$)和人际互动($\beta = 0.14, p < 0.01$)都具有显著正向影响，对合作生产行为则呈现负向影响($\beta = -0.04, p = -0.84$)，即假设H4a，假设H4c得到验证，假设H4b未获得验证。这与感知风险的相关研究结论是相吻合的。已有相关研究指出，人们往往通过信息搜寻以降低感知风险，而参与意义下的信息分享维度包含了消费者单方面地从企业或其他渠道获取信息，除此之外，还包含了消费者通过与企业有效地互动沟通来表达自身对服务过程中的要求和建议。经由信息分享行为，消费者就可能获得到更能满足他们价值需求的高质量的参与结果，因为他们提供了正确的信息并在参与创造活动中承担了合适的角色。分享有意义的信息可以导致信任，Selnes(1996)在研究中用沟通一词指代顾客与供应商之间的信息交换，证实沟通会影响顾客对供应商的信任。这些表明，感知风险越高，消费者就会进行更高程度的信息分享行为，增加信任，降低感知风

险，以确保获得期望的参与结果。在消费者参与意义下，人际互动是继信息分享维度之后另一个可有效降低感知风险的参与行为。事实上，人际互动的内容更多地体现了消费者与企业间的反复交互，发展双方关系，以更多地了解对方，从而增加消费者对企业和对参与经历的可预测性，有利于降低感知风险。此外，感知风险与合作生产呈负相关。这可能是由于服务的特点和个人培训业的特定属性决定的，培训服务的失败将给消费者带来经济、时间、精力等方面的严重损害，顾客的感知风险非常高，因而，消费者较不愿意以“身体力行”的方式来减少诸多不确定性，在参与结果不可预见的情况下，“身体力行”的方式对他们来说意味着更多的投入，以及更多的失去，消费者似乎更愿意通过其他的方式(如，信息分享和人际互动)来降低这种不确定性。

在影响顾客参与的前因要素中，就总体样本的检验结果而言，感知风险对信息分享的影响最大($\beta = 0.32, p < 0.01$)，其次是情感承诺($\beta = 0.24, p < 0.01$)，接下来是自我效能($\beta = 0.20, p < 0.01$)，而交互公平对信息分享维度影响效用的推论未得到验证($\beta = 0.08, p = 0.737$)；对合作生产行为而言，交互公平因素对其积极影响意义最大($\beta = 0.20, p < 0.01$)，其次是情感承诺($\beta = 0.18, p < 0.01$)，接下来是自我效能($\beta = 0.14, p < 0.01$)，而感知风险要素未能对此维度起到促进作用($\beta = -0.04, p = -0.84$)；相比自我效能和感知风险要素而言，情感承诺和交互公平两个要素在内容上更多地涉及消费者的情感投入，更多地体现消费者与企业的社会联结，这在此次研究结果中也得到了验证。研究结果表明，交互公平对消费者进行人际互动行为的影响最大($\beta = 0.22, p < 0.01$)，其次是情感承诺($\beta = 0.16, p < 0.01$)。感知风险与消费者理性层面的分析和主观感受相关，尽管信息分享是消费者减少感知风险最常用的方法，但在有限理性框架之下，当消费者感知风险程度越高时，他就可能希望经由多个层面来降低这种不确定性，例如，从人际交互行为中寻求可信度、信任、支持、合作及承诺($\beta = 0.14, p < 0.01$)。而消费者的自我效能感尽管会受到外界诱因的影响，但它更多的是强调消费者对自我的评价与肯定，因而，自我效能要素对人际互动行为没有发挥明显的促进作用($\beta = 0.05, p = 0.455$)。

综上所述，情感承诺、自我效能、交互公平和感知风险作为顾客参与前置要素的效应基本上得到了证实。

5.5.2 顾客参与的行为维度对顾客价值创造的影响

本研究首次就顾客参与行为对顾客价值创造的影响作用进行了检验，并首次将顾客参与和顾客价值分别细分为不同的子维度进行考察，就顾客参与对顾客价值创造的影响作用，以及顾客参与行为的本质有更深入的了解。实证研究结果表明，顾客参与对顾客实用价值产生了显著的影响，假设 H5 全部得到验证。具体来说，顾客参与活动中信息分享行为($\beta = 0.39, p < 0.001$)、合作生产行为($\beta = 0.67, p < 0.001$)、人际互动行为($\beta = 0.25, p < 0.001$)对实用价值均产生显著的影响。对于享乐价值维度而言，顾客参与下的信息分享行为($\beta = 0.15, p < 0.01$)、合作生产行为($\beta = 0.38, p < 0.001$)、人际互动行为($\beta = 0.21, p < 0.01$)也都发挥了正向的促进作用，即假设 H6 得到全部验证。这表明，顾客在参与行为中越积极，越投入，其对预期服务作用的评价(对实用价值的感知)更加积极。同样，对由参与行为中的个人情感所引发对乐趣和享受的评价(对享乐价值的感知)也会更加积极。此外，实证研究结果显示，实用性顾客价值对享乐性顾客价值有很强的影响作用($\beta = 0.77, p < 0.001$)，即假设 H7 获得支持。这一结果验证了心理学态度理论中认知影响情感的观点。

由于顾客参与对顾客价值创造的影响是本研究的研究重点之一，因而有必要分别对核心变量顾客参与的 3 个维度与顾客价值的 2 个维度间的关系作更进一步探讨。这 5 个变量间的直接效应、间接效应和总效应见表 5-25。

表 5-25 顾客参与和顾客价值间各维度路径分析效应分解说明

Table 5-25 The effects specification of path analysis between every dimension of CP and CV

外生变量	内生变量			
	实用价值(UV)	t 值	享乐价值(HV)	t 值
信息分享(IE)	0.39[a]	4.22 * * *	0.15	2.80 * *
	0.00[b]	—	0.30	4.08 * * *
	(0.39)[c]	4.22 * * *	(0.45)	6.88 * * *
合作生产(CB)	0.67	8.06 * * *	0.38	4.07 * * *
	0.00	—	0.52	6.17 * * *
	(0.67)	8.06 * * *	(0.90)	10.24 * * *
人际互动(PI)	0.25	3.31 * * *	0.21	3.03 * *
	0.00	—	0.19	2.75 * *
	(0.25)	3.31 * * *	(0.40)	5.78 * * *
实用价值(UV)	—	—	0.77	9.39 * * *
			0.00	—
			(0.77)	9.39 * * *

注：a 为各研究变量间标准化的直接效应；

b 为各研究变量间标准化的间接效应；

c 为各研究变量间标准化的总效应(标准化直接效应 + 标准化间接效应)；

* * 为 $p < 0.01$，* * * 为 $p < 0.001$。

首先，对于信息分享维度而言，信息分享对实用价值有直接效应，其值为0.39，对享乐价值不仅有直接效应，其值为0.15，还有间接效应，其值为0.30，且信息分享对享乐价值的间接影响大于对其直接影响，由此，我们初步判定，实用价值部分中介了信息分享对享乐价值创造的影响效应，即消费者参与意义下的信息分享行为对享乐价值创造的作用部分是通过其对实用价值创造的影响而获得的。其次，对于合作生产维度而言，合作生产对实用价值有直接效应，其值为0.67，对享乐价值不仅有直接效应，其值为0.38，还有间接效应，其值为0.52，且合作生产对享乐价值产生的间接影响大于对其直接影响，由此，我们初步判定，实用价值部分中介了合作生产对享乐价值创造的影响效应，即消费者参与意义下的合作生产行为对享乐价值创造的作用部分是通过其对实用价值创造的影响而获得的。最后，对于人际互动维度而言，人际互动行为对实用价值有直接效应，其值为0.25，对享乐价值不仅有直接效应，其值为0.21，还有间接效应，其值为0.19，但人际互动对享乐价值产生的直接影响大于对其间接影响，这表明，实用价值在消费者参与意义下的人际互动行为对享乐价值创造的作用中未能产生任何中介效应。

接下来，我们还需要分别检验实用价值在信息分享和享乐价值、合作生产和享乐价值这两组关系中的间接效应是否具有显著性，方能判定以上的初步推断是否正确。由于本研究所借助的分析工具 AMOS 7.0 未能报告各变量间间接效应的显著性（t 检验），所以，我们依照 Sobel（1982）（转引自：邱皓政和林碧芳，2009）所推导的标准误公式[174]来分别计算实用价值在顾客参与各维度与享乐价值间间接效应的 t 检验值：

$$t = \frac{\beta_a \beta_b}{\sqrt{S^2_{\beta_b}\hat{\beta}^2_a} + \sqrt{S^2_{\beta_a}\hat{\beta}^2_b}} \tag{5-1}$$

其中，$\hat{\beta}_a$ 分别代表顾客参与各维度到实用价值的标准化路径系数估计值，$\hat{\beta}_b$ 代表实用价值到享乐价值的标准化路径系数估计值，$S_{\hat{\beta}_a}$，$S_{\hat{\beta}_b}$ 分别为估计值 $\hat{\beta}_a$ 和 $\hat{\beta}_b$ 的标准误，$\beta_a \beta_b$ 为标准化间接效应。由公式（5-1），我们分别计算得到信息分享对享乐价值的间接效应的 t 值为4.08（$p < 0.001$），合作生产对享乐价值的间接效应的 t 值为6.17（$p < 0.001$），人际互动对享乐价值的间接效应的 t 值为2.75（$p < 0.01$），如表5-25阴影部分所示。至此，实用价值在信息分享与享乐价值间、在合作生产与享乐价值间的部分中介效应得以检验。

实用价值在顾客参与意义下的信息分享行为、合作生产行为对享乐价值创造的影响作用中扮演的部分中介作用的结论揭示出，消费者参与价值创造活动不仅仅是一种行为过程，而且是认知过程。从认知的观点来看，顾客参与价值创造过程是以目标为导向的，但并不是说参与的过程本身就不重要，因而，在目标追求理论框架下，消费者从事创造性参与活动最初是为了满足他们的功能性(经济性)需求，但随着参与活动的持续，顾客参与就逐步具备了其社会功能，即满足消费者的心理需求，而消费者在参与过程中对功能性目标实现的评价会放大他们对创造性参与过程本身的评价，倘若顾客参与的基本工具性目标没有实现，他们在参与过程中的体验和感受也将大打折扣。

5.5.3 顾客价值对顾客满意的影响

从表5-24中可以看出，假设H8得到部分验证。本研究中顾客价值的两个维度——实用价值($\beta = 0.69, p < 0.001$)和享乐价值($\beta = 0.33, p < 0.001$)对顾客满意产生显著影响，即较高的顾客感知价值可以为顾客带来较高的满意度，假设H8a、假设H8b获得支持。这一结论不仅证实了以往研究“顾客价值是顾客满意的重要前因”的结论，同时也验证了“顾客满意程度是顾客对产品或服务在认知和情感两方面评价的结果”的结论。值得注意的是，本研究结果显示，实用价值是顾客满意最为有力的推动要素，表明假设H8c被拒绝。这也与现实状况比较吻合。对于一般消费者而言，目前参加个人培训的动机更多来源于外部刺激，带有很强的功利性，更加注重培训结果的可量化性，例如，出国留学、职称考试、当前工作需要、入职等，导致培训中的消费者参与活动更多的是一种“刺激-反应”的被动行为，不会有更深层次的情绪及情感投入。同时，就目前中国培训市场来看，中、低基础的培训仍是培训市场的主流，培训服务消费热点主要是“应试型”、“技能型”和“实用型”的培训。此外，在实用性方面的消费更容易确定，因而也更容易让消费者对此类属性的消费做出评价；相对而言，在享乐性方面的消费确定性不大，很难对此类产品或服务的消费做出客观评价。

5.5.4 顾客价值的中介效应检验

为了检验顾客价值的中介效应(H9)，我们根据Kelloway(1998)所建议的中介变量测量步骤进行SEM分析[284]。本研究中的顾客参与和顾客价值均是多维度变量，为此，我们以假设H9a为例，即检验实用价值在参与意义下的信息分享与顾客满意间是否起到中介作用来示例本研究对假设H9的全部检验过程，同时表明检验结果。

为了检验假设H9a，首先，我们以图5-4的模型为基准模型，构造另外两个比较模型，为了简化，在此部分去除了图5-4中跟中介变量——实用价值和享乐价值无关的变量，如图5-5。位于图5-5顶端的模型是本研究的初始模型，表示参与意义下的信息交换活动对顾客满意的直接效应和经由实用价值影响顾客满意的间接效应同时存在，为部分中介模型(M_1)；位于图5-5中部的模型表明，信息分享行为仅能经由实用价值的创造来影响顾客满意，为完全中介模型(M_2)；位于图5-5底端的模型表明，信息分享行为经由实用价值不能影响顾客满意，为无中介模型(M_3)。接下来，考察各模型的拟合情况。各模型的拟合指数见表5-26。最后，比较基准模型和两个比较模型的拟合指数，确定最佳模型。

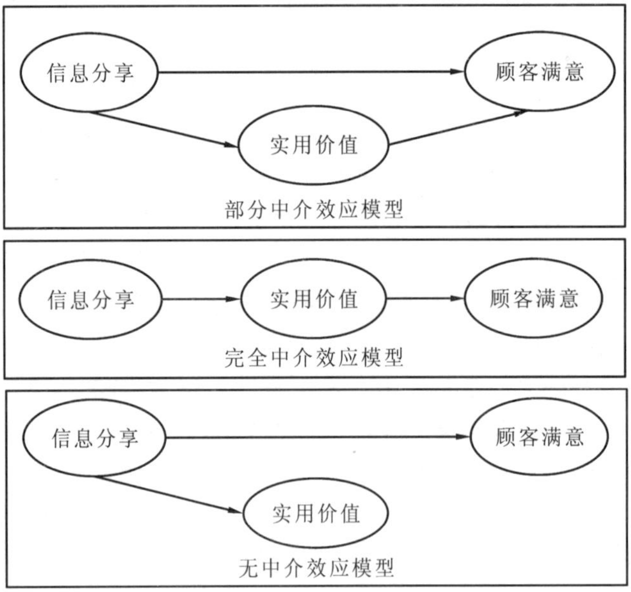

图5-5 检验实用价值中介效应的模型

Fig. 5-5 Mediating models - for Hypothesis 9a

依照林文莺和侯杰泰等人(1995)的建议[285]，我们比较了基准模型(M_1)、完全中介模型(M_2)和无中介模型(M_3)的χ^2差异($\Delta\chi^2$)及df的差异(Δdf)，根据χ^2差异的显著性及模型相对简洁原则来选取最优模型。通过嵌套模型间的比较，我们发现M_1与M_2的差异显著($\Delta\chi^2_{df=1} = 2.51, p < 0.05$)，表明$M_2$优于$M_1$；$M_1$与$M_3$的差异不显著($\Delta\chi^2_{df=1} = 9.89, p > 0.05$)，根据节俭原则，我们选取路径较少的$M_1$，因而，$M_1$优于$M_3$。可见，在这三个模型中，$M_2$(完全中介模型)为最优，因而，假设H9a获得支持。

遵循H9a的假设检验程序，我们为假设H9b、假设H9c、假设H9d、假设H9e和假设H9f分别给其对应的基准模型构造了相应的两个比较模型，并分别考察了每个假设下的基准模型与其对应的两个比较模型的拟合情况，表5-27～表5-31分别报告了假设H9b～假设H9e下基准模型和对应的两个比较模型的拟合指数比较结果。

表 5-26 假设 H9a 的中介效应对比结果

Table 5-26 The comparative results of mediating effect for Hypothesis 9a

模型	χ^2	*d.f.*	CFI	NFI	NNFI	IFI	GFI	AGFI	RMSEA
M_1	1602.50	745	0.97	0.93	0.96	0.97	0.91	0.88	0.041
M_2	1605.01	746	0.97	0.93	0.96	0.96	0.92	0.88	0.039
M_3	1612.39	746	0.95	0.91	0.94	0.96	0.90	0.87	0.044
$\Delta\chi^2$									
$M_2 - M_1$	$2.51 < 3.84_{(0.05,1)}$						接受模型 M_2		
$M_3 - M_1$	$9.89 > 3.84_{(0.05,1)}$						接受模型 M_1		
结论：	$M_2 > M_1 > M_3$								

表 5-27 假设 H9b 的中介效应对比结果

Table 5-27 The comparative results of mediating effect for Hypothesis 9b

模型	χ^2	*d.f.*	CFI	NFI	NNFI	IFI	GFI	AGFI	RMSEA
M_1	1602.50	745	0.97	0.93	0.96	0.97	0.91	0.88	0.041
M_2	1603.77	746	0.97	0.93	0.96	0.97	0.92	0.88	0.041
M_3	1619.25	746	0.96	0.93	0.94	0.96	0.90	0.88	0.047
$\Delta\chi^2$									
$M_2 - M_1$	$1.27 < 3.84_{(0.05,1)}$						接受模型 M_2		
$M_3 - M_1$	$16.75 > 3.84_{(0.05,1)}$						接受模型 M_1		
结论：	$M_2 > M_1 > M_3$								

通过嵌套模型间的比较，我们发现 M_1与 M_2的差异显著($\Delta\chi^2_{df=1} = 1.27, p < 0.05$)，表明 M_2优于 M_1；M_1与 M_3的差异不显著($\Delta\chi^2_{df=1} = 16.75, p > 0.05$)，根据节俭原则，我们选取路径较少的 M_1，因而，M_1优于 M_3。可见，在这三个模型中，M_2(完全中介模型)为最优，因而，假设 H9b 获得支持。

表 5-28 假设 H9c 的中介效应对比结果

Table 5-28 The comparative results of mediating effect for Hypothesis 9c

模型	χ^2	*d.f.*	CFI	NFI	NNFI	IFI	GFI	AGFI	RMSEA
M_1	1602.50	745	0.97	0.93	0.96	0.97	0.91	0.88	0.041
M_2	1603.97	746	0.97	0.93	0.96	0.97	0.92	0.88	0.041
M_3	1617.44	746	0.94	0.90	0.93	0.97	0.89	0.87	0.043

（续）

模型	χ^2	$d.f.$	CFI	NFI	NNFI	IFI	GFI	AGFI	RMSEA
$\Delta\chi^2$									
$M_2 - M_1$	$1.47 < 3.84_{(0.05,1)}$					接受模型 M_2			
$M_3 - M_1$	$12.09 > 3.84_{(0.05,1)}$					接受模型 M_1			
结论：	$M_2 > M_1 > M_3$								

通过嵌套模型间的比较，我们发现 M_1 与 M_2 的差异显著（ $\Delta\chi^2_{df=1} = 1.47, p < 0.05$ ），表明 M_2 优于 M_1；M_1 与 M_3 的差异不显著（ $\Delta\chi^2_{df=1} = 14.94, p > 0.05$ ），根据节俭原则，我们选取路径较少的 M_1，因而，M_1 优于 M_3。可见，在这三个模型中，M_2（完全中介模型）为最优，因而，假设 H9c 获得支持。

表 5-29　假设 H9d 的中介效应对比结果

Table 5-29　The comparative results of mediating effect for Hypothesis 9d

模型	χ^2	$d.f.$	CFI	NFI	NNFI	IFI	GFI	AGFI	RMSEA
M_1	1602.50	745	0.97	0.93	0.96	0.97	0.91	0.88	0.041
M_2	1606.32	746	0.97	0.93	0.96	0.97	0.91	0.87	0.041
M_3	1614.59	746	0.95	0.93	0.93	0.95	0.91	0.87	0.041
$\Delta\chi^2$									
$M_2 - M_1$	$3.82 < 3.84_{(0.05,1)}$					接受模型 M_2			
$M_3 - M_1$	$12.09 > 3.84_{(0.05,1)}$					接受模型 M_1			
结论：	$M_2 > M_1 > M_3$								

通过嵌套模型间的比较，我们发现 M_1 与 M_2 的差异显著（ $\Delta\chi^2_{df=1} = 3.82, p < 0.05$ ），表明 M_2 优于 M_1；M_1 与 M_3 的差异不显著（ $\Delta\chi^2_{df=1} = 12.09, p > 0.05$ ），根据节俭原则，我们选取路径较少的 M_1，因而，M_1 优于 M_3。可见，在这三个模型中，M_2（完全中介模型）为最优，因而，假设 H9d 获得支持。

表 5-30　假设 H9e 的中介效应对比结果

Table 5-30　The comparative results of mediating effect for Hypothesis 9e

模型	χ^2	$d.f.$	CFI	NFI	NNFI	IFI	GFI	AGFI	RMSEA
M_1	1602.50	745	0.97	0.93	0.96	0.97	0.91	0.88	0.041
M_2	1605.06	746	0.97	0.93	0.96	0.96	0.92	0.88	0.041
M_3	1622.16	746	0.95	0.91	0.94	0.96	0.89	0.87	0.047
$\Delta\chi^2$									

续表

模型	χ^2	*d. f.*	CFI	NFI	NNFI	IFI	GFI	AGFI	RMSEA
M_2-M_1	$2.56<3.84_{(0.05,1)}$					接受模型 M_2			
M_3-M_1	$19.66>3.84_{(0.05,1)}$					接受模型 M_1			
结论:	$M_2>M_1>M_3$								

通过嵌套模型间的比较，我们发现 M_1 与 M_2 的差异显著($\Delta\chi^2_{df=1}=2.56, p<0.05$)，表明 M_2 优于 M_1；M_1 与 M_3 的差异不显著($\Delta\chi^2_{df=1}=19.66, p>0.05$)，根据节俭原则，我们选取路径较少的 M_1，因而，M_1 优于 M_3。可见，在这三个模型中，M_2(完全中介模型)为最优，因而，假设 H9e 获得支持。

表 5-31 假设 H9f 的中介效应对比结果

Table 5-31 The comparative results of mediating effect for Hypothesis 9f

模型	χ^2	*d. f.*	CFI	NFI	NNFI	IFI	GFI	AGFI	RMSEA
M_1	1602.50	745	0.97	0.93	0.96	0.97	0.91	0.88	0.041
M_2	1604.87	746	0.97	0.93	0.96	0.96	0.92	0.88	0.041
M_3	1618.92	746	0.96	0.93	0.95	0.96	0.90	0.88	0.045
$\Delta\chi^2$									
M_2-M_1	$2.37<3.84_{(0.05,1)}$					接受模型 M_2			
M_3-M_1	$16.42>3.84_{(0.05,1)}$					接受模型 M_1			
结论:	$M_2>M_1>M_3$								

通过嵌套模型间的比较，我们发现 M_1 与 M_2 的差异显著($\Delta\chi^2_{df=1}=2.37, p<0.05$)，表明 M_2 优于 M_1；M_1 与 M_3 的差异不显著($\Delta\chi^2_{df=1}=16.42, p>0.05$)，根据节俭原则，我们选取路径较少的 M_1，因而，M_1 优于 M_3。可见，在这三个模型中，M_2(完全中介模型)为最优，因而，假设 H9e 获得支持。

至此，假设 H9 的全部子假设均得到验证，研究结果表明，顾客价值在顾客参与和顾客满意间扮演着完全中介的作用。也就是说，顾客参与行为对顾客满意无直接影响，必须经由顾客价值才会对顾客满意产生间接正向影响。这一研究结论揭示出，只有让消费者在参与活动中，感知到通过自身的投入和努力来获得了他们在传统交易中无法得到的新的顾客价值或新的价值增加时，他们才会对参与结果给予正面评价，实现顾客满意。这使我们更深入地了解顾客参与影响顾客满意的中间机制和影响途径，顾客价值的创造是企业实施顾客参与的关键和必要环节，这对顾客参与的成功实施起到了决定性的作用。

5.6 本章小结

本章在第4章顾客参与对顾客价值影响作用整合理论模型构建、理论分析以及假设提出的基础上，以消费者高度参与的个人培训行业为背景，以SPSS 16.0和AMOS 7.0为统计分析工具，对所建构的结构方程模型的拟合指数进行估计，并检验了理论模型中各变量间的关系。总体而言，模型与数据呈现了合理的拟合程度，从而确定了此次研究中的样本数据与理论假设间的一致性。研究结果表明，情感承诺作为顾客参与前置因素的效应得到全部证实；而自我效能、交互公平和感知风险作为顾客参与前置因素的效应得到部分验证。顾客的参与活动显著影响了对顾客实用价值和顾客享乐价值的创造，实用价值的创造感知在顾客参与活动与享乐价值的创造感知之间起到了一定的部分中介作用。此外，顾客价值对顾客参与活动与顾客满意间的关系具有完全中介效应，这为两者间的关系提供了一个新的解释。

第 6 章

独特性需要对顾客参与顾客价值创造的调节作用检验

到目前为止，本书的研究表明，顾客参与会通过顾客价值对顾客满意产生影响，但这仅是一般意义下的研究结果。事实上，消费活动本身也是人们寻找和探索独特性需要的方式和途径之一。因而，我们有理由相信在顾客参与行为中，拥有不同程度独特性需要的消费者在参与创造过程中会表现出不同的参与行为，呈现出不同的参与努力，对其顾客价值创造的感知的影响将会有所不同。本章研究的主要内容就是以顾客视角来看待顾客参与对顾客价值创造的影响机理，在本书第 4、5 章研究内容的基础上，探索消费者独特性需要对顾客参与与顾客价值的调节作用，以揭示独特性需要在顾客参与价值创造过程中的重要性。

6.1 独特性理论与独特性需要

独特性理论(uniqueness theory)的发展起源于自我理论。在 20 世纪 60 年代后期，自我作为一种结构化和动机的概念得到学术界的重视，独特性理论在此背景下得以出现。该理论探讨的是人们感知到的相似程度与求同、求异行为间的关系。独特性理论认为，人们在自我的结构中有两种互斥动机，一方面，人们希望将自己同化为外部世界，可理解为求同动机；另一方面，人们又希望将自己同外部世界区分开来，可理解为求异动机。现实中，人们大多都在追求与他人相似度适中的状态，在“同太过”或“异太过”的状态下，都会激发人们的负面情绪。当个体感知到同他人的相似程度很低时，他的求同动机就会被激发，个体将表现出对相似性的需求，希望以此来增加与他人的相似程度；当个体感知到同他人的相似程度很高时，他的独特性动机(求异)动机就会被激发，他们将采取求异行为来增加与他人的相异程度；当个体判断自己与社会群体的大多数保持有中度水平的相似性或独特性时，他们往往不会采取任何改变行为(Synder，1992)[286]。图 6-1 恰是对这种个人行为随与他人相似程度感知变化关系的展现。

消费者独特性需要(consumers’ need for uniqueness，缩写为 CNFU)来源于独特性理论。独特性需要被界定为个体通过获取、使用和处理能够构建和强化一个人的个体和社会身份的消费品，以发展和增强个人的自我意象和社会意向(Tian等，2001)[287]。根据独特性理论，当个体感觉到在所处的社会环境中与他人有高度的相似时，个人会试图通过自我区别的行为来重塑个体的自尊和减少负面情绪，独特性需要正是在这种情形下被激发的，并对其行为产生影响。图6-1也描述了独特性需求的产生过程及其对行为的影响。

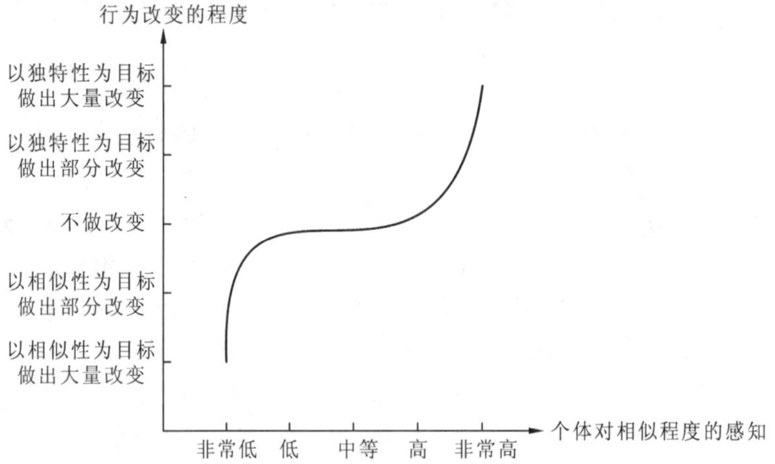

图6-1 相似程度与行为反应间的关系

Fig. 6-1 The relationship between level of similarity and behavior reaction

资料来源：Synder C. R. Product scarcity by need for uniqueness interation: a consumer catcch-22 carouse. Basic and Applied Social Psychology, 1992, 13(1): p13.

从上述对独特性需要的界定和图6-1所表现的关系可以看出，独特性需要概念的关注点在于个体行为目的是要形成"与他人的差异性"。需要指出的是，这种差异性并不是个体与社会规范的完全背离，也就是说，追求或表现个人的独特性必须在一定的社会所认可的独特价值的范围之内，否则将遭到社会的排斥和拒绝。在追求自我独特性的过程中，个体往往需要承担一定的社会风险，然而，Synder(1992)认为使用物质产品来表达自己与他人不同格外重要，不仅可以满足消费者对独特性需要的追求，还不需要冒承受社会谴责的风险[286]。此外，很多研究证实，消费者会获取或展示物质所有物或参与某些消费体验，其目的是构建和表达与他人不同的自我形象(Lynn and Harris, 1997; Richins, 1994)[288,289]和独特的社会形象(Fisher and Price, 1992)[290]。如果追求与他人不同的个体相信其所用的产品在公众场合被人注意到，或者其参与的体验行为与其参照群体表现不同，并且与他个人的自我相匹配，他的自我就会被保持和强化。而且，个体的独特性需要随个体特征和情境而发生变化，不同个体的独特性需要程度存在很大差别(Synder and Fromkin, 1980, 转引自：Synder, 1992)[286]。

与独特性需要相近的概念是个性化需求。尽管个性化需求与消费者独特性需要都指通过购买或消费产品彰显自我的行为，但根据独特性理论，消费者独特性需求可能反映了消费者在反遵从(couterconformity)动机上的差异。反遵从的动机意指通过消费品以及这些产品的视觉展示来彰显自我的行为，其最终目的是有意识地寻求与他人的差别。因而，相比个性化需求而言，消费者独特性需要更加强调有意识地寻求行为，在寻求独特性过程中可能暗含了更多的混合动机，从这个意义上来说，消费者独特性需要的表述更为具体[291]。

Tian 等人(2001)在对独特性需求理论、反遵从性研究以及消费行为文献的回顾后，总结出消费者独特性需求包括以下三种行为表现：①创造性反遵从选择(creative choice counterconformity)，是指消费者寻找与大多数其他人的社会差异，并试图做出可能被他人认为是正确或卓越的选择；②非流行性选择反遵从性(unpopular choice counterconformity)，是指消费者选择或使用与群体规范偏离的产品或品牌，因此而承担可能被社会舆论反对的风险，但消费者为了展现自己的与众不同仍然抵挡了这种风险。一般这样的个体是那些敢于打破常规且敢于冒社会风险的人，通过此种方式来建立其独特性，借以提升自身形象。即使这类消费者最初会遭受来自社会舆论的压力，但其选择可能在后来得到社会接受，此类消费者被视为是创新者或时尚先锋；③避免相似性(avodiance of similarity)，是指消费者为了脱离常规以及重新建立自己与他人的区分性，对于那些常见的或普通的商品失去兴趣或终止使用。具有这类独特性需要的消费者，其消费行为表现在会经常观察他人拥有或使用的产品，根据产品的稀缺性或时尚性来判断其价值，并避免购买大众产品。此类消费者可能是那些时尚先锋或新产品早期采用者，以及分享兴趣和价值观的追随者。

6.2 独特性需要的调节效应

人之行为相当复杂，不容易被了解。倘若能发现一些参数，并以这些参数来解释、预测顾客的消费行为，有助于企业制定相应的营销决策。消费者的独特性需要便是能够解释并预测消费行为的参数之一。根据独特性需要理论以及调节匹配理论，我们发现消费者独特性需要是一个有待考察的重要调节变量。

独特性需要在解释和促使人们做出行动中起着向导作用，可以解释许多消费现象。例如，独特性需要对消费者选择商场偏好产生影响。独特性需要高的人，比独特性需要低的人，更少可能把最近的商场视为他们最喜欢的商场，更少的去离家最近的商场购物。独特性需要高的人，可能为了寻求某个商场的独特的购物气氛或服务，愿意花费更多的精力成本到更远的商场购物[292]。也就是说，虽然现在许多不同的商场都销售同样品牌的产品，购物的便利性，商场的位置可能成为影响消费者选择商场的主要因素。消费者独特性需要的不同会削弱便利性和地理位置对消费者选择的影响。独特性需要高的消费者比独特性需要低的更容易接受新产品。即使是针对同一类商品，独特性需要不同的消费者对品牌差异的感知也有所不同[293,294]。换句话说，独特性需要高的消费者会做出非传统的消费决策。

参与价值共创为顾客表达他们独特性需要提供了一个有效途径，参与在很大程度上能够影响潜意识。消费者在很多时候并不明确他们的需求是什么，这种需求称之为隐性需求，即只是消费者自身还没有直接认识到的要求(转引自：罗永泰和卢政营，2008)[295]，如图 6-2 中左上部分所示。

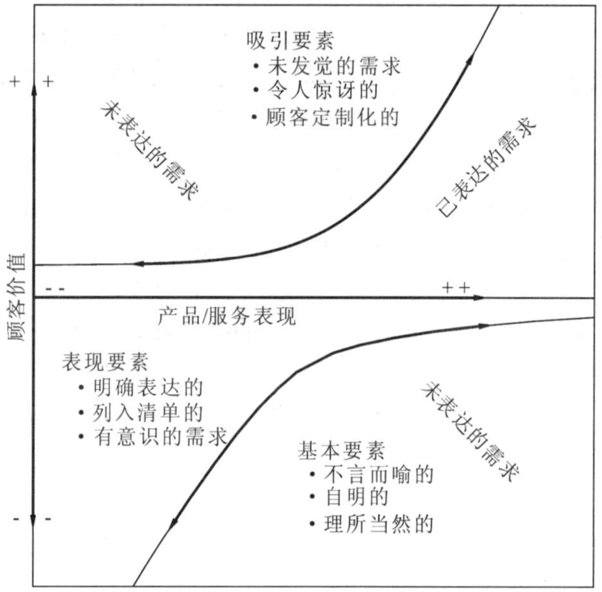

图 6-2 顾客需求表达的困境与顾客价值

Fig. 6-2 Customers'problems to articulate their needs and customer value

消费者可以清晰表达的需求只是冰山一角，满足此类需求仅仅会让顾客感觉物有所值。而未表达的需求并非只包含消费者的隐性需求，其中还包含由构成产品或完成服务的基本要素所体现的基本需求，是最低限度的，不言自明的，倘若不能满足此类需求，顾客感知到的价值是负值，继而引发其不公平和不满的负面情绪。产品或服务的吸引性要素则体现了顾客的隐性需求，这部分需求才是真正决定人的行为动机和行为方式的最基本的力量，也决定着显性需求的基础。由于这些要求源于次意识层次，所以消费者无法清晰地表达，满足这类需求可以使顾客获得优异的顾客价值，让他们感觉物超所值，唤醒惊喜、兴奋等正面情绪。事实上，能够反映顾客真实感知且潜伏在顾客意识之下的隐性需求，无法脱离顾客的身体，经常隐含于过程和他们的行动之中，隐性需求是一种状态，融合了认知因素与情感因素，需要在具体的情境下得以释放。企业必须通过与顾客的互动实践才能发掘和领悟。因此，顾客参与价值创造行为正是运用顾客自身能力，开发顾客隐性需求的重要途径。在此过程中，消费者与企业共同创造产品，使产品具有顾客自身喜爱的独特个性，体现自身的价值，并获得成就感与满足感。参与意义下的顾客与企业的交互活动可以作为刺激手段以激发顾客的兴趣并创造需求，这些需要是更为隐性的、与自我概念密切相关的需要，诸如受人尊重，自我实现等。

独特性需要可以唤起消费者个人的责任感，激发个体的自我效能感，释放个体创造力，从而有助于顾客进行价值创造。有研究表明，尊重人的独特性需要是激发个体责任心的有效手段。参与意义下的消费者个人责任感是个人对参与过程应尽义务的认知和体验，以及在此基础上产生的相应行为表现，促使消费者在参与活动中能自觉地承担起价值创造活动对其充当角色所需求的责任和义务，并努力克服在参与创造活动中遇到的各种问题，并在此过程中伴有积极的情感体验。同时，重视顾客在参与活动中独特性需要的满足有利于增强个体对超越自我的信心和信念，决定了顾客对创造性参与活动的努力程度和坚持性。根据马斯洛提出的需要层次理论，人们是在基本的需要得到满足的基础上逐步走向自我实现的需要的，在自我实现的过程中，个体的潜力得到充分开发，价值创造活动在此活动中得到了体现，因而，独特性需要实现往往成为人们创造力的源泉。此外，对于具有独特性需要的消费者而言，他们对创造活动的理解和评价，全部或部分取决于自身形成的自我意象或自我感知，当参与过程中企业与顾客的互动提高了个人对创造活动的自我意象和自我知觉时，具有独特性需要的消费者会更加愿意通过参与价值创造活动来满足自己的独特性产品需求(满足实用方面的利益)和独特性体验需求(满足享乐方面的利益)。

人们总是努力去获得良好的自我感知，往往通过改变态度或行为来减少失调以维护正面的自我概念。与低独特性需要的顾客相比，高独特性需要的顾客拥有更多的有关自身的正面属性，更坚信自己有能力完成创造性活动，更倾向于不惜时间和努力致力于价值创造活动。此外，独特性需要高的人对相似的信息会更加敏感，与众不同的需求更高，个人会试图通过自我区别的行为来重塑他的自尊并减少负面情感，参与意义下的自我区别行为则包含了更多的智力投入，情感投入和体力投入。独特性需要高的顾客在服务中关注的是自己是否获得一个愉快的体验过程，因而，他们更看重企业提供的对其参与行为的支持和配合程度，对其心理上和情感上的满足程度。对于高参与度的服务业而言，独特性需要高的顾客较之独特性需要低的顾客对于服务本身怀有更强烈的兴趣，对企业本身和所提供的服务更加认同。在创造过程中，兴趣表现为人们对创造过程的主动选择和积极的情绪反应。因而，独特性需要高的消费者群体在由兴趣激发的积极情绪状态下会使他们的思维活动加快，更益于产生新颖、独特的观点。同时，为了使参与活动对于其个人意义得以凸显，独特性需要高的消费者群体在心理、实体行为以及情感上的付出要比独特性需要低的消费者群体高，因为个人感到所选择的参与任务目标是有意义的和值得追求的(因为我投入了很多资源，目标一定很重要且独一无二)，不仅让消费者感觉到创造出来的产品或服务质量是令人满意和理想的，还会更加愿意通过参与创造活动来获得新鲜的体验，从而引发独特性需要高的顾客群的感知控制感更加强烈，而感知控制感的增加会对消费者的生理和心理产生积极的影响，进而使得独特性需要高的顾客群对参与活动结果和过程做出更为积极的评价。

从以上理论分析可以看出，顾客参与有助于顾客获得自身独特性需要的产品或体验，然而，不同程度独特性需要的消费者在参与活动中其参与投入和行为努力也具有较大差异，继而会影响他们对价值创造活动的感知。消费者独特性需要的这种调节作用仅仅是基于理论推导，尚需实证检验。为此，提出本章的研究理论模型，如图 6-3 所示。

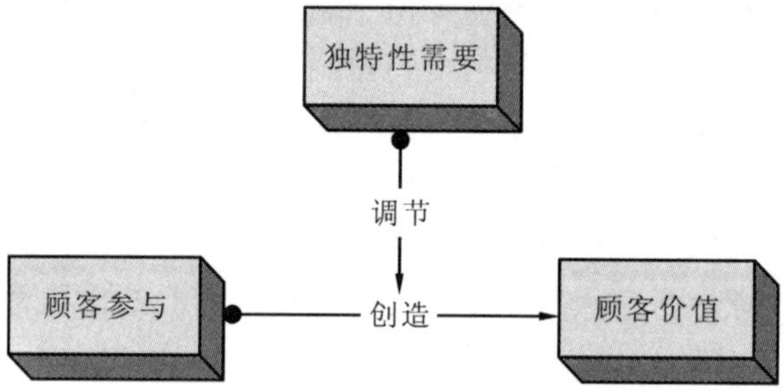

图 6-3 独特性需要调节作用理论模型

Fig. 6-3 The conceptual framework of the CNFU's moderating effects

本章研究内容关注于探索并检验消费者独特性需要在顾客参与顾客价值创造过程中发挥的作用，因而，仅对本书第 4 章中构建的顾客参与对顾客价值创造的影响理论模型中的“过程”阶段加以考察。为了达成本章研究目的，顾客参与对顾客价值创造的影响作用也需要在本章研究中进行再检验，而有关顾客参与对顾客价值创造的影响在本节第 4 章 4. 3 节中已有详细的理论演绎，本章不再赘述。

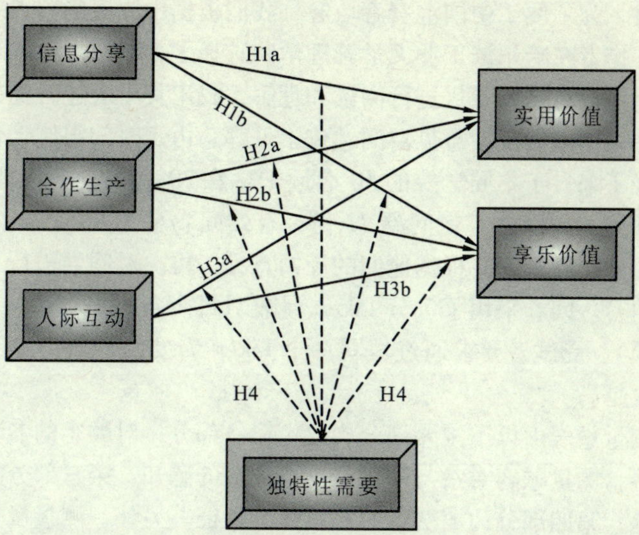

图 6-4 路径模型

Fig. 6-4 Path model

至此，本章所涉及的核心变量以及它们之间的逻辑关系可以用图 6-4 来表示。其中，顾客参与和顾客价值仍沿用前文研究的分类方法。顾客参与包含信息分享、合作生产和人际互动三个维度，顾客价值包含实用价值和享乐价值两个维度。参与意义下的信息分享行为对实用价值和享乐价值产生积极影响(假设 1a，假设 1b)；合作生产行为对实用价值和享乐价值产生积极影响(假设 2a，假设 2b)；人际互动对实用价值和享乐价值产生积极影响(假设 3a，假设 3b)；消费者独特性需要对上述各变量间的关系产生调节作用(假设 4)

6.3 实证研究设计

6.3.1 问卷设计

实证研究仍然采用问卷调查的方式展开。本研究在采用多题项的设计原则下，尽量援引国外已有的成熟量表。本章将继续沿用第 5 章研究中对顾客参与和顾客价值构念的测量工具。而在此次量表开发工作中，我们主要是完成对消费者独特性需要测量工具的设计。在量表设计过程中，作者在哈尔滨工业大学管理学院另一名博士生的协助下对问卷条目进行了翻译和返译，不同意见在先后与一名英语专业学生和一名营销学教授的讨论下得以解决，以确保中文测量条目含义的准确性；同时，为了便于中国消费者填答，我们根据中国人的习惯对问卷进行了修改。随后，作者在哈尔滨工业大学管理学院选择了5名博士生和4名硕士生作为判断者，请他们对初始条目进行阅读和理解，找出其中表述含糊或难于做出判断的条目，并根据他们反馈意见对问卷作了处理。由于时间限制，作者在哈尔滨工业大学选择了来自于不同学院的50名硕士生和30名来自于管理学院的MBA学员进行了预测试，回收有效问卷71份，有效问卷率为88.75%，根据对预测试所得数据的分析处理，并根据他们的反馈意见，再次对问卷进行了处理，最终确定了问卷内容。问卷采用了7分Likert量表对每个条目进行测量(从非常赞同到非常不赞同)。受试者要求通过填写一个Likert 7级数字来完成回答，数字越大代表认同度越高。

本研究测量量表由以下主要部分构成：第一部分，对顾客的参与行为进行测量；第二部分，测量顾客对参与过程中价值创造的感知；第三部分，测量消费者的独特性需要；第四部分为消费者的人口统计特征。另外，测量量表还设置了识别无效问卷的条目：第一，在问卷开始部分，首先请被试者核对是否经历过个人培训(可参考，外语类、IT类、艺术类、驾校、资格认证、财会金融、职业技能)，如果有，则继续填写；如果没有，请被试者直接填写最后的个人信息部分。第二，在问卷中设置了两道完全一样的条目，用以识别随便作答的问卷。

6.3.2 变量测量

本研究主要测量三个构念：顾客参与、顾客价值和消费者独特性需要。与前文研究相一致，顾客参与的衡量方式仍然参酌西方学者Ennew and Binks(1999)[86]、Bettencourt(1997)[85]、Claycomb等人(2001)[80]的看法，同时，还参考了国内学者彭艳君和景奉杰(2008)[276]对顾客参与量表的探索，以及本书根据相关实证背景对测量条目所做的补充；顾客价值的衡量方式亦是在参酌Hung-Chang Chiu和Yi-Ching Hsieh等人(2005)的研究[279]及前期访谈的基础之上，根据研究情境的行业特征进行了适当的改编。

在对有关独特性需要量表的选择上，作者查阅并研读了相关文献。从所掌握的关于测量消费者独特性需要测量量表来看，同其他学者(例如，Snyder，1997；Lynn，1997)开发的测量独特性需要的量表相比，Tian(2001)的研究兼顾了消费者购买过程中和购买后行为中表现出的独特性需要。对照本研究的研究情境，由于顾客参与价值创造的过程是一个让消费者即时获得符合需求产品(服务)，并实现消费体验的过程，换句话说，顾客的参与行为也被视为完整的消费过程的一部分。从这个角度而言，Tian(2001)从创新型选择、非流行型选择和避免相似3个维度来衡量消费者独特性需要更适合本研究的研究情境。但该量表不足之处表现在测量条目繁多，对进一步的研究可能会形成一定阻碍。为此，Ruvio 等人(2008)对该量表进行了简化，形成了消费者独特性需要的测量短表，并经过跨文化实证检验了其有效性[296]。因而，对于调节变量独特性需要的测量，其衡量方式参酌 Ruvio 等人(2008)根据 Tian 等人(2001)最初的包含 3 个维度 31 个项目的独特性需要量表而修订完成的 12 个项目的独特性需要测量短表。

6.3.3 预测试数据分析方法及结果

尽管问卷的所有测量条目均源于国外成熟量表，但为了保证该问卷对中国消费者进行测量的有效性、在正式调查前，必须对该问卷进行小范围的预测试。延用本书第 5 章的预测试数据处理方法，对本章研究的预测试数据进行处理。通过对预测试调查数据进行可靠性分析，得到各变量的 CITC、信度和探索性因子分析结果。

表 6-1 顾客参与的 CITC 和信度分析

Table 6-1 Results of CITC and reliability analysis of customer participation

条目	初始 CITC[a]	最终 CITC	α if Item Deleted	Cronbach's α 系数
信息分享				
IE1	0.808	0.833	0.781	初始 α 系数 =0.762 最终 α 系数 =0.795
IE2	0.834	0.822	0.774	
IE3	0.740	0.715	0.758	
IE4	0.811	0.827	0.698	
IE5	0.446	删除	—[b]	
合作生产				
CB1	0.792	0.834	0.701	初始 α 系数 =0.684 最终 α 系数 =0.753
CB2	0.355	删除	—	
CB3	0.832	0.802	0.724	
CB4	0.796	0.755	0.738	
CB5	0.413	删除	—	
CB6	0.691	0.597	0.762	
人际互动				
PI1	0.894	0.894	0.755	初始 α 系数 =0.843 最终 α 系数 =0.843
PI2	0.782	0.782	0.796	
PI3	0.710	0.710	0.837	
PI4	0.857	0.857	0.782	
PI5	0.736	0.728	0.825	

注：a 为纠正条目 - 总体相关系数(Corrected Item - Total Correlation)；

b“—”表示该测量条目因删除，不需计算，以下同。

表 6-2 顾客参与的单维度检验
Table 6-2 Test of unidimension for customer participation

条目	初始因子负载	最终因子负载	KMO 指数
信息分享			
IE1	0.792	0.808	初始 KMO = 0.817 最终 KMO = 0.832
IE2	0.723	0.753	
IE3	0.684	0.708	
IE4	0.775	0.763	
IE5	0.498(删除)	—	
合作生产			
CB1	0.789	0.806	初始 KMO = 0.767 最终 KMO = 0.815
CB2	0.368(删除)	—	
CB3	0.815	0.828	
CB4	0.732	0.766	
CB5	0.486(删除)	—	
CB6	0.697	0.684	
人际互动			
PI1	0.804	0.804	初始 KMO = 0.824 最终 KMO = 0.824
PI2	0.756	0.756	
PI3	0.734	0.734	
PI4	0.762	0.762	
PI5	0.749	0.749	

从表6-1 和表6-2 可以看出，顾客参与构念三个维度——信息分享、合作生产和人际互动，原来分别有5、6、5 项条目。对于信息分享维度而言，从表6-1，表6-2 可以看出，条目 IE5 的 CITC 指数为0.446，低于最低门槛值0.50；因子载荷为0.498，低于0.60 的建议值。删除该条目后，该维度的信度 α 系数由原来的0.762 提高至0.795，KMO 指数也由原来的0.817 明显提高至0.832，因而决定删除信息分享维度下的条目 IE5。对于合作生产维度而言，从表6-1，表6-2 可以看出，由于 CB2 和 CB5 的 CITC 指标值分别为0.355 和0.413，均低于0.50 的要求，删除这两项条款后，该维度的信度 α 系数由0.684 提高到0.753，信度得以强化。删除这两项条目后，该维度的 KMO 指标亦有所提高，由原来的0.767 上升至0.815，因此，我们决定删除合作生产维度下的条目 CB2 和 CB5。对于人际互动维度而言，此维度下的测量条目均满足相关最低建议值，未进行任何删

减。经过小样本分析后，信息分享由最初的5项条目减至4项条目，合作生产由最初的6项条目减至4项条目。此外，由表6-2可知，对顾客参与的各维度层面进行因子分析的结果表明，各维度下不再具有子维度，且相应测量条目的因子负载均高于建议值0.50。由此，本章研究用于衡量顾客参与构念的测量条目由最初的16项降至现在的13项。

表6-3 顾客价值的CITC和信度分析

Table 6-3 Results of CITC and reliability analysis of customer value

条目	初始 CITC[a]	最终 CITC	α if Item Deleted	Cronbach's α 系数
实用价值				
UV1	0.706	0.706	0.791	初始 α 系数 = 0.820 最终 α 系数 = 0.820
UV2	0.712	0.712	0.791	
UV3	0.728	0.728	0.787	
UV4	0.693	0.693	0.797	
UV5	0.631	0.631	0.807	
享乐价值				
HV1	0.752	0.792	0.801	初始 α 系数 = 0.743 最终 α 系数 = 0.811
HV2	0.832	0.848	0.734	
HV3	0.477	删除	—	
HV4	0.807	0.821	0.799	
HV5	0.373	删除	—	

表6-4 顾客价值的单维度检验

Table 6-4 Test of unidimension for customer value

条目	初始因子负载	最终因子负载	KMO 指数
实用价值			
UV1	0.785	0.785	初始 KMO = 0.855 最终 KMO = 0.855
UV2	0.804	0.804	
UV3	0.836	0.836	
UV4	0.822	0.822	
UV5	0.814	0.814	
享乐价值			
HV1	0.779	0.825	初始 KMO = 0.776 最终 KMO = 0.831
HV2	0.802	0.844	
HV3	0.476（删除）	—	
HV4	0.782	0.799	
HV5	0.447（删除）	—	

从表6-3和表6-4来看，顾客价值共包含有2个维度，分别为实用价值和享乐价值。它们最初各有5项测量条目。对于实用价值维度而言，从表6-3和表6-4可以看出，该维度下的5项测量条目的CITC指标均高于0.50，信度α系数为0.820，各因子载荷均大于0.60，表明测量条目有效，全部保留。对于享乐价值维度而言，由表6-3和表6-4可知，由于条目HV3和HV5的CITC指标分别为0.477和0.373，低于最低临界值0.50，同时，数据在这两项条目上因子载荷分别为0.476和0.447，均低于本研究所使用的建议值0.60。删除这两项条目后，享乐价值维度的信度α系数由初始的0.743提高至0.811，信度提高明显，同时，KMO指数也由原来的0.776上升至0.831，因而，应当删除条目HV3和HV5。经小样本分析后，享乐价值由最初的5项条目减至3项。此外，从表6-4可知，对顾客价值的各维度层面进行因子分析的结果表明，各维度下不再具有子维度，且相应测量条目的因子负载均高于建议值0.50。由此，本章研究用于衡量顾客价值构念的测量条目由最初的10项降至现在的8项。

表6-5 消费者独特性需要的CITC和信度分析

Table 6-5 Results of CITC and reliability analysis of CNFU

条目	初始CITC[a]	最终CITC	α if Item Deleted	Cronbach's α系数
创新性选择(Creative Choice)				
CC1	0.572	0.572	0.806	
CC2	0.668	0.668	0.774	初始α系数=0.817
CC3	0.753	0.753	0.736	最终α系数=0.817
CC4	0.687	0.687	0.766	
非流行性选择(Unpopular Choice)				
UC1	0.647	0.647	0.828	
UC2	0.804	0.804	0.762	初始α系数=0.841
UC3	0.763	0.763	0.781	最终α系数=0.841
UC4	0.627	0.627	0.836	
避免相似(Avoidance of Similarity)				
AOS1	0.556	0.556	0.793	
AOS2	0.639	0.639	0.752	初始α系数=0.798
AOS3	0.693	0.693	0.729	最终α系数=0.798
AOS4	0.682	0.682	0.732	

表 6-6 消费者独特性需要的单维度检验

Table 6-6 Test of unidimension for CNFU

条目	初始因子负载	最终因子负载	KMO 指数
创新性选择			
CC1	0.742	0.742	
CC2	0.819	0.819	初始 KMO = 0.790
CC3	0.878	0.878	最终 KMO = 0.790
CC4	0.837	0.837	
非流行性选择			
UC1	0.798	0.798	
UC2	0.905	0.905	初始 KMO = 0.799
UC3	0.880	0.880	最终 KMO = 0.799
UC4	0.782	0.782	
避免相似			
AOS1	0.734	0.734	
AOS2	0.803	0.803	初始 KMO = 0.818
AOS3	0.847	0.847	最终 KMO = 0.818
AOS4	0.840	0.840	

从表6-5和表6-6可以看出，消费者独特性需要构念包含创新性选择、非流行性选择和避免相似3个维度，且每个维度下的测量条目的 CITC 指标均大于0.50，3个维度的 Cronbach's α 系数在0.798～0.841之间，均超过了0.70标准，且删除某一条目后都会造成相应维度信度 α 系数的降低，表明所有测量条目均有效，故保留该构念下各维度的全部测量条目。

通过小样本分析，我们进一步改善了各构念测量条目的质量，确定了用于正式调研的测量工具，见附录3，为接下来的大规模数据调研提供了良好的基础。

6.4 样本与数据收集

本章研究依然选择个人培训行业为实证背景。在数据收集中，我们采用了滚雪球法(snow-ball)。选择大学生和研究生作为数据收集者，这些学生均来自哈尔滨工业大学。我们要求这些学生把问卷通过即时通讯的方式(例如，Email，腾讯QQ，MSN等)分发给他们的朋友、家人，并请他们的朋友或家人再将问卷分发给其周围的人。这种滚雪球的问卷收集法已在前人研究中被证实是一种较好的数据收集方法，且在相关研究中被多次使用（例如，Gwinner 等，1998；Hennig-Thurau 等，2002）。问卷被要求只发给那些接受过或正在接受个人培训服务的被访者，以此保证获得数据的有效性。正式调研时间为 2009 年 2 月末 ~ 2009 年 4 月初，共收集 736 份问卷，根据前面所述的识别无效样本的方式，剔除了无效样本 61 份，最终得到有效样本数为 675 份，回收问卷有效率为 92%。

为了保证样本具有充分的代表性，也为了确保本研究的外在效度，在对数据进行分析之前，先对样本的结构进行分析。样本特征如下：男性占 59.8%，女性占 40.2%；98% 的被访者年龄在 40 岁及以下；76.8% 的被访者具有大专及以上学历；在有过个人培训经历或正在接受个人培训的种类中，语言类培训占 29.5%，IT 类培训占 23.2%，资格认证类培训占 42.8%，艺术类培训占 1.5%，职业技能类培训占 3.0%。

6.5 实证结果分析与讨论

6.5.1 信度与效度分析

同本节第 5 章的研究方法一致，我们在这里进行的检验也主要包括内部一致性信度检验，区别效度检验和收敛效度检验。首先，我们检验了条目 - 总体相关系数，从表 6-7 可以看出，各维度下的测量条目与其所在构念的条目 - 总体相关系数（CITC）值处于 0.625 ~ 0.850 间，皆高于 0.50 的最低标准，未发现需要删除的测量条目，说明正式调研问卷测量条目全部有效。其次，需要检验 Cronbach's α 系数，从表 6-7 可以看出，各构念的 Cronbach's α 值处于 0.825 ~ 0.902 间，此外，正式量表的整体 Cronbach's α 值为 0.906，均大于最低门槛值 0.70。由此表明，本研究所使用的测量量表具有良好的内部一致性信度。除检验正式量表的内部一致性信度外，我们还检验了各维度下每个测量条目的复平方相关系数（R^2），由表 6-9 可知，各测量条目的 R^2 处于 0.39 ~ 0.79 之间，皆高于公认的最低值 0.30，从而表明数据具有较高的信度。此外，表 6-9 的结果表明，本研究潜变量建构信度（CR）中最小值为 0.83，高于所建议的最低临界水平 0.70，表明本章研究所应用的测量工具获得较好的稳健性。

同本书第 5 章研究一样，我们对本次正式调研数据进行了探索性因子分析（EFA）。一方面利用探索性因子分析验证顾客参与的 3 个维度、顾客价值的 2 个维度以及消费者独特性需要的 3 个维度分别是不可再分的；另一方面，通过探索性因子分析以初步检验各构念间的区别效度。表 6-8 是针对本研究每个构念的单维度检验结果。分析结果表明，本章研究所有构念的 KMO 值皆高于 0.50 的标准，并通过 Barlett's 球形检验（$p < 0.001$），表明适合进行因子分析。此外，各构念所包含的测量条目都只生成了单个因子，每个因子的累计方差解释度也均超过了 60%。

表 6-7 正式量表的内部一致性信度分析结果

Table 6-7 The results of realiability analysis in formal scale

构念	条目	CITC	α if Item Deleted	Cronbach's α 系数
信息分享	IE1	0. 753	0. 740	0. 855
	IE2	0. 827	0. 702	
	IE3	0. 690	0. 828	
	IE4	0. 738	0. 751	
合作生产	CB1	0. 745	0. 819	0. 831
	CB3	0. 747	0. 819	
	CB4	0. 768	0. 816	
人际互动	PI1	0. 850	0. 871	0. 902
	PI2	0. 779	0. 882	
	PI3	0. 742	0. 887	
	PI4	0. 779	0. 882	
	PI5	0. 733	0. 889	
实用价值	UV1	0. 745	0. 776	0. 841
	UV2	0. 765	0. 781	
	UV3	0. 738	0. 792	
	UV4	0. 735	0. 792	
	UV5	0. 823	0. 819	
享乐价值	HV1	0. 715	0. 821	0. 827
	HV2	0. 765	0. 728	
	HV4	0. 779	0. 713	
创新性选择	CC1	0. 673	0. 803	0. 825
	CC2	0. 753	0. 788	
	CC3	0. 742	0. 791	
	CC4	0. 693	0. 805	
非流行性选择	UC1	0. 727	0. 836	0. 863
	UC2	0. 792	0. 819	
	UC3	0. 625	0. 854	
	UC4	0. 697	0. 846	
避免相似	AOS1	0. 721	0. 815	0. 848
	AOS2	0. 739	0. 788	
	AOS3	0. 707	0. 832	
	AOS4	0. 724	0. 814	

表 6-8 各变量的单维度检验

Table 6-8 Test of unidimension for variables

潜变量	因子数目	累计方差解释率	KMO
IE	1	66.47%	0.789
CB	1	69.70%	0.862
PI	1	75.08%	0.884
UV	1	72.19%	0.829
HV	1	77.89%	0.849
CC	1	67.38%	0.818
UC	1	71.06%	0.799
AOS	1	65.18%	0.776

表 6-9 探索性因子分析结果

Table 6-9 Results of exploratory factor analysis (EFA)

构念	条目	因子							
		1	2	3	4	5	6	7	8
IE	IE1	0.088	0.121	0.113	0.124	0.108	0.141	0.021	0.802
	IE2	0.039	0.161	0.040	0.150	0.149	0.126	0.012	0.712
	IE3	0.046	0.181	0.234	0.159	0.174	0.161	0.037	0.753
	IE4	0.055	0.152	0.031	0.147	0.168	0.192	0.015	0.799
CB	CB1	0.736	0.199	0.027	0.166	0.154	0.130	0.150	0.190
	CB3	0.743	0.130	0.018	0.122	0.148	0.112	0.145	0.175
	CB4	0.742	0.115	0.036	0.090	0.113	0.129	0.094	0.200
PI	PI1	0.188	0.060	0.148	0.110	0.136	0.084	0.837	0.018
	PI2	0.112	0.152	0.048	0.115	0.199	0.093	0.797	0.145
	PI3	0.181	0.095	0.103	0.123	0.144	0.090	0.823	0.155
	PI4	0.117	0.078	0.185	0.153	0.151	0.054	0.719	0.126
	PI5	0.114	0.071	0.197	0.092	0.151	0.087	0.763	0.161
UV	UV1	0.027	0.632	0.133	0.224	0.172	0.175	0.163	0.130
	UV2	0.014	0.708	0.154	0.065	0.088	0.237	0.054	0.064
	UV3	0.111	0.792	0.137	0.069	0.174	0.152	0.093	0.100
	UV4	0.099	0.723	0.143	0.066	0.033	0.062	0.075	0.092
	UV5	0.152	0.632	0.231	0.064	0.140	0.062	0.050	0.109

（续）

构念	条目	因子							
		1	2	3	4	5	6	7	8
HV	HV1	0.019	0.099	0.017	0.176	0.726	0.160	0.122	0.014
	HV2	0.030	0.173	0.071	0.050	0.725	0.194	0.056	0.148
	HV4	0.020	0.103	0.107	0.089	0.830	0.016	0.083	0.082
CC	CC1	0.038	0.164	0.640	0.123	0.006	0.090	0.031	0.131
	CC2	0.103	0.051	0.745	0.104	0.037	0.048	0.157	0.167
	CC3	0.066	0.109	0.799	0.129	0.109	0.010	0.084	0.169
	CC4	0.181	0.178	0.726	0.190	0.049	0.037	0.053	0.055
UC	UC1	0.121	0.026	0.156	0.647	0.145	0.133	0.003	0.008
	UC2	0.063	0.158	0.132	0.883	0.081	0.039	0.061	0.029
	UC3	0.083	0.028	0.085	0.878	0.166	0.094	0.054	0.012
	UC4	0.052	0.154	0.132	0.691	0.087	0.119	0.033	0.077
AOS	AOS1	0.089	0.128	0.196	0.099	0.005	0.667	0.089	0.038
	AOS2	0.045	0.044	0.180	0.037	0.008	0.787	0.111	0.012
	AOS3	0.016	0.159	0.171	0.096	0.079	0.801	0.045	0.070
	AOS4	0.042	0.120	0.125	0.017	0.035	0.768	0.078	0.050

本章研究的探索性因子分析结果显示 32 个题项的 KMO 值为 0.970，大于前人所建议临界值 0.50，并通过 Barlett's 球形检验（$p < 0.001$），表明数据适合做因子分析。为了更好地验证本研究中各构念的判别效度，我们将测度所有构念的 32 项条目一同纳入到探索性因子分析当中，应用 SPSS 16.0 中的主成分分析法，以特征值 1 为标准来截取数据，并采用方差最大化正交旋转（Varimax），分析结果见表 6-9。在正交旋转后本研究共提取 8 个特征值大于 1 的因子，累计方差解释度为 69.34%。提取的 8 个因子与理论模型中的 8 个构念完全吻合，而且所有题项都负荷到相应的因子上，题项在单一因子上的负荷系数在 0.632 ~ 0.883 间，均远远高于最低标准 0.50；同时，每个题项在不相关因子上的负荷系数都较低，且没有出现跨因子负荷的现象，表明各构念间具有较好的区别效度，应该保留所有的 32 个题项。

表6-10　正式量表的载荷、信度、效度检验结果

Table 6-10　The results of factor loadings, reliability and validity in formal scale

潜变量	条目	均值	标准差	标准化因子载荷	t 值	R^2	CR^a
信息分享（IE）	IE1	4.79	1.30	0.87	—	0.76	0.84
	IE2	3.98	1.57	0.71	12.11	0.50	
	IE3	4.09	1.52	0.64	10.03	0.41	
	IE4	4.76	1.54	0.78	15.38	0.61	
合作生产（CB）	CB1	5.69	1.12	0.81	—	0.66	0.84
	CB3	5.21	1.21	0.78	15.10	0.61	
	CB4	5.66	1.19	0.80	15.44	0.64	
人际互动（PI）	PI1	5.75	1.12	0.73	—	0.54	0.86
	PI2	5.68	1.13	0.74	13.24	0.55	
	PI3	5.32	1.28	0.70	11.80	0.49	
	PI4	4.52	1.30	0.77	15.10	0.59	
	PI5	4.68	1.26	0.75	12.73	0.56	
实用价值（UV）	UV1	4.66	1.05	0.66	—	0.45	0.85
	UV2	4.62	1.13	0.81	15.55	0.66	
	UV3	4.87	1.04	0.79	15.24	0.62	
	UV4	4.74	1.06	0.75	15.00	0.56	
	UV5	4.86	1.04	0.65	13.80	0.44	
享乐价值（HV）	HV1	4.78	1.18	0.88	—	0.77	0.87
	HV2	4.10	1.28	0.79	15.54	0.64	
	HV4	4.08	1.23	0.82	16.03	0.67	
创新性选择（CC）	CC1	4.63	1.55	0.64	—	0.40	0.84
	CC2	4.76	1.53	0.72	12.91	0.52	
	CC3	4.56	1.56	0.85	14.21	0.72	
	CC4	4.71	1.53	0.81	14.21	0.65	
非流行性选择（UC）	UC1	4.35	1.60	0.74	—	0.54	0.87
	UC2	3.71	1.54	0.89	14.35	0.79	
	UC3	3.63	1.48	0.84	13.06	0.71	
	UC4	3.40	1.59	0.69	13.48	0.48	
避免相似（AOS）	AOS1	4.19	1.74	0.62	—	0.39	0.83
	AOS2	4.16	1.62	0.70	13.97	0.48	
	AOS3	4.09	1.56	0.81	14.33	0.65	
	AOS4	4.06	1.64	0.81	14.33	0.65	

注：a. $CR = (\sum_{n=1}^{k}\lambda)^2/(\sum_{n=1}^{k}\lambda)^2 + \sum_{n=1}^{k}\varepsilon$，其中 λ 为标准化因子载荷系数，ε 测量误差；

b. t 值空缺处是由于应用AMOS，对于每个潜变量均固定了与一个观测变量间的负载为1。

表 6-11 相关系数矩阵与平均提炼方差(AVE)的平方根

Table 6-11 The latent variable correlation matrix and square root of AVE

构念	IE	CB	PI	UV	HV	CC	UC	AOS
IE	0.755							
CB	0.52***	0.797						
PI	0.60***	0.55***	0.738					
UV	0.37***	0.53***	0.55***	0.735				
HV	0.32***	0.51***	0.32***	0.67***	0.831			
CC	0.21***	0.10*	0.13	0.29***	0.21**	0.760		
UC	0.25***	0.19*	0.21***	0.22**	0.14**	0.56***	0.794	
AOS	0.17**	0.12*	0.27***	0.19*	0.15**	0.60***	0.47***	0.740
AVE	0.570	0.635	0.545	0.540	0.690	0.577	0.631	0.547

注：对角线上的数字为 AVE 的平方根，对角线下方是各潜在变量的相关系数 * 为 $p < 0.05$，** 为 $p < 0.01$，*** 为 $p < 0.001$

在探索性因子分析的基础上，我们继续利用验证性因子分析，根据各构念 AVE 的值和各构念间相关系数二者间的比较，来测度本研究的测量量表的区别效度。从表 6-11 可以看出，各构念的 AVE 值的平方根在 0.704 ~ 0.831 之间，而各构念间相关系数的绝对值在 0.10 ~ 0.67 之间，且均在各统计意义水平上显著。每一构念 AVE 值的平方根均明显大于该构念与其他构念的相关系数，根据 Fornell 和 Larcker(1981)的研究结论，再次表明各构念具有较好的区别效度。

对于收敛效度而言，本研究的 32 个测量条目在相应潜变量上的标准化因子载荷数值在 0.62 ~ 0.89 之间，均超过了 0.50 的最低要求，且在 $p < 0.001$ 的条件下均表现出较强的统计显著性，见表 6-10；对于另外一个收敛效度的评价指标 AVE 而言，本研究的潜变量 AVE 值处于 0.540 ~ 0.690 之间，见表 6-11，皆高于前人所建议的临界值 0.50。另外，各个潜变量之间的相关系数的绝对值均低于 0.80，说明各变量间的相关水平是合宜的。以上结果表明本研究理论模型中的 8 个构念的测量量表均具有较高的收敛效度。

6.5.2 未考虑独特性需要调节作用的基本路径检验

本章研究仍然采用结构方程模型(Structue Equation Modeling，SEM)的方法来对所建构的模型及各路径进行验证。为了清晰地表达研究中各构念间的关系，便于考察调节变量对各路径的影响效用，我们首先将本研究构建的理论模型转化为结构方程模型的表达形式，如图 6-5。

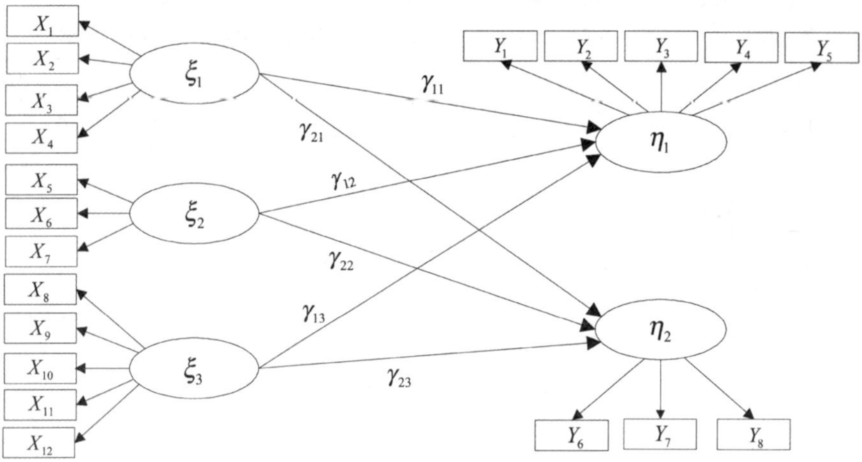

图 6-5 模型路径图及参数

Fig. 6-5 The path model and parameters of AMOS

从图 6-5 中可以看出，未考虑独特性需要这一调节变量时的理论模型包含 5 个变量信息分享（ξ_1）、合作生产（ξ_2）、人际互动（ξ_3）、实用价值（η_1）和享乐价值（η_2），其中前 3 个变量是理论模型的外生潜变量，而实用价值和享乐价值则是本研究模型的内生潜变量。由此，对照本章研究图 6-4，路径模型中的各研究假设可由图 6-5 模型的因果关系来表示。其中，假设 H1a 可以由图中的 γ_{11} 来表示，假设 H1b 可以由 γ_{21} 来表示；假设 H2a 可以由 γ_{12} 来表示，假设 H2b 可以由 γ_{22} 来表示；假设 H3a 可以由 γ_{13} 来表示，假设 H3b 可以由 γ_{23} 来表示。

结构方程模型的分析结果表明，理论模型的卡方检验值 χ^2 为 389. 50（$p < 0.001$），自由度为 164，卡方值和自由度的比值为 2. 375，符合 Chin 和 Todd (1995)所建议的小于 3. 0 的标准[175]。良好拟合指数 GFI 和调整拟合指数 AGFI 分别为 0. 98 和 0. 90，分别高于本研究设定的标准 0. 90 和 0. 80；调整拟合指数 AGFI 为 0. 90，高于本研究设定的标准 0. 80，NFI 拟合指数和 CFI 拟合指数分别为 0. 95 和 0. 92，皆高于本研究设定的边界值 0. 90；近似误差均方根 RMSEA 值为 0. 067，标准化残差均方根指数 SRMR（standardized root mean square residual, SRMR）为 0. 057，分别小于国内外相关研究设定的临界值 0. 08。模型整体拟合度检验结果见表 6-12。整体而言，本研究假设的理论模型与数据拟合情况较好，表明模型的设定是可接受的。

表 6-12　结构方程拟合优度检验结果

Table 6-12　Fit indices for structural model

	$\chi^2/d.f.$	RMSEA	CFI	NFI	NNFI	IFI	GFI	AGFI	SRMR
模型	2.375	0.067	0.92	0.95	0.97	0.94	0.98	0.90	0.057
建议标准	<3.0	<0.08	>0.90	>0.90	>0.90	>0.90	>0.90	>0.80	<0.08

表 6-13　研究假设检验结果

Table 6-13　Results of hypothesis testing

假设	路径关系	关系表达	参数	标准化路径系数	t 值	结果
H1a	IE→UV	$\xi_1 \to \eta_1$	γ_{11}	0.46＊＊＊	6.64	支持
H1b	IE→HV	$\xi_1 \to \eta_2$	γ_{21}	0.22＊＊＊	3.59	支持
H2a	CB→UV	$\xi_2 \to \eta_1$	γ_{12}	0.58＊＊＊	8.32	支持
H2b	CB→HV	$\xi_2 \to \eta_2$	γ_{22}	0.40＊＊＊	5.40	支持
H3a	PI→UV	$\xi_3 \to \eta_1$	γ_{13}	0.19＊＊	2.75	支持
H3b	PI→HV	$\xi_3 \to \eta_2$	γ_{23}	0.27＊＊＊	4.28	支持

注：＊＊为 $p < 0.01$，＊＊＊为 $p < 0.001$。

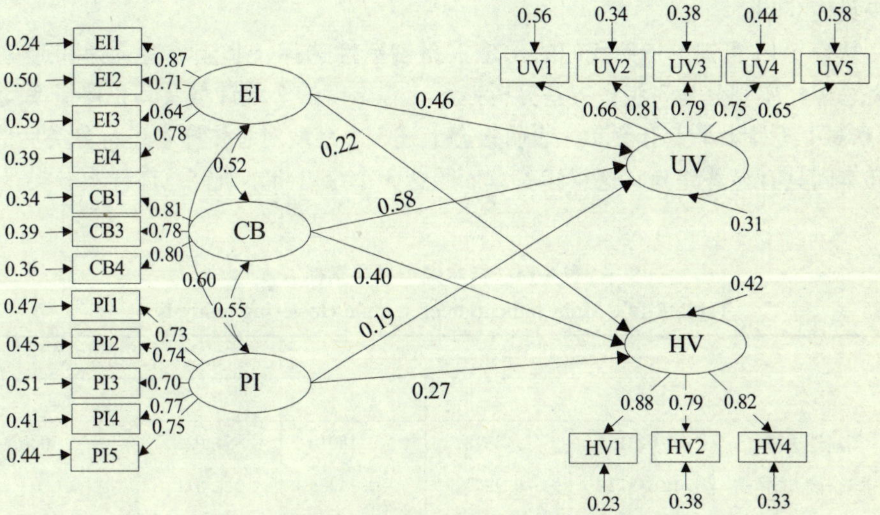

图 6-6　未考虑调节效应的结构方程模型结果

Fig. 6-6　Model results of SEM without considering mediating effects

本章研究的假设检验结果如图 6-6 和表 6-13。整体而言，未考虑消费者独特性需要这一调节变量的理论模型的全部假设均得到支持，再一次验证了本书第 5 章实证得出的“顾客参与对顾客价值有显著的正向影响”的研究结论。对于本次研究，具体而言，参与意义下的信息分享行为对实用价值有显著正向影响（$\beta = 0.46, p < 0.001$），对享乐价值有显著正向影响（$\beta = 0.22, p < 0.001$）；合作生产行为对实用价值有显著正向影响（$\beta = 0.58, p < 0.001$），对享乐价值有显著正向影响（$\beta = 0.40, p < 0.001$）；人际互动行为对实用价值有显著正向影响（$\beta = 0.19$，$p < 0.01$），对享乐价值有显著的正向影响（$\beta = 0.27, p < 0.001$）。

6.5.3 独特性需要的调节作用检验

6.5.3.1 独特性需要的分类

为了探求独特性需要对最终模型变量关系的调节作用，首先通过 SPSS 16.0 中的聚类法将整个样本数据依照独特性需要变量进行归类。如本章 6.1 节所述，Tian(2001)在其研究中将消费者独特性需要划分为 3 个维度的变量——创新性选择、非流行性选择和避免相似，并且定义了 3 个维度下的消费者表达其独特性动机的行为方式。此外，通过对本次研究数据进行因子分析，研究结果也验证了这 3 个维度的存在。因而，我们尝试将此次收集的样本数据根据这 3 个维度的进行聚类，将样本划分为具有不同独特新需要的消费者群体。有关此种分类方式，林磊(2007)也进行过有益探索[297]。依照消费者独特性需要变量对样本数据聚类的结果见表 6-14。

从表 6-14 可知，依照我们的预想根据创新性选择、非流行性选择和避免相似将总体样本划分为 3 组，方差分析显示，各维度的 F 统计量及其相伴概率均在 $p < 0.001$ 统计水平上有意义，表明根据上述 3 个维度对总体样本进行分类后的 3 组样本间具有显著差异，这意味着，依照这 3 个维度将本研究总体样本分类是适宜的。

表 6-14 样本聚类主要指标

Table 6-14 Main indicatior of sample clustering analysis

	群组			方差指标	
	1	2	3	*F*	Sig.
创新性选择	0.02315	1.18378	−0.15010	654.022	0.000
非流行性选择	0.64312	−0.22792	−0.14385	211.071	0.000
避免相似性	0.04736	−0.33859	0.94040	526.658	0.000
样本数	181	299	195	—	—

具体来说，第一类样本有 181 人，占总样本的 26.81%。该组分类在非流行性选择维度得分最高，在创新性选择和避免相似维度上得分适中。这表明，此类消费者主要通过非流行性选择行为来表现他们的独特性需要，但也同时以创新性

选择和避免相似行为来表达其独特性需要。这类消费者表达自身独特性需要的动机较强，为了建立其独特性，即使其消费行为可能会承担不受社会认同的风险，但他们仍然能够抵挡这种风险，选择一些与群体规范偏离的产品或是以更积极或更自我的投入方式来参与体验，表达“自我”。此外，该类消费者通过消费行为建构自我的意识非常强烈。在短期内，如果此类消费者的差异化行为与社会接受能力间存在矛盾时，他们可能会采取较为负面的行为将自己与他人区分，而不是在正面价值行为领域内进行小心的区分。正如 Tian(2001)在研究中认为以非流行性选择行为来表现独特性需要的消费者是引领时尚的弄潮儿或时尚领袖。据此，本研究将第一类样本命名为“高独特性需要组”。

第二类样本有 299 人，占总样本数量的 44.30%，在 3 组分类中人数最多。该组分类在创新性选择维度得分最高，而在非流行性选择和避免相似维度上得分为负数。这表明，此类消费者主要以创新性行为来表现他们的独特性需要，而相对较少地使用非流行性选择和避免相似行为。该类消费者表达自身独特性需要的动机也较强，但与第一类消费者所不同的是，这类消费者在通过消费行为寻找与他人差异的同时，也希望得到社会群体成员更多的认可，以形成更高的自我价值。在短期内，如果他们的差异化行为与社会接受能力间存在矛盾，此类消费者只会在正面的价值行为领域内加以区分。据此，本研究将第二类样本命名为“中独特性需要组”。

第三类样本有 195 人，占总样本数量的 28.89%。该组分类在避免相似性维度得分最高，而在非流行性选择和创新性选择维度上得分为负数。这表明，此类消费者通常是采用避免相似的行为来表现他们的独特性，而较少使用创新性选择和非流行性行为。该类消费者具有表达自身独特性需要的动机，但不愿意像第一类消费者群体为了寻找差异性而承担社会舆论的风险，也不会像第二类消费者群体在寻找自我差异的过程中努力寻求他人认可。此外，从 Tian(2001)研究中对避免相似性行为的描述也可以看出，避免相似性的行为是表现独特性需要最弱的方式。这类消费者只是通过避免购买大众产品来表现其独特性需要。也就是说，在积极建构自我的消费行为中他们较不会表现出“攻击”的态势，而多以观察他人拥有的产品或消费行为表现来判断产品或行为本身的价值。此类消费者很有可能是那些与第一类和第二类消费者分享兴趣或价值观的追随者。据此，本研究将第三类样本命名为“低独特性需要组”。

由表 6-14 可以看出，被归类为中独特性需要组的样本数量最多，几乎占到总体样本的一半，被归类为低独特性需要组和高独特性需要组的样本数量次之，但均达到了 Barcklay 等(1995)提出的影响路径系数最多的潜变量的路径数之 10 倍以上的标准[298]（本研究中实用价值或享乐价值的路径数目为 3，181 >3 ×10 =

30)，以及 Nunnally 和 Berstein(1994)提出的测量题项5倍以上的标准(本研究中变量的测量条目总数为20，181 > 20 × 5 = 100)。在对本研究总体样本进行合理分类之后，接下来要分别针对这3类样本做结构方程分析。

6.5.3.2 结构方程模型评价

针对3组有着不同程度独特性需要的消费者，分别利用 AMOS7.0 对本章提出的理论模型进行检验，在此之前，我们首先对各组子样本数据进行了标准化正态处理，结构方程模型的分析结果见表6-15。

表6-15 各组样本结构方程拟合指标

Table 6-15 Good fitness index of the SEMs

拟合指数	低独特性需要组 ($n=195$)	中独特性需要组 ($n=299$)	高独特性需要组 ($n=181$)
χ^2	352.58	367.36	372.28
$d.f.$	164	164	164
$\chi^2/d.f.$	2.15	2.24	2.27
CFI	0.92	0.92	0.91
NFI	0.93	0.93	0.92
NNFI	0.95	0.95	0.94
IFI	0.92	0.92	0.91
GFI	0.93	0.96	0.93
AGFI	0.86	0.87	0.86
RMSEA	0.079	0.067	0.074
SRMR	0.068	0.059	0.070

表6-15的分析结果表明，3组子样本中理论模型的自由度均为164，卡方值与其自由度比值分别为2.15、2.24和2.27，符合不超过3的标准；良好拟合指数 GFI 分别为0.93、0.96和0.93，均大于相关研究建议的临界值0.90；调整拟合指数 AGFI 分别为0.86、0.87和0.86，皆高于门槛值0.80；NFI 拟合指数分别为0.93、0.93和0.92，都满足大于临界值0.90的标准。近似误差均方根 RMSEA 的值分别为0.079、0.067和0.074，标准化残差均方根指数 SRMR 值分别为0.068、0.059和0.070，均分别小于国内外相关研究设定的临界值0.08。根据以上分析结果，本研究提出的理论模型在低独特性需要、中独特性需要和高度特性需要3组子样本中与数据拟合情况良好，表明理论模型在上述3组样本中均可以接受。

6.5.3.3 路径系数比较

接下来我们要检验不同群组间顾客参与与顾客价值各变量间关系的差异。我们在三组不同的独特性样本中对理论模型进行结构方程模型检验，得出各组样本下顾客参与对顾客价值创造影响的理论模型假设的各路径标准化系数和 t 值，见表 6-16。

表 6-16 各组样本中变量间的关系及显著性检验

Table 6-16 Relationships between variables and significant test in different groups

假设	关系	参数	低独特性需要组（$n=195$）		中独特性需要组（$n=299$）		高独特性需要组（$n=181$）	
			β	t 值	β	t 值	β	t 值
H1a	IE→UV	γ_{11}	0.48	4.74	0.47	4.10	0.44	4.46
H1b	IE→HV	γ_{21}	0.14	1.89	0.19	2.60	0.31	3.34
H2a	CB→UV	γ_{12}	0.41	4.46	0.62	6.39	0.50	4.58
H2b	CB→HV	γ_{22}	0.29	2.74	0.42	4.08	0.48	4.49
H3a	PI→UV	γ_{13}	0.22	2.62	0.24	2.86	0.15	1.99
H3b	PI→HV	γ_{23}	0.17	1.95	0.23	2.74	0.29	3.22

注：β 为标准化路径系数。

首先，我们要关注理论模型的假设路径在 3 组独特性需要组的消费者群体中是否显著，表 6-16 的结果显示，在低独特性需要组中有两条路径未达显著，分别是信息交换到享乐价值的路径和人际互动到享乐价值的路径，在中独特性需要组和高独特性需要组，理论模型的所有路径均显著。这表明在低独特性需要样本组中，消费者的信息分享行为和人际互动行为对享乐价值的创造没有显著影响，究其原因可能在于低独特性需要的消费者只是想通过信息分享行为和人际互动行为搜寻与他人相似的线索，以防跟他人相似程度太高，因而，这类消费者在参与活动中完全是以他人或社会为参照来建构自身的独特性需要，不断地以他人的消费行为来修正自己的消费行为，"避免相似"是这类消费者最大的特征，从这个意义上而言，低独特性需要的消费者的参与行为导向更注重行为的结果（不与他人相似即可），而较少地投入情绪或意识的努力来达成较高程度地自我实现的体验。

其次，我们将对比同一路径在不同样本间是否存在差异性。表 6-16 的结果表明所有路径在不同程度的独特性需要组样本间均存在着差异。随着消费者独特性需要程度的提高，参与意义下的信息分享行为、合作生产行为和人际互动行为均对享乐价值创造的正向影响越来越大，这与我们的理论假设阐述是一致的。与理论假设阐述方向部分相悖的是，参与意义下的合作生产行为和人际互动行为对实用价值创造的影响并未随着消费者独特性需要程度的提高而影响效果增大，这两条路径都在中独特性需要组的样本中表现出最大的影响效果。信息分享行为对实用价值的影响在低独特性需要组中的影响更大，在高度独特性需要组中的影响更小，这不符合我们原来的理论假设。

为了更直观地描述不同独特性需要的消费者在参与价值创造过程中不同的参与行为对价值创造产生不同的影响，我们将各子样本组中各变量间影响关系绘制成图，如图 6-7 ~ 图 6-9。

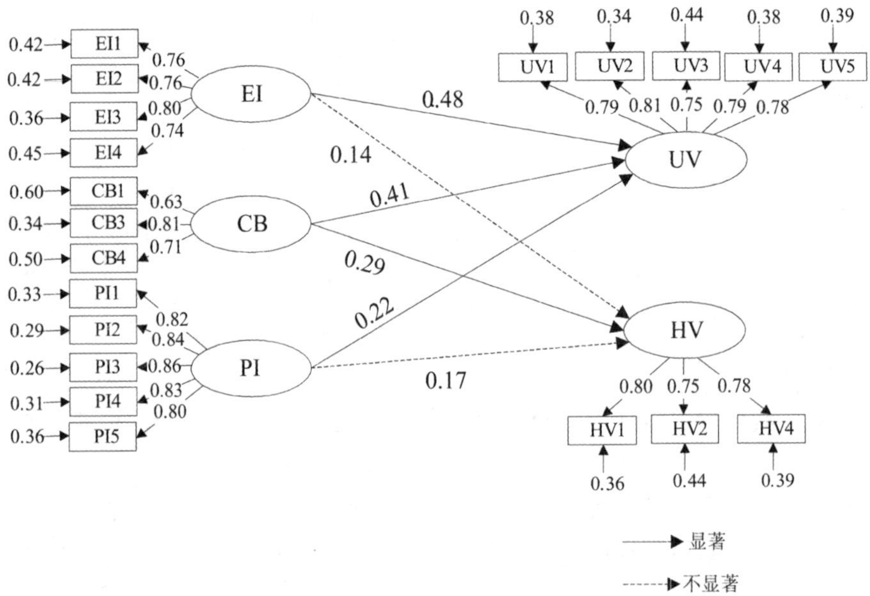

图 6-7 低独特性需要组样本路径系数

Fig. 6-7 The path coefficients in the samples of the low CNFU

6.5.3.4 路径系数差异显著性检验

在前述研究中，尽管我们得到了各独特性需要组子样本中变量间的标准化路径系数，通过直观的比较可以看出它们的作用效果存在差异，但不能据此判断到底是哪些路径发生了显著变化，对于这种差异的显著性还有待进一步探究。为此，我们将对各组样本间的路径系数差异的显著性进行检验，并检验本章提出的假设。

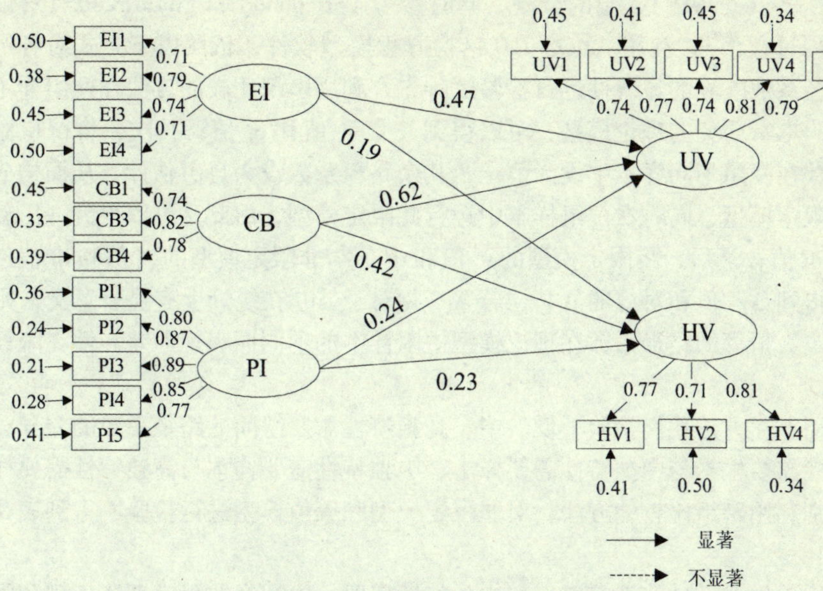

图 6-8 中独特性需要组样本路径系数

Fig. 6-8 The path coefficients in the samples of the middle CNFU

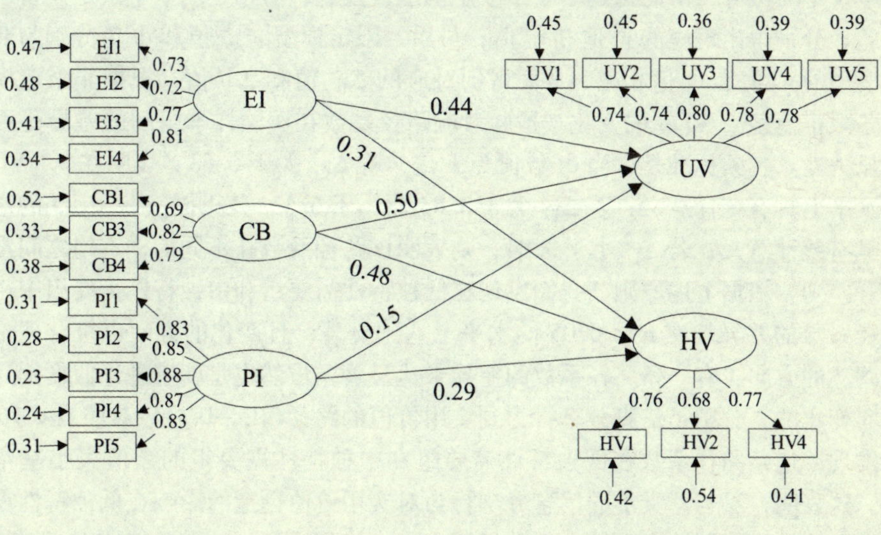

图 6-9 高独特性需要组样本路径系数

Fig. 6-9 The path coefficients in the samples of the high CNFU

根据 Byrne(1989)提出的方法，同时参考了 Redondo 和 Fierro(2005)对该方法的应用过程[299]，利用 AMOS 7.0 结构方程模型软件，依照以下方式对各组样本间路径系数差异的显著性进行检验。首先，利用多组比较的方法在两组样本中同时检验本章研究的理论模型，可以得到一个χ^2值和 df 值；其次，将待检验的路径系数在两组不同样本中设为恒定，其余路径系数设为自由估计，从而构成一个等值限定模型，同时在两组样本中运行此限定模型，由此又可以得到一组新的χ^2值和 df 值；最后，将限定模型的χ^2值和 df 值与非限定模型的χ^2值和 df 值进行比较，得到 $\Delta\chi^2$ 值和对应的 Δdf，若 $\Delta\chi^2$ 相对于 Δdf 在统计上有显著意义，则表明被限定为恒等的路径系数在理论模型中因样本的不同而表现的差异性在统计上显著。

利用上述方法我们检验了低、中、高独特性需要组间的路径系数的差异。在低独特性需要样本与中独特性需要样本、中独特性需要样本与高独特性需要样本中，分别利用跨组比较的方法，对非限定模型和等值模型进行检验，得到表6-17和表6-18。

我们首先在低独特性需要组和中独特性需要组中探查非限定理路模型和限定理论模型的差异。首先，我们在这两个样本组中检验非限定的理论模型，得到该模型的χ^2值为719.96，df 值为328；其次，我们分别将6条路径系数在这两组样本中设定为恒等，由此构建了6个限定模型；接着，对构建的6个限定模型进行检验，分别得出对应的χ^2值和 df 值；最后，限定模型的χ^2值和 df 值分别与非限定模型的χ^2值和 df 值相减，从而得到对应的 $\Delta\chi^2$ 值和 Δdf 值。根据非限定模型与各限定模型χ^2和 df 的变化来检验对应路径系数在不同样本组间的差异是否具有显著性。判断标准是，当 df 数值为1是，若 $\Delta\chi^2$ 大于6.63，表明在 $p < 0.01$ 的水平上具有统计意义；若 $\Delta\chi^2$ 大于3.84而小于6.63，表明在 $p < 0.05$ 的水平上具有统计意义；若 $\Delta\chi^2$ 小于3.84，则表明该路径系数在不同的样本组之间没有显著差别。依据上述原则，我们发现在低独特性需要组和中独特性需要组中4条路径系数的差异均在 $p < 0.05$ 的水平上达到显著，且变化的方向也符合理论假设阐述的方向；有一条路径系数的差异未达显著，虽然也是朝着理论假设阐述的方向变化的，分别是信息分享行为到实用价值的路径(IE→UV)，对照表6-16我们发现，这条路径系数在低独特性需要组和中独特性需要组的数值大小基本相当，这表明，参与意义下的信息分享行为对实用价值创造的影响在低独特性需要和中独特性需要消费者群体中没有显著变化。换句话说，随着独特性需要由低程度发展到中等程度，再多的信息分享行为投入也较不会导致对更多实用价值的感知。

表 6-17 路径系数差异显著性检验(低独特性需要组和中独特性需要组)

Table 6-17 The signeficance test of the difference of the paths (low vs middle)

检验模型		χ^2	df	$\Delta\chi^2$	Δdf	p
非限定模型		719.96	328	—	—	—
限定模型	γ_{11} 恒等	720.14	329	0.18	1	不显著
	γ_{21} 恒等	723.98	329	4.02	1	$p < 0.05$
	γ_{12} 恒等	725.21	329	5.25	1	$p < 0.05$
	γ_{22} 恒等	724.75	329	4.79	1	$p < 0.05$
	γ_{13} 恒等	722.25	329	2.29	1	$p < 0.05$
	γ_{23} 恒等	724.14	329	4.18	1	$p < 0.05$

我们利用同样的方法在中独特性需要组和高独特性需要组的样本中对各路径系数差异的显著性进行检验，分析结果见表6-18。首先，我们在这2个样本组中检验非限定的理论模型，得到这一模型的χ^2值为739.64，df值为328；其次，我们分别将6条路径系数在该2组样本中设定为恒等，从而构建6个限定模型；然后，对这6个限定模型分别进行检验并与非限定模型进行比较，可以得到对应的$\Delta\chi^2$值和Δdf值。最后，根据前述的判断标准，将一个自由度变化下的$\Delta\chi^2$值与3.84和6.63进行比较，从而判定各路径系数在中独特性需要样本组和高独特性需要样本组间是否具有差异性。表6-18的检验结果显示，全部路径系数在中独特性需要组和高独特性需要组样本间的差异皆是显著的，且多数路径的变化方向也与理论假设中阐述的变化方向一致。尽管从合作生产到实用价值的路径(CB→UV)系数变化是显著的，但却与理论假设阐述中的方向相反，即对于高独特性需要的消费者而言，参与意义下合作生产行为对实用价值创造的影响要比中独特性需要的消费者的合作生产行为对实用价值创造的影响要小。

表 6-18 路径系数差异显著性检验(中独特性需要组和高独特性需要组)

Table 6-18 The signeficance test of the difference of the paths (middle vs high)

检验模型		χ^2	df	$\Delta\chi^2$	Δdf	p
非限定模型	739.64	328	—	—	—	
限定模型	γ_{11} 恒等	743.62	329	3.98	1	$p < 0.05$
	γ_{21} 恒等	746.36	329	6.72	1	$p < 0.01$
	γ_{12} 恒等	746.33	329	6.69	1	$p < 0.01$
	γ_{22} 恒等	743.85	329	4.21	1	$p < 0.05$
	γ_{13} 恒等	744.74	329	5.10	1	$p < 0.05$
	γ_{23} 恒等	743.92	329	4.28	1	$p < 0.05$

在分别对低独特性需要、中独特性需要和高独特性需要样本组间理论模型的路径系数差异的显著性进行检验之后，我们将这两组检验结果进行汇总，并据此

对本章研究提出的研究假设进行考察，汇总结果见表 6-19。其中，比较结果 1 代指低独特性需要与中独特性需要样本组间进行的比较，比较结果 2 代指中独特性需要与高独特性需要样本组间的进行的比较；相应路径上的字母上标代表所在的不同程度独特性需要的样本组，以 a 代表低独特性需要组，b 代表中独特性需要组，c 代表高独特性需要组。我们根据以下两个条件来验证本章提出的研究假设是否成立，其一，比较结果是否符合理论假设表述中的方向，即消费者的独特性需要程度越高，顾客越倾向于付出更多的参与努力，从而对价值创造产生更积极的影响；其二，比较结果是否具有显著性，即比较两组样本间路径系数的差异在统计上是否显著。

根据上述检验标准，我们可以看出，在所有的假设中有三条假设得到了完全支持，它们分别是：独特性需要对信息分享到享乐价值路径的调节效应成立、独特性需要对合作生产到享乐价值路径的调节效应成立和独特性需要对人际互动到享乐价值路径的调节效应成立。这些结果表明，信息分享行为、合作生产行为和人际互动行为对享乐价值的创造的影响效果随着消费者独特性需要程度的提高而越来越大。换句话说，顾客参与对享乐价值的创造影响会在较高的独特性需要顾客群体中有较大的体现。

表 6-19 假设检验结果

Table 6-19 The results of hypothesis testing

假设	假设表述	各组样本间比较结果				结果
		比较结果 1	p	比较结果 2	p	
H4	$\gamma_{11}^a < \gamma_{11}^b < \gamma_{11}^c$	$\gamma_{11}^a > \gamma_{11}^b$	不显著	$\gamma_{11}^b > \gamma_{11}^c$	$p < 0.05$	不支持
	$\gamma_{21}^a < \gamma_{21}^b < \gamma_{21}^c$	$\gamma_{21}^a < \gamma_{21}^b$	$p < 0.05$	$\gamma_{21}^b < \gamma_{21}^c$	$p < 0.01$	支持
	$\gamma_{12}^a < \gamma_{12}^b < \gamma_{12}^c$	$\gamma_{12}^a < \gamma_{12}^b$	$p < 0.05$	$\gamma_{12}^b > \gamma_{12}^c$	$p < 0.01$	部分支持
	$\gamma_{22}^a < \gamma_{22}^b < \gamma_{22}^c$	$\gamma_{22}^a < \gamma_{22}^b$	$p < 0.05$	$\gamma_{22}^b < \gamma_{22}^c$	$p < 0.05$	支持
	$\gamma_{13}^a < \gamma_{13}^b < \gamma_{13}^c$	$\gamma_{13}^a < \gamma_{13}^b$	$p < 0.05$	$\gamma_{13}^b > \gamma_{13}^c$	$p < 0.05$	部分支持
	$\gamma_{23}^a < \gamma_{23}^b < \gamma_{23}^c$	$\gamma_{23}^a < \gamma_{23}^b$	$p < 0.05$	$\gamma_{23}^b < \gamma_{23}^c$	$p < 0.05$	支持

在所有的 6 条路径中，有 2 条路径仅得到部分支持，它们分别是：独特性需要对合作生产到实用价值路径的调节效应得到部分验证；独特性需要对人际互动到实用价值路径的调节效应得到部分验证；这些结果表明，参与意义以下的合作生产行为对实用价值创造的影响在低独特性需要组和中独特性需要的消费者群体中的差异是显著的，在中独特性需要组和高独特性需要的消费群体中的影响差异也是显著的，但这一影响却在中独特性需要的消费者群体中有最大体现；人际互

动行为对实用价值创造的影响在低独特性需要和中独特性需要的消费者群体中差异是显著的，同时，在中独特性需要组和高独特性需要的消费群体中的差异也显著，这一影响也在中独特性需要的消费者群体中的有最大体现。

在所有6条路径中，仅有1条路径没有获得支持，即信息分享对实用价值的影响在低独特性需要组和中独特性需要组中的差别不显著，且在低独特性需要组中的影响要显著大于在中独特性需要组和高独特性需要组的影响。

6.6 本章小结

本章在本书第4、5章研究的基础上，进一步探索了消费者独特性需要在顾客参与顾客价值创造的过程中的调节效用。在再次验证顾客参与行为对顾客价值创造影响的基础上，我们在不同程度独特性需要的消费者群体中检验了顾客参与对顾客价值创造影响的理论模型，模型的各项拟合指标均达到了满意的标准，从而表明顾客参与对顾客价值创造影响的理论模型在不同独特性需要的消费者群体中具有一定的普适性。在此基础之上，针对不同独特性需要组中的理论模型系数差异及其显著性进行了深入分析。研究结果表明，消费者独特性需要在顾客参与对享乐价值创造影响中的调节效应得到了完全证实；在合作生产对实用价值的创造影响和人际互动对实用价值的创造影响中的调节效应得到部分证实；而在信息分享行为对实用价值创造影响中的调节效应未能得到证实。

第 7 章 结 论

本研究通过对顾客参与和顾客价值相关文献的回顾与梳理，结合顾客参与对企业影响日益凸显的现实问题，提出“顾客参与对顾客价值创造的影响机理”这一研究主题。运用有限理性理论、目标追求理论和调节匹配理论诠释并发展了顾客参与价值创造的本质及其形成的内在机理；从心理层面的作用机制入手，构建并检验了参与意义下的顾客与企业间心理联结纽带对顾客价值创造影响的模型；继而从行为层面，基于汇合视角构筑并检验了体现顾客参与行为要素对顾客价值创造影响的整合模型。更深入地，考察了消费者独特性需要在顾客参与顾客价值创造中的重要作用。本研究旨在从消费者视角探索并检查顾客参与顾客价值创造的活动，以发展顾客价值理论。具体来说，本研究的创新点和各部分的研究结论归纳如下：

（1）揭示了顾客参与价值创造的互动本质，并分别从知识转移和关系视角阐释了这种本质形成的内在机理。借鉴经济学、心理学以及行为决策学领域中的有限理性理论、目标和目标追求理论和调节匹配理论，在已有顾客参与相关研究归纳基础上，分析了顾客参与价值创造的内在动机和外在动机，深入挖掘了顾客参与价值创造的本质，指出顾客参与顾客价值创造的本质在于交互，目的在于通过参与方的互动，实现共同创造更大价值的目标，并最终分享价值。从知识转移视角和关系视角发展并阐释了这种本质形成的内在机理，指出在顾客知识内隐和异质的前提下，顾客知识是顾客参与企业创造活动的价值基础和价值来源；在关系互惠和嵌入的前提下，关系联结是顾客参与顾客价值创造的价值基础和价值来源。为进一步诠释顾客参与对顾客价值创造的影响机理奠定理论基础。

（2）从心理层面揭示了联结顾客参与行为与顾客价值创造活动的心理纽带，实证分析了参与意义下的心理契约对顾客价值创造的影响机理。将组织行为学中的心理契约理论引入到顾客参与情境下，以调节匹配理论为基础，构筑了顾客参与中的心理契约对顾客价值创造影响的理论模型，以规范研究为手段从参与意义下的交易心理契约和关系心理契约两个层面深入阐释了企业与顾客缔结的不同类型的心理纽带是如何影响顾客投入不同程度的资源和努力，进而形成不同的顾客价值创造结果。以实证研究为方法，采用问卷调查和结构方程模型等多元统计方法，对该理论模型进行了检验。研究结果证实了参与意义下的顾客与企业间的这种心理纽带的存在及其对顾客参与价值创造结果的影响。其中，关系心理契约对顾客价值创造的结果最为重要，对实用价值和享乐价值的创造均有显著的正向影响；相对而言，交易心理契约对实用价值的创造存在显著的正向影响，却不能激励顾客在价值创造活动中投入更多的情绪或情感层面的努力来完成对享乐价值的创造。

（3）构建并实证检验了顾客参与行为对顾客价值创造影响机理的整合模型。以顾客参与价值创造的本质分析为基础，借鉴有限理性理论和目标追求理论，构筑了整合的顾客参与对顾客价值创造作用的理论模型。在该模型中，不是只将顾客参与和顾客价值当做单维的变量加以研究，而是借助现有关于顾客参与和顾客价值研究的分类，将顾客参与和顾客价值细分为不同的子维度来进行考察，以对顾客参与对顾客价值创造的影响作用和本质有更深入的了解。以规范的研究方法，从企业与顾客交互的视角分析了情感承诺、自我效能、交互公平和感知风险作为前因对顾客参与行为的影响；从顾客参与的各个维度层面深入阐释了参与行为对顾客价值各个维度的影响，以实证研究为方法，采用实地调研、深度访谈、问卷调查以及结构方程模型等多元变量统计方法验证该模型。其中，在影响顾客参与活动的前因要素中，情感承诺的前因效应得到全部验证，而自我效能、交互公平和感知风险的作为顾客参与行为的前因效应得到部分验证。在顾客参与顾客价值创造过程中，合作生产行为对实用价值和享乐价值的创造均发挥了最大影响效用，相对而言，继合作生产行为对实用价值的影响效果之后，信息分享行为对实用价值的影响表现位居其后，人际互动行为对实用价值的影响最弱；对于享乐价值的影响效果而言，参与意义下的合作生产行为对其影响最大，人际互动对其影响次之，信息分享行为对其影响最弱。更进一步地，实用价值分别在信息分享行为和合作生产行为对享乐价值创造的影响中起到部分中介作用。

（4）提出并实证检验了顾客价值在顾客参与和顾客满意间的中介效应，为顾客参与对顾客满意的影响关系提供一个新解释。以往针对顾客参与和顾客满意间关系的研究一直存有争议，这使得企业在是否推行顾客参与实践的决策上举棋不定。根据顾客参与的本质及严格的理论演绎，本研究将顾客价值作为顾客参与和顾客满意间的影响因素，以顾客价值为中介变量剖析了顾客参与对顾客满意的影响，在一定程度上弥补了顾客参与对顾客满意影响中间机制中理论的不足。以实证研究为方法，提供了经验支持。结果表明，顾客价值各维度在顾客参与各个维度与顾客满意的关系间都起到了完全中介的作用。这表明，对于消费者而言，他们更多关心的是参与创造活动能否为自己带来所需要的价值。只有让顾客在参与活动中的投入和付出获得回报，在与企业共同创造了更大价值的同时分享到了价值成果，顾客才会对参与活动结果或参与活动本身给予满意评价。

（5）引入独特性理论，探索并实证检验了消费者本身的个性特征差异——消费独特性需要对顾客参与价值创造活动的调节效应。在顾客参与行为对顾客价值创造影响的基础上，将消费者独特性需要引入顾客参与价值创造的情境下，以规范研究的研究方法深入剖析了不同程度独特性需要的消费者在参与价值创造过程中的动机和行为所呈现的差异，尽管不同程度独特性需要的消费者在参与活动中均表现出积极的创造意愿，但他们的行为决策方式受独特性需要的影响而不同，由此预期对从参与活动中获得的价值类型也不同。以实证研究为手段，采用问卷调查和结构方程模型等多元统计方法，对消费者独特性需要在顾客参与价值创造过程中的作用机制进行了检验，旨在为有关根据独特性需要进行消费者细分的分类方法提供理论和经验支持。研究结果表明，在顾客参与行为对享乐价值创造影响中消费者独特性需要的调节效应显著；在合作生产行为、人际互动行为对实用价值创造影响中消费者独特性需要的调节效应部分显著，而消费独特性需要在信息分享行为对实用价值创造影响中的调节效应没有通过验证。

针对顾客参与对顾客价值创造影响机理较为综合的研究有助于我们更进一步地了解顾客参与的动机和本质、顾客参与活动对顾客价值创造的内在心理来源机制以及顾客参与对顾客价值创造的影响机理。使那些试图引导顾客进行参与创造的企业注重不同维度层面的顾客参与活动对顾客价值创造的影响，通过企业有效的激励行为促进消费者的积极参与，并与消费者建立心理纽带，塑造共同价值期望的同时也调节参与者在价值创造活动中的投入，利于企业顺利地开展顾客参与活动。今后可以在以下几个方面做进一步的深入研究：进一步拓展样本，并考虑用实验室实验法来获得数据，检验我们的研究结论；随着 SST(self - service technology)技术的日渐普及和应用，自助式服务已经越来越惠及人们的日常生活，自助式服务中的顾客参与和传统的服务中的顾客参与具有很大的差异，因而，在后续研究中可以进一步地研究自助式服务中顾客参与对顾客价值创造的影响，并对自助式服务和传统式服务中的顾客参与创造性活动及其结果进行比较；另外，从我们的研究结果看，顾客参与并不是导致顾客满意的直接刺激要素，未来可继续探索可能存在的其他的中间变量或调节变量。

附录一

顾客参与的心理契约对顾客价值创造影响调查问卷

填写说明：请根据您对最近常去的一家美发店打理头发的实际经历，逐项回答以下问题，这 7 个数字分别代表从“非常不同意”到“非常同意”的程度。请从这 7 个数字中选择最代表您对左边说法认同程度的数字，这些问题没有绝对的答案，您只需要凭感觉填写就行。

第一部分：顾客价值创造量表

非常不同意　　　　非常同意

1. 实用价值(UV)

UV1：这家美发店可以给我打理出适合我的发型。

□1　□2　□3　□4　□5　□6　□7

UV2：与其他美发店相比，我觉得这家美发店帮我打理出了更适合我或我更喜欢的发型。

□1　□2　□3　□4　□5　□6　□7

UV3：这家美发店的信誉很好，在这里打理发型，我很放心。

□1　□2　□3　□4　□5　□6　□7

UV4：我觉得这家美发店的发型师和其他服务人员受过较好的职业培训。

□1　□2　□3　□4　□5　□6　□7

UV5：我觉得这家美发店的员工的业务能力较强。

□1　□2　□3　□4　□5　□6　□7

UV6：在这家美发店，发型师和其他服务人员比较积极主动配合我。

□1　□2　□3　□4　□5　□6　□7

2. 享乐价值(HV)

HV1：这家美发店可以让我了解到有关诸如当下较流行的发式或如何在日常生活中保养头发等信息。

□1　□2　□3　□4　□5　□6　□7

HV2：在这家美发店打理头发，我感到心情愉悦。

□1 □2 □3 □4 □5 □6 □7

HV3：如果出现服务失误，这家美发店的工作人员或负责人会及时向我道歉，并尽力采取补救措施。

□1 □2 □3 □4 □5 □6 □7

HV4：这家美发店会比较好地为我着想。

□1 □2 □3 □4 □5 □6 □7

HV5：这家美发店提供好听的音乐、精美的杂志、整洁的环境，令我感到舒适。

□1 □2 □3 □4 □5 □6 □7

第二部分：心理契约量表

1. 交易心理契约(TPC)　　　　非常不同意　　　　非常同意

TPC1：我相信该店愿意提供干净、整洁的服务设施，真心考虑我的卫生与舒适。

□1 □2 □3 □4 □5 □6 □7

TPC2：我相信该店能真心把我当做熟客看，会给予我真正的价格优惠或免费服务。

□1 □2 □3 □4 □5 □6 □7

TPC3：我相信该店会提供快捷服务，他们不愿意让我的等待时间过长。

□1 □2 □3 □4 □5 □6 □7

TPC4：我相信该店不会为赚钱而让我使用很贵但并不适合的产品(如，洗发水、染发剂、烫发膏等)。

□1 □2 □3 □4 □5 □6 □7

TPC5：我相信该店会为我安排固定的发型师，并熟悉我的发型偏好。

□1 □2 □3 □4 □5 □6 □7

TPC6：我相信当我对打理头发过程中的服务和打理后的发型效果有疑问时，该店会真心解释。

□1 □2 □3 □4 □5 □6 □7

2. 关系心理契约(RPC)

RPC1：我相信一旦出现服务失误，该店会考虑我的利益，并主动承担责任。

□1 □2 □3 □4 □5 □6 □7

RPC2：我相信该店会真心为我提供可靠，放心的优质服务。

□1 □2 □3 □4 □5 □6 □7

RPC3：我相信该店的发型师及其他服务人员是真的尊重我，而不是在敷衍。

□1 □2 □3 □4 □5 □6 □7

RPC4：我相信该店会对我的发型效果做出质量和信誉保证。

□1 □2 □3 □4 □5 □6 □7

RPC5：我相信该店的发型师是真心关心我的个人工作和生活。

□1 □2 □3 □4 □5 □6 □7

RPC6：我相信该店是真心重视与我的个人友谊关系。

□1 □2 □3 □4 □5 □6 □7

第三部分：基本背景资料

1. 您的性别：□男 □女

2. 您的年龄：□16－20岁 □21－30岁 □31－40岁 □41－50岁 □51－60岁 □61岁以上

3. 您的职业：□学生 □商业 □公务员 □军人 □教师 □工人 □自由职业 □退休

4. 教育程度：□高中以下 □大学本(专)科 □研究生以上

附录二

顾客参与对顾客价值创造的影响机理调查问卷

第一部分：基本背景资料(请根据您的实际情况选择相应的选项)

1. 您是否参加过个人培训：□否 □是

2. 您最近一次参加的是哪类培训？(可多选)

□外语 □IT 培训 □艺术培训 □驾校 □资格认证 □财会金融 □职业技能

3. 您的性别：□男 □女

4. 您的年龄：□25 岁及以下 □26－35 岁 □36－45 岁 □46－55 岁 □56 岁及以上

5. 您的最高学历：□职高或高中 □大专或本科 □硕士 □博士及以上

第二部分：顾客参与前因测量量表

1. 情感承诺(AC)	非常不同意						非常同意
AC1：我感到是该培训机构所服务对象的一部分。	□1	□2	□3	□4	□5	□6	□7
AC2：进入该培训机构时，我感到是这个“大家庭”的一员。	□1	□2	□3	□4	□5	□6	□7
AC3：我感到和该培训机构有感情上的联结。	□1	□2	□3	□4	□5	□6	□7
AC4：我对该培训机构有一种强烈地归属感。	□1	□2	□3	□4	□5	□6	□7
AC5：我感到对该培训机构产生了依恋。	□1	□2	□3	□4	□5	□6	□7

2. 自我效能感(SE)

SE1：对于所接受培训的内容，我具备一些相关的知识。

□1 □2 □3 □4 □5 □6 □7

SE2：我在个人培训方面有一些经验。

□1 □2 □3 □4 □5 □6 □7

SE3：我先前的个人培训经历让我有信心能够很好地完成这次培训。

□1 □2 □3 □4 □5 □6 □7

3. 交互公平(IJ)

IJ1：工作人员(培训顾问)在处理我所关心的问题所花费的时间是充足的。

□1 □2 □3 □4 □5 □6 □7

IJ2：工作人员(培训顾问)能很灵活地处理我所关心的问题。

□1 □2 □3 □4 □5 □6 □7

IJ3：工作人员(培训顾问)认真地对待我所关心的问题。

□1 □2 □3 □4 □5 □6 □7

IJ4：工作人员(培训顾问)一直友好、平等地对待我。

□1 □2 □3 □4 □5 □6 □7

IJ5：工作人员(培训顾问)尽了最大的努力处理我所关心的问题。

□1 □2 □3 □4 □5 □6 □7

4. 感知风险(PR)

PR1：去该培训机构参加培训可能会被我的朋友认为很明智。

□1 □2 □3 □4 □5 □6 □7

PR2：我的时间安排很紧，去参加培训可能制造更多的时间压力。

□1 □2 □3 □4 □5 □6 □7

PR3：去参加培训使我担心我会花费太多时间。

□1 □2 □3 □4 □5 □6 □7

PR4：如果我去该培训机构接受服务，我担心我的钱花的不明智。

□1 □2 □3 □4 □5 □6 □7

PR5：参加培训前，我担心培训服务不能提供我期望的效果水平。

□1 □2 □3 □4 □5 □6 □7

PR6：去接受培训的想法使我感觉到心理上的不适。

□1 □2 □3 □4 □5 □6 □7

PR7：去培训的想法使我担心此次培训到底有多大程度可以依靠和信任。

□1 □2 □3 □4 □5 □6 □7

PR8：去接受培训的想法给我一种不想要的焦虑。

□1 □2 □3 □4 □5 □6 □7

第三部分：顾客参与测量量表

	非常 不同意	非常 同意
1. 信息分享(IE)		

IE1：工作人员(培训顾问)总是提供尽可能多的我需要的信息。

□1 □2 □3 □4 □5 □6 □7

IE2：工作人员(培训顾问)总会向我说明他/她所推荐培训课程的优劣。

□1 □2 □3 □4 □5 □6 □7

IE3：工作人员(培训顾问)会以有意义的方式来解释培训内容。

□1 □2 □3 □4 □5 □6 □7

IE4：工作人员(培训顾问)能够及时让我了解自己的培训进程。

□1 □2 □3 □4 □5 □6 □7

IE5：我会向工作人员(培训顾问)告诉我对培训课程的要求。

□1 □2 □3 □4 □5 □6 □7

2. 合作生产(CB)

CB1：我努力地配合培训老师的工作。

□1 □2 □3 □4 □5 □6 □7

CB2：在培训中，我会做一些事情使得培训老师的工作变得简单些。

□1 □2 □3 □4 □5 □6 □7

CB3：我认为培训过程不是培训老师一个人的工作，需要顾客的合作。

□1 □2 □3 □4 □5 □6 □7

CB4：我经常带着疑问去参加培训课程。

□1 □2 □3 □4 □5 □6 □7

CB5：我乐意配合培训老师的工作。

□1 □2 □3 □4 □5 □6 □7

CB6：在培训过程中碰到疑问时，我会积极思考并寻找解决的方法，而不是依靠老师来解决。

□1 □2 □3 □4 □5 □6 □7

3. 人际互动(PI)

PI1：培训老师能激发我的学习热情，让学习变成一件快乐的事情。

□1　□2　□3　□4　□5　□6　□7

PI2：在培训过程中，培训老师设置了很多互动环节，让我能与他/她在互动中交流。

□1　□2　□3　□4　□5　□6　□7

PI3：在培训中，很多时候通过我与老师或其他学员的互动交流，从而获得了比书本更多的知识。

□1　□2　□3　□4　□5　□6　□7

PI4：我开诚布公地和培训老师说出我的需求，以便取得理想的培训效果。

□1　□2　□3　□4　□5　□6　□7

PI5：如果我感觉培训老师的授课不错，我会称赞他/她。

□1　□2　□3　□4　□5　□6　□7

第四部分：顾客价值测量量表

非常不同意　……　非常同意

1. 实用价值(UV)

UV1：我觉得此次培训的课程设置特别适合我。

□1　□2　□3　□4　□5　□6　□7

UV2：我觉得这家培训机构的师资力量雄厚，教学设备先进。

□1　□2　□3　□4　□5　□6　□7

UV3：通过这次培训，我觉得我收获了很多知识，取得了进步。

□1　□2　□3　□4　□5　□6　□7

UV4：我觉得这家培训机构的教学质量好。

□1　□2　□3　□4　□5　□6　□7

UV5：我觉得这家培训机构的课程时间设置比较灵活。

□1　□2　□3　□4　□5　□6　□7

2. 享乐价值(HV)

HV1：与其他培训机构相比，在这里接受培训让我感到快乐。

□1　□2　□3　□4　□5　□6　□7

HV2：我选择这家培训机构不是因为不得不，而是因为我愿意。

□1 □2 □3 □4 □5 □6 □7

HV3：我觉得选择这家培训机构是我明智的选择。

□1 □2 □3 □4 □5 □6 □7

HV4：我觉得此次培训让我获得了精神上的享受。

□1 □2 □3 □4 □5 □6 □7

HV5：我觉得此次培训是新奇和有趣的。

□1 □2 □3 □4 □5 □6 □7

第五部分：顾客满意测量量表

非常不同意 …… 非常同意

CS1：我对此次的培训经历感到满意。

□1 □2 □3 □4 □5 □6 □7

CS2：此次培训经历很好地满足了我的需要。

□1 □2 □3 □4 □5 □6 □7

CS3：此次培训经历让我感到非常愉快。

□1 □2 □3 □4 □5 □6 □7

CS4：同接受培训前您期望得到培训结构相比，您对它满意吗？（比您期望的好打高分，比您期望的差打低分，与您期望的相同取中间分）

□1 □2 □3 □4 □5 □6 □7

附录三

独特性需要在顾客参与价值创造的影响机理调查问卷

第一部分：基本背景资料(请根据您的实际情况选择相应的选项)

1. 您是否参加过个人培训：□否 □是

2 您最近一次参加的是哪类培训？(可多选)

□外语 □IT 培训 □艺术培训 □驾校 □资格认证 □财会金融 □职业技能

3 您的性别：□男 □女

4 您的年龄：□25 岁及以下 □26－35 岁 □36－45 岁 □46－55 岁 □56 岁及以上

5 您的最高学历：□职高或高中 □大专或本科 □硕士 □博士及以上

第二部分：顾客参与测量量表

1. 信息分享(IE)　　非常不同意　　非常同意

IE1：工作人员(培训顾问)总是提供尽可能多的我需要的信息。

□1 □2 □3 □4 □5 □6 □7

IE2：工作人员(培训顾问)总是会向我说明他/她所推荐培训课程的优劣。

□1 □2 □3 □4 □5 □6 □7

IE3：工作人员(培训顾问)会以有意义的方式来解释培训内容。

□1 □2 □3 □4 □5 □6 □7

IE4：工作人员(培训顾问)能及时让我了解自己的培训进程。

□1 □2 □3 □4 □5 □6 □7

IE5：我会向工作人员（培训顾问）告诉我对培训课程的要求。

□1 □2 □3 □4 □5 □6 □7

2. 合作生产（CB）

CB1：我努力地配合培训老师的工作。

□1 □2 □3 □4 □5 □6 □7

CB2：在培训中，我会做一些事情使得培训老师的工作变得简单些。

□1 □2 □3 □4 □5 □6 □7

CB3：我认为培训过程不是培训老师一个人的工作，需要顾客的合作。

□1 □2 □3 □4 □5 □6 □7

CB4：我经常带着疑问去参加培训课程。

□1 □2 □3 □4 □5 □6 □7

CB5：我乐意配合培训老师的工作。

□1 □2 □3 □4 □5 □6 □7

CB6：在培训过程中碰到疑问时，我会积极思考并寻找解决的方法，而不是依靠老师来解决。

□1 □2 □3 □4 □5 □6 □7

3. 人际互动（PI）

PI1：培训老师能激发我的学习热情，让学习变成一件快乐的事情。

□1 □2 □3 □4 □5 □6 □7

PI2：在培训过程中，培训老师设置了很多互动环节，让我能与他/她在互动中交流。

□1 □2 □3 □4 □5 □6 □7

PI3：在培训中，很多时候通过我与老师或其他学员的互动交流，从而获得了比书本更多的知识。

□1 □2 □3 □4 □5 □6 □7

PI4：我开诚布公地和培训老师说出我的需求，以便取得理想的培训效果。

□1 □2 □3 □4 □5 □6 □7

PI5：如果我感觉培训老师的授课不错，我会称赞他/她。

□1 □2 □3 □4 □5 □6 □7

第三部分：顾客价值测量量表

	非常 不同意						非常 同意
1. 实用价值(UV)							
UV1：我觉得此次培训的课程设置特别适合我。	□1	□2	□3	□4	□5	□6	□7
UV2：我觉得这家培训机构的师资力量雄厚，教学设备先进。	□1	□2	□3	□4	□5	□6	□7
UV3：通过这次培训，我觉得我收获了很多知识，取得了进步。	□1	□2	□3	□4	□5	□6	□7
UV4：我觉得这家培训机构的教学质量好。	□1	□2	□3	□4	□5	□6	□7
UV5：我觉得这家培训机构的课程时间设置比较灵活。	□1	□2	□3	□4	□5	□6	□7
2. 享乐价值(HV)							
HV1：与其他培训机构相比，在这里接受培训让我感到快乐。	□1	□2	□3	□4	□5	□6	□7
HV2：我选择这家培训机构不是因为不得不，而是因为我愿意。	□1	□2	□3	□4	□5	□6	□7
HV3：我觉得选择这家培训机构是我明智的选择。	□1	□2	□3	□4	□5	□6	□7
HV4：我觉得此次培训让我获得了精神上的享受。	□1	□2	□3	□4	□5	□6	□7
HV5：我觉得此次培训是新奇和有趣的。	□1	□2	□3	□4	□5	□6	□7

第四部分：独特性需要测量量表

	非常 不同意						非常 同意
1. 创新性选择(CC)							
CC1：我常常自由搭配物品来创造出他人所不能模仿的自我形象。	□1	□2	□3	□4	□5	□6	□7

CC2：我常常尝试地找到一些普通商品的有趣版本，因为我喜欢享受独创的乐趣。

□1 □2 □3 □4 □5 □6 □7

CC3：我常主动搜索并购买一些特别的商品来塑造我的个人独特性。

□1 □2 □3 □4 □5 □6 □7

CC4：关注那些有趣的、有特色的商品，有助于我建立与众不同的自我形象。

□1 □2 □3 □4 □5 □6 □7

2. 非流行性选择(UC)

UC1：对于我购买的商品和使用它们的场合，我喜欢打破常规。

□1 □2 □3 □4 □5 □6 □7

UC2：当提到应购买或拥有的物品时，我常违背我所在的社会群体所公认的准则。

□1 □2 □3 □4 □5 □6 □7

UC3：当提到某件商品应在什么时候怎样合理使用时，我常违背我所在的社会群体所公认的准则。

□1 □2 □3 □4 □5 □6 □7

UC4：我喜欢购买一些在我周围的人看来不会接受的商品来挑战人们的大众品味。

□1 □2 □3 □4 □5 □6 □7

3. 避免相似性选择(AOS)

AOS1：当我喜欢的产品变得非常流行时，我对它们就失去兴趣了。

□1 □2 □3 □4 □5 □6 □7

AOS2：我会避免选择那些已被一般消费者普遍接受并购买的产品。

□1 □2 □3 □4 □5 □6 □7

AOS3：通常情况下，我不喜欢那些被每个人都习惯性购买的产品。

□1 □2 □3 □4 □5 □6 □7

AOS4：在大众中越是普遍的产品，我就越不感兴趣。

□1 □2 □3 □4 □5 □6 □7

参考文献

[1]Vargo S, Lusch R. Evolving to a new dominant logic for marketing[J]. Journal of Marketing, 2004a, 68(1): 1~27.

[2]Jackson B B. Build customer relationships that last[J]. Harvard Business Review, 1985(November-December): 120~128.

[3]Morris T. Customer relationship management[J]. CMA Magazine, 1994, 68(7): 22~25.

[4]Gale B T. Managing customer vlue: creating quality and service that customer can see[M]. Free Press, 1994.

[5]Kotler P J. Marketing Management: Analysis, Planning, Implementation, and Control[M]. 8th ed. Prentice-Hall, INC, 1994: 190.

[6]Lam S, Shankar V, Erramilli, et al. Customer value, satisfaction, loyalty, and switching costs: an illustration from a business-to-business service context[J]. Journal of the Academy of Marketing Science, 2004, 32(3): 293~311.

[7]Higgins K. The value of customer value analysis: customer value analysis becomes the starting point in marketing research[J]. Marketing Research, 1999, 10: 39~44.

[8]Anderson J, Narus J. Business marketing: understand what customers value[J]. Harvard Business Review, 1998, 76: 53~67.

[9]Petrick J. Development of a multi-dimensional scale for measuring the perceived value of a service[J]. Journal of Leisure Research, 2002, 34(2): 119~134.

[10]Zeithaml V. Consumer perceptions of price, quality, and value: a means-end model and synthesis of evidence[J]. Journal of Marketing, 1988: 2~22.

[11]Day G. The capabilities of market-driven organizations[J]. Journal of Marketing, 1994: 37~52.

[12]Payne A, Holt S. Diagnosing customer value: integrating the value process and relationship marketing[J]. British Journal of Management, 2001, 12(2): 159~182.

[13]Lin C, Peng C. The cultural dimension of technology readiness on customer value chain in technology-based service encounters[J]. Journal of American Academy of Business, 2005, 7(1): 176~180.

[14]Woodruff R. Customer value: the next source for competitive advantage[J]. Journal of the Academy of Marketing Science, 1997, 25(2): 139~153.

[15]Hirschman E, Holrrook M. Hedonic consumption: emerging concepts, methods and propositions [J]. Journal of Marketing, 1982: 92~101.

[16]Butz, Goodstein L. Measuring customer value: gaining the strategic advantage[J]. Organization-

al Dynamics, 1996, 24(3): 63 ~ 77.

[17] Wyner G. The many faces of customer value[J]. Marketing Research, 1998, 10(1): 34 ~ 35.

[18] Holbrook M. Customer value-a framework for analysis and research[J]. Advances in Consumer Research, 1996, 23: 138 ~ 142.

[19] Holbrook M, Hirschman E. Hedonic consumption: emerging concepts, methods, and propositions[J]. Journal of Marketing, 1999, 46(3): 92 ~ 102.

[20] Holbrook M B. Customer value and autoethnography: subjective personal introspection and the meanings of a photograph collection[J]. Journal of Business Research, 2005, 58(1): 45 ~ 61.

[21] Holbrook M B. Consumption experience, customer value, and subjective personal introspection: an illustrative photographic essay[J]. Journal of Business Research, 2006, 59(6): 714 ~ 725.

[22] Noble S M, Griffith D A, Weinberger M G. Consumer derived utilitarian value and channel utilization in a multi-channel retail context[J]. Journal of Business Research, 2005, 58(12): 1643 ~ 1651.

[23] Grönroos C. Service management and marketing: a customer relationship management approach [M]. 2 ed. John Wiley and Sons, 2000.

[24] Burnham T, Frels J, Mahajan V. Consumer switching costs: a typology, antecedents, and consequences[J]. Journal of the Academy of Marketing Science, 2003, 31(2): 109 ~ 126.

[25] Alrrecht K. Customer value[J]. Executive Excellence, 1994, 11(9): 14 ~ 15.

[26] Strauss J, Frost R. E-marketing[M]. Prentice Hall, 2001.

[27] Ponsonby S, Boyle E. The value of marketing and the marketing of value in contemporary times-a literature review and research agenda[J]. Journal of Marketing Management, 2004, 3(4): 343 ~ 361.

[28] Philip Kotler, Swee Hoon Ang, Siew Meng Leong, et al. Marketing management: an Asian perspective[M]. 2 ed. Prentice Hall, 1999.

[29] Sheth J, Newman B, Gross B. Why we buy what we buy: a theory of consumption values[J]. Journal of Business Research, 1991, 22(2): 159 ~ 170.

[30] Sweeney J, Soutar G. Consumer perceived value: the development of a multiple item scale[J]. Journal of Retailing, 2001, 77(2): 203 ~ 220.

[31] Kantamneni S, Coulson K. Measuring perceived value: scale development and research findings from a consumer survey[J]. Journal of Marketing Management, 1996, 6(2): 72 ~ 83.

[32] Court D, French T, Mcguire T, et al. Marketing in 3-D: functional, process, and relationship benefits are the hat trick of contemporary marketing to score, follow three rules[J]. Mckinsey Quartely, 1999: 6 ~ 7.

[33] De Ruyter K, Wetzels M, Lemmink J, et al. The dynamics of the service delivery process: a value-based approach[J]. International Journal of Research in Marketing, 1997, 14(3): 231 ~ 243.

[34] Oliver R. Whence consumer loyalty [J]. Journal of Marketing, 1999: 33 ~ 44.

[35] Parasuraman A, Grewal D. The impact of technology on the quality-value-loyalty chain: a research agenda[J]. Journal of the Academy of Marketing Science, 2000, 28(1): 168~174.

[36] Hanna V, Backhouse C, Burns N. Linking employee behaviour to external customer satisfaction using quality function deployment[J]. Journal of Engineering Manufacture, 2004, 218(9): 1167~1177.

[37] Holbrook M, Hirschman E. The experiential aspects of consumption: consumer fantasies, feelings, and fun[J]. Journal of Consumer Research, 1982, 9(2): 132~140.

[38] Chandon P, Wansink B, Laurent G. A benefit congruency framework of sales promotion effectiveness[J]. Journal of Marketing, 2000: 65~81.

[39] Gursoy D, Spangenberg E, Rutherford D. The hedonic and utilitarian dimensions of attendees' attitudes toward festivals[J]. Journal of Hospitality & Tourism Research, 2006, 30(3): 279~294.

[40] Overby J, Lee E. The effects of utilitarian and hedonic online shopping value on consumer preference and intentions[J]. Journal of Business Research, 2006, 59(10~11): 1160~1166.

[41] Holbrook M B. The nature of customer value: an axiology of services in the consumption experience. service quality: new directions in theory and practice[M]. Sage Publication, Thousand Oaks: CA, 1994, 21~71.

[42] Holbrook M B. Introduction to consumer value. consumer value: a framework for analysis and research[M]. New York: Routledge, 1999, 1~29.

[43] Holbrook M B. Consumption experience, customer value, and subjective personal introspection: an illustrative photographic essay[J]. Journal of Business Research, 2006, 59(6): 714~725.

[44] Rintamaki T, Kanto A, Kuusela H, et al. Decomposing the value of department store shopping into utilitarian, hedonic and social dimensions: evidence from Finland[J]. International Journal of Retail & Distribution Management, 2006, 34(1): 6~24.

[45] Mathwick C, Malhotra N, Rigdon E. Experiential value: conceptualization, measurement and application in the catalog and internet shopping environment[J]. Journal of Retailing, 2001, 77(1): 39~56.

[46] Jensen O, Hansen K. Consumer values among restaurant customers[J]. International Journal of Hospitality Management, 2007, 26(3): 603~622.

[47] 白长虹. 西方的顾客价值研究及其实践启示[J]. 南开管理评论, 2001, 4(2): 51~55.

[48] 白长虹, 廖伟. 基于顾客感知价值的顾客满意研究[J]. 南开学报(哲学社会科学版), 2001(6): 14~20.

[49] 董大海, 权晓研, 曲晓飞. 顾客价值及其构成[J]. 大连理工大学学报(社会科学版), 1999, 20(4): 47~52.

[50] 范秀成, 罗海成. 基于顾客感知价值的服务企业竞争力探析[J]. 南开管理评论, 2003, 6(6): 41~45.

[51] 武永红, 范秀成. 基于顾客价值的企业竞争力整合模型探析[J]. 中国软科学, 2004, 11: 86~92.

[52]张明立，樊华，于秋红. 顾客价值的内涵，特征及类型[J]. 管理科学，2005，18(2)：71～77.

[53]张明立，胡运权. 基于顾客价值供求模型的价值决策分析[J]. 哈尔滨工业大学学报(社会科学版)，2003，5(3)：45～49.

[54]成海清，李敏强. 顾客价值概念内涵，特点及评价[J]. 西北农林科技大学学报(社会科学版)，2007，7(2)：34～38.

[55]王成慧，叶生洪. 顾客价值理论的发展分析及对实践的启示[J]. 价值工程，2002(6)：24～28.

[56]叶志桂. 西方顾客价值研究理论综述[J]. 北京工商大学学报(社会科学版)，2004，19(4)：11～15.

[57]刘研，仇向洋. 顾客价值理论综述[J]. 现代管理科学，2005，5：82～84.

[58]刘石兰. 国外顾客价值研究的新进展[J]. 价值工程，2008，27(5)：47～49.

[59]范秀成. 基于顾客的品牌权益测评：品牌联想结构分析法[J]. 南开管理评论，2000，3(6)：9～13.

[60]白长虹，范秀成，甘源. 基于顾客感知价值的服务企业品牌管理[J]. 外国经济与管理，2002，24(2)：7～13.

[61]白长虹，刘炽. 服务企业的顾客忠诚及其决定因素研究[J]. 南开管理评论，2002，5(6)：64～69.

[62]王永贵. 顾客价值与客户关系管理：理论框架与实证分析[C]. 北京：第7届全国青年管理科学与系统科学学术会议，2003，473～479.

[63]范绪泉，甘碧群. 顾客感知价值矩阵研究[J]. 学术研究，2004，5：32～36.

[64]王锡秋. 顾客价值及其评估方法研究[J]. 南开管理评论，2005，5(8)：31～34.

[65]杨晓燕，周懿瑾. 绿色价值：顾客感知价值的新维度[J]. 中国工业经济，2006(7)：110～116.

[66]王高. 顾客价值与企业竞争优势——以手机行业为例[J]. 管理世界，2004，(10)：97～106.

[67]董大海，金玉芳. 作为竞争优势重要前因的顾客价值：一个实证研究[J]. 管理科学学报，2004，7(5)：84～90.

[68]杜建刚，范秀成. 基于公平性调节作用的服务忠诚度前置因素整合模型研究[J]. 营销科学学报，2006，2(3)：15～29.

[69]Silpakit P，Fisk R. Participating the service encounter：a theoretical framework[M]. Bolch T M，Upah G D，Zeithmal V A. Services marketing in a changing environment. Chicago：American Marketing Association. 1985：117～121.

[70]Kelley S，Donnelly JR J，Skinner S. Customer participation in service production and delivery[J]. Journal of Retailing，1990，66(3)：315～335.

[71]Dabholkar P A. How to improve perceived service quality by improving customer participation[M]. Dunlap B J. Developments in marketing science. Cullowhee，NC：Academy of Marketing

Science, 1990: 483 ~ 487.

[72] Cermak D, File K, Prince R. Customer participation in service specification and delivery[J]. Journal of Applied Business Research, 1994, 10: 90 ~ 97.

[73] Rodie A, Kleine S. Customer participation in services production and delivery[M]. Handbook of Services Marketing and Management, Sage Publications, Thousand Oaks, CA. California, 2000: 111 ~ 126.

[74] Anitsal I. Technology-based self-service: from customer productivity toward customer value[D]. The University of Tennessee, Knoxville 2005: 138 ~ 141.

[75] Auh S, Bell S, Mcleod C, et al. Co-production and customer loyalty in financial services[J]. Journal of Retailing, 2007, 83(3): 359 ~ 370.

[76] Etgar M. A descriptive model of the consumer co-production process[J]. Journal of the Academy of Marketing Science, 2008, 36(1): 97 ~ 108.

[77] Payne A, Storbacka K, Frow P. Managing the co-creation of value[J]. Journal of the Academy of Marketing Science, 2008, 36(1): 83 ~ 96.

[78] Fang E, Palmatier R, Evans K. Influence of customer participation on creating and sharing of new product value[J]. Journal of the Academy of Marketing Science, 2008, 36(3): 322 ~ 336.

[79] Gruen T, Summers J, Acito F. Relationship marketing activities, commitment, and membership behaviors in professional associations[J]. Journal of Marketing, 2000, 64(3): 34 ~ 49.

[80] Claycomb C, Lebgnick-Hall C, Inks L. The customer as a productive resource: a pilot study and strategic implications[J]. Journal of Business Strategies, 2001, 18(1): 47 ~ 68.

[81] Namasivayam K. The consumer as 'transient employee': consumer satisfaction through the lens of job-performance models[J]. International Journal of Service Industry Management, 2003, 14(4): 420 ~ 435.

[82] Lloyd A E. The role of culture on customer participation in service[D]. Hong Kong Polytechnic University, Hong Kong, 2003.

[83] Kellogg D, Youngdahl W, Bowen D. On the relationship between customer participation and satisfaction: two frameworks[J]. International Journal of Service Industry Management, 1997, 8(3): 206 ~ 219.

[84] Youngdahl W, Kellogg D, NIE W, et al. Revisiting customer participation in service encounters: does culture matter[J]. Journal of Operations Management, 2003, 21(1): 109 ~ 120.

[85] Bettencourt L. Customer voluntary performance: customers as partners in service delivery[J]. Journal of Retailing, 1997, 73(3): 383 ~ 406.

[86] Ennew C, Binks M R. Impact of participative service relationships on quality, satisfaction and retention: an exploratory study[J]. Journal of Business Research, 1999, 46: 121 ~ 132.

[87] Hsieh A, Yen C, Chin K. Participative customers as partial employees and service provider workload[J]. International Journal of Service Industry Management, 2004, 15(2): 187 ~ 199.

[88] Hyman D. The hierarchy of consumer participation: knowledge and proficiency in telecommunica-

tions decision making[J]. Journal of Consumer Affairs, 1990, 24(1): 1～23.

[89] Hubbert A. Customer co-creation of service outcomes: effects of locus of causality attributions [D]. Arizona State University, Tempe, Arizona, 1995.

[90] Bitner M J, Faranda W T, Hubbert A R, et al. Customer contributions and roles in service delivery[J]. International Journal of Service Industry Management, 1997, 8(3): 193～205.

[91] Kelley S, Skinner S, Donnelly JR J. Organizational socialization of service customers[J]. Journal of Business Research, 1992, 25(3): 197～214.

[92] Eisenberger R, Fasolo P, Davis-Lamastro V. Effects of perceived organizational support on employee diligence, innovation, and commitment[J]. Journal of Applied Psychology, 1990, 53 (1): 51～59.

[93] Bitner M, Booms B, Tetreault M. The service encounter: diagnosing favorable and unfavorable incidents[J]. Journal of Marketing, 1990: 71～84.

[94] Yoon M, Seo J, Yoon T. Effects of contact employee supports on critical employee responses and customer service evaluation[J]. Journal of Services Marketing, 2004, 18(5): 395～412.

[95] Anderasen A. Consumer research in the service sector. [M]// Berry L, Shostack G L, Upah G. Emerging perspectives on services marketing. American Marketing Association, Chicago. 1983: 63～64.

[96] Tomas W H N, Kelley L S, Lillian T E. Locus of control at work: a meta-analysis[J]. Journal of Organizational Behavior, 2006, 27(8): 1057～1087.

[97] Henion K E, Wilson W H. The ecologically concerned consumer and locus of control[M]. Karl E, Henion and Thomas C Kinnear. Ecological marketing. Chicago: American Marketing Association, 1976: 131～144.

[98] Silpakit P, Fisk R. Participating the service encounter: a theoretical framework[M]. Bloch T M, Upah G D, & Zeithaml V A. Services marketing in a changing environment. Chicago: American Marketing Association, 1985: 117～121.

[99] Matzler K, Rier M, Hans H Hinterhuber, et al. Methods and concepts in management: significance, satisfaction and suggestions for further research-perspectives from Germany, Austria and Switzerland[J]. Strategic Change, 2005, 14(1): 1～13.

[100] Gabbott M, Hogg G. Consumer involvement in services a replication and extension[J]. Journal of Business Research, 1999, 46(2): 159～166.

[101] Matthing J, Sand N B, Edvardsson B. New service development: learning from and with customers[J]. International Journal of Service Industry Management, 2004, 15(5): 479～498.

[102] Bowers M, Martin C, Luker A. Trading places: employees as customers, customers as employees[J]. Journal of Services Marketing, 1990, 4(2): 55～69.

[103] File K, Judd B, Prince R. Interactive marketing: the influence of participation on positive word-of-mouth and referrals[J]. Journal of Services Marketing, 1992, 6(4): 5～14.

[104] Bitner M, Faranda W, Hubbert A, et al. Customer contributions and roles in service delivery

[J]. International Journal of Service Industry Management, 1997, 8(3): 193 ~ 205.

[105] Bateson J. Self-service consumer: an exploratory study[J]. Journal of Retailing, 1985, 61(3): 49 ~ 76.

[106] Mills P, Morris J. Clients as "partial" employees of service organizations: role development in client participation[J]. Academy of Management Review, 1986: 726 ~ 735.

[107] Reichheld F, Sasser W. Zero defections: quality comes to services[J]. Harvard Business Review, 1990, 68(5): 105 ~ 111.

[108] Van Raaij W, Pruyn A. Customer control and evaluation of service validity and reliability[J]. Psychology and Marketing, 1998, 15(8): 811 ~ 832.

[109] Bendapudi N, Leone R. Psychological implications of customer participation in co-production [J]. Journal of Marketing, 2003, 67(1): 14 ~ 28.

[110] Yen H, Gwinner K, Su W. The impact of customer participation and service expectation on locus attributions following service failure[J]. International Journal of Service Industry Management, 2004, 15(1): 7 ~ 26.

[111] 彭艳君. 国外顾客参与研究述评[J]. 北京工商大学学报: 社会科学版, 2008, 23(5): 56 ~ 60.

[112] 陈荣秋. 顾客中心的管理[J]. 管理学报, 2005, 2(2): 133 ~ 139.

[113] 张祥, 陈荣秋. 顾客参与链: 让顾客与企业共同创造竞争优势[J]. 管理评论, 2006, 18(1): 51 ~ 56.

[114] 张广玲, 余娜. 顾客感知的服务员工权力对顾客参与的影响[J]. 经济管理, 2006(20): 49 ~ 54.

[115] 张若勇, 刘新梅, 张永胜. 顾客参与和服务创新关系研究: 基于服务过程中知识转移的视角[J]. 科学学与科学技术管理, 2007, 28(10): 92 ~ 97.

[116] 望海军, 汪涛. 顾客参与, 感知控制与顾客满意度关系研究[J]. 管理科学, 2007, 20(3): 48 ~ 54.

[117] 汪涛, 望海军. 顾客参与一定会导致顾客满意吗——顾客自律倾向及参与方式的一致性对满意度的影响[J]. 南开管理评论, 2008, 11(3): 4 ~ 11.

[118] 彭艳君, 景奉杰. 服务中的顾客参与及其对顾客满意的影响研究[J]. 经济管理, 2008, 30(10): 60 ~ 66.

[119] Dong B, Evans K, Zou S. The effects of customer participation in co - created service recovery [J]. Journal of the Academy of Marketing Science, 2008, 36(1): 123 ~ 137.

[120] Meuter M, Bitner M, Ostrom A, et al. Choosing among alternative service delivery modes: an investigation of customer trial of self - service technologies[J]. Journal of Marketing, 2005, 69(2): 61 ~ 83.

[121] Lee N, Broderick A. The past, present and future of observational research in marketing[J]. Qualitative Market Research: An International Journal, 2007, 10(2): 121 ~ 129.

[122] Rokeach M. The nature of human values[M]. The Free Press, 1973.

[123] Schechter L. A normative conception of value[J]. Progressive Grocer, Executive Report, 1984: 12 ~ 14.

[124] Dahringer L D, Yau O, Kennedy J. Consumer involvement in services: an international evaluation[J]. Journal of International Consumer Marketing, 1991, 3(2): 61 ~ 78.

[125] Solomob S R. Consumer behavior – buying, having, and being[M]. 6th ed. Prentice Hall, 2004: 13 ~ 78.

[126] Zaichkowsky J L. Measuring the involvement construct[J]. Journal of Consumer Research, 1985, 12(3): 341 ~ 352.

[127] Papk C W, Young S M. Consumer response to television commercials: the impact of involvement and background music on brand attitude formation[J]. Journal of Marketing Research, 1986: 11 ~ 24.

[128] 罗子明. 消费者心理学[M]. 北京: 清华大学出版社, 2002.

[129] Cermak D, Filk K, Prince R. Customer participation in service specification and delivery[J]. Journal of Applied Business Research, 1994, 10: 90 ~ 100.

[130] Rodie A, Kieine S. Customer participation in services production and delivery[M]. Handbook of services marketing and management. Thousand Oaks, CA Sage Publications, 2000: 111 ~ 125.

[131] Yoo C, Stout P. Factors affecting users' interactivity with the web site and the consequences of users' interactivity[C]. Proceedings of the 2001 conference of the American academy of advertising, Villanova, PA: Villanova University, 2001: 53 ~ 61.

[132] Bagozzi R, Dholakia U. Goal setting and goal striving in consumer behavior[J]. Journal of Marketing, 1999: 19 ~ 32.

[133] Gollwitzer P, Heckhausen H, Steller B. Deliberative and implemental mind – sets: cognitive tuning toward congruous thoughts and information[J]. Journal of Personality and Social Psychology, 1990, 59(6): 1119 ~ 1127.

[134] Higgins E. Making a good decision: value from fit[J]. American Psychologist, 2000, 55(11): 1217 ~ 1230.

[135] Avnet T, Tory Higgins E. Locomotion, assessment, and regulatory fit: value transfer from "how" to "what"[J]. Journal of Experimental Social Psychology, 2003, 39(5): 525 ~ 530.

[136] Higgins E. How self – regulation creates distinct values: the case of promotion and prevention decision making[J]. Journal of Consumer Psychology, 2002, 12(3): 177 ~ 191.

[137] Labroo A, Lee A. Between two brands: a goal fluency account of brand evaluation[J]. Journal of Marketing Research, 2006, 43(3): 374 ~ 385.

[138] Hong J, Lee A. Be fit and be strong: mastering self – regulation through regulatory fit[J]. Journal of Consumer Research, 2007, 34(5): 682 ~ 695.

[139] 林晖芸, 汪玲. 调节性匹配理论述评[J]. 心理科学进展, 2007, 15(5): 749 ~ 753.

[140] Bateson J. Perceived control and the service experience[M]. Handbook of Services Marketing & Management, 2000: 127 ~ 144.

[141] Langeard E, Bateson J, Lovelock C, et al. Service marketing: new insights from consumers and managers[M]. MA: Marketing Science Institute, Cambridge, 1981: 81 ~ 104.

[142] Bateson J. The self - service customer: an exploratory study[J]. Journal of Retailing, 1985, 61(3): 49 ~ 76.

[143] Dabholkar P. Consumer evaluations of new technology - based self - service options: an investigation of alternative models of service quality[J]. International Journal of Research in Marketing, 1996, 13(1): 29 ~ 51.

[144] R my E, Kopel S. Social linking and human resources management in the service sector[J]. Service Industries Journal, 2002, 22(1): 35 ~ 56.

[145] Firat A F, Dholakia N, Venkatesh A. Marketing in a postmodern world[J]. European Journal of Marketing, 1995, 29(1): 40 ~ 56.

[146] Hsieh A, Yen C, Chin K. Participative customers as partial employees and service provider workload[J]. International Journal of Service Industry Management, 2004, 15(2): 187 ~ 199.

[147] Etgar M. Co-production of services: a managerial extension[M]. Sharpe M E. The service - dominant logic of marketing: dialog, debate, and directions. N. Y: 2006, 128 ~ 138.

[148] Etgar M. A descriptive model of the consumer co - production process[J]. Journal of the Academy of Marketing Science, 2008, 36(1): 97 ~ 108.

[149] Oliver R, Rust R, Varki S. Real - time marketing[J]. Marketing Management, 1998, 7(4): 28 ~ 37.

[150] Prahalad C, Ramaswamy V. Co-opting customer competence[J]. Harvard Business Review, 2000, 78(1): 79 ~ 90.

[151] Hargadon A, Sutton R. Technology brokering and innovation in a product development firm[J]. Administrative Science Quarterly, 1997, 42(4): 716 ~ 749.

[152] Teichert T, Rost K. Trust, involvement profile and customer retention - modeling, effects and implications[J]. International Journal of Technology Management, 2003, 26(5): 621 ~ 639.

[153] Sheth J, Parvatiyar A. The antecedents and consequences of customer - centric marketing[J]. Journal of the Academy of Marketing Science, 2000, 28(1): 55 ~ 66.

[154] Swan J, Bowers M, Grover R. Customer involvement in the selection of service specifications [J]. Journal of Services Marketing, 2002, 16(1): 88 ~ 103.

[155] Bonner J, Walker O. Selecting influential business - to - business customers in new product development: relational embeddedness and knowledge heterogeneity considerations[J]. Journal of Product Innovation Management, 2004, 21(3): 155 ~ 169.

[156] Rousseau D. New hire perceptions of their own and their employer's obligations: a study of psychological contracts[J]. Journal of Organizational Behavior, 1990, 11(5): 389 ~ 400.

[157] Morrison E, Robinson S. When employees feel betrayed: a model of how psychological contract violation develops[J]. The Academy of Management Review, 1997, 22(1): 226 ~ 256.

[158] Blancero D, Ellram L. Strategic supplier partnering: a psychological contract perspective[J].

Management, 1997, 27(9/10): 616～629.

[159]Morgan R, Hunt S. The commitment – trust theory of relationship marketing[J]. Journal of Marketing, 1994, 58(3): 20～38.

[160]Llewellyn N. The role of psychological contracts within internal service networks[J]. The Service Industries Journal, 2001, 21(1): 211～226.

[161]Eddleston K, Kidder D, Litzky B. Who's the boss? Contending with competing expectations from customers and management[J]. The Academy of Management Executive, 2002, 16(4): 85～95.

[162]Zweig D, Aggarwal P. Breaking promises: The role of psychological contract breach in mediating the relationship between marketing practices and brand evaluations[J]. Advances in Consumer Research, 2005, 32: 342～343.

[163]罗海成. 营销情境中的心理契约概念及其测度研究[J]. 数理统计与管理, 2006, 25(5): 574～580.

[164]陈加洲, 凌文辁. 组织中的心理契约[J]. 管理科学学报, 2001, 4(2): 74～78.

[165]Oliver R. A cognitive model of the antecedents and consequences of satisfaction decisions[J]. Journal of Marketing Research, 1980, 17(4): 460～469.

[166]Gilliland D, Bello D. Two sides to attitudinal commitment: the effect of calculative and loyalty commitment on enforcement mechanisms in distribution channels[J]. Journal of the Academy of Marketing Science, 2002, 30(1): 24～43.

[167]Price L, Arnould E, Deibler S. Consumers' emotional responses to service encounters[J]. International Journal of Service Industry Management, 1995, 6(3): 34～63.

[168]Beckett A, Hewer P, Howcroft B. An exposition of consumer behaviour in the financial services industry[J]. International Journal of Bank Marketing, 2000, 18(1): 15～26.

[169]Churchill JR G. A paradigm for developing better measures of marketing constructs[J]. Journal of Marketing Research, 1979, 16(1): 64～73.

[170]Smith J, Colgate M. Customer value creation: a practical framework[J]. Journal of Marketing Theory and Practice, 2007, 15(1): 7～23.

[171]Fornell C, Larcker D. Evaluating structural equation models with unobservable variables and measurement error[J]. Journal of Marketing Research, 1981, 18(2): 39～50.

[172]Hair J. Multivariate data analysis[M]. Prentice Hall, 2006.

[173]侯杰泰, 温忠麟, 成子娟. 结构方程模型及其应用[M]. 北京: 教育科学出版社, 2004.

[174]邱皓政, 林碧芳. 结构方程模型的原理与应用[M]. 北京: 中国轻工业出版社, 2009.

[175]Chin W, Todd P. On the use, usefulness, and ease of use of structural equation modeling in mis research: a note of caution[J]. MIS quarterly, 1995, 19(2): 237～246.

[176]Langer E, Saegert S. Crowding and cognitive control[J]. Journal of Personality and Social Psychology, 1977, 35(3): 175～182.

[177]Moorman C, Zaltman G, Deshpand R. Relationships between providers and users of market re-

search: the dynamics of trust within and between organizations[J]. Journal of Marketing Research, 1992, 29(8): 314~328.

[178] O'reilly C, Chatman J. Organizational commitment and psychological attachment: the effects of compliance, identification, and internalization on prosocial behavior[J]. Journal of Applied Psychology, 1986, 71(3): 492~499.

[179] Kumar N, Hibbard J, Stern L. The nature and consequences of marketing channel intermediary commitment[M]. Marketing Science Institute, Cambridge, MA. 1994: 94~115.

[180] Bergami M, Bagozzi R P. Self-categorization, affective commitment and group self-esteem as distinct aspects of social identity in organization[J]. British Journal of Social Psychology, 2000, 39(4): 555~577.

[181] Jarvenpaa S L, Staples D S. Exploring perceptions of organizational ownership of information and expertise[J]. Journal of Management Information Systems, 2001, 18(1): 151~183.

[182] Van Den Hooff B, Ridder J A. Knowledge sharing in context: the influence of organizational commitment, communication climate and cmc use on knowledge sharing[J]. Journal of Knowledge Management, 2004, 8(6): 117~130.

[183] Bandura A. Health promotion by social cognitive means[J]. Health Education & Behavior, 2004, 31(2): 143~164.

[184] Orsega-Smith E, Payne L, Mowen A, et al. The role of social support and self-efficacy in shaping the leisure time physical activity of older adults[J]. Journal of Leisure Research, 2007, 39(4): 705~727.

[185] Elias S, Macdonald S. Using past performance, proxy efficacy, and academic self-efficacy to predict college performance[J]. Journal of Applied Social Psychology, 2007, 37(11): 2518~2531.

[186] 高申春. 自我效能理论评述[J]. 心理发展与教育, 2000, 16(1): 60~64.

[187] Curran J, Meuter M, Surprenant C. Intentions to use self-service technologies: a confluence of multiple attitudes[J]. Journal of Service Research, 2003, 5(3): 209~224.

[188] Myers D G. Social psychology[M]. 8th ed. McGraw-Hill, 2005: 57~58.

[189] Heilman C, Bowman D, Wright G. The evolution of brand preferences and choice behaviors of consumers new to a market[J]. Journal of Marketing Research, 2000: 139~155.

[190] Seiders M K, Berry L L. Service fairness: what it is and why it matters[J]. Academy of Management Executive, 1998, 12(2): 8~20.

[191] Oliver R. Satisfaction: a behavioral perspective on the consumer[M]. McGraw-Hill, 1997.

[192] Carr C. The fairserv model: consumer reactions to services based on a multidimensional evaluation of service fairness[J]. Decision Sciences, 2007, 38(1): 107~130.

[193] Blodgett J, Hill D, Tax S. The effects of distributive, procedural, and interactional justice on postcomplaint behavior[J]. Journal of Retailing, 1997, 73(2): 185~210.

[194] Mccoll-Kennedy J, Sparks B. Application of fairness theory to service failures and service recov-

ery[J]. Journal of Service Research, 2003, 5(3): 251 ~266.

[195] Chebat J, Slusarczyk W. How emotions mediate the effects of perceived justice on loyalty in service recovery situations: an empirical study[J]. Journal of Business Research, 2005, 58(5): 664 ~673.

[196] Schoefer K, Ennew C. The impact of perceived justice on consumers' emotional responses to service complaint experiences[J]. Journal of Services Marketing, 2005, 19(5): 261 ~270.

[197] Mikula G, Scherer K, Athenstaedt U. The role of injustice in the elicitation of differential emotional reactions[J]. Personality and Social Psychology Bulletin, 1998, 24(7): 769 ~783.

[198] Frijda N. What makes emotions weak or strong[M]. Jos a DA Silva, Elton H Matsushima, Niton P Ribeiro. Fechner day 2002. Rio de Janeiro Legis Summa, 2002: 181 ~185.

[199] Hui M, Au K, Zhao X. Interactional justice and the fair process effect: the role of outcome uncertainty[J]. Journal of Experimental Social Psychology, 2007, 43(2): 210 ~220.

[200] Dettman G R, Staelin R A. A model of perceived risk and intended risk – handing activity[J]. Journal of Consumer Research, 1994, 21(1): 119 ~134.

[201] Bettman J. Perceived risk and its components: a model and empirical test[J]. Journal of Marketing Research, 1973: 184 ~190.

[202] Johnson E. Rediscovering risk [J]. Journal of Public Policy and Marketing, 2004, 23(1): 2 ~6.

[203] Mitchell V. Organizational risk perception and reduction: a literature review[J]. British Journal of Management, 1995, 6(2): 115 ~133.

[204] Guseman D. Risk perception and risk reduction in consumer services[M]. Donnelly J H, George W R. Marketing of services. American Marketing Association, Chicago. 1981: 200 ~204.

[205] Murray K, Schlacter J. The impact of services versus goods on consumers' assessment of perceived risk and variability[J]. Journal of the Academy of Marketing Science, 1990, 18(1): 51 ~65.

[206] J. Stone, J. Olson . The Influence of Behavior on Attitudes[M]. The Handbook of Attitudes and Attitude Change. Lawrence Erlbaum, Mahwah: NJ 2005: 223 ~271.

[207] Conchar M, Zinkhan G, Peters C, et al. An integrated framework for the conceptualization of consumers' perceived – risk processing[J]. Journal of the Academy of Marketing Science, 2004, 32(4): 418 ~436.

[208] Mitchell V. Understanding consumers' behavior: can perceived risk theory help[J]. Management Decision, 1992, 30(3): 26 ~31.

[209] Doney P, Cannon J. An examination of the nature of trust in buyer – seller relationships[J]. Journal of Marketing, 1997, 2: 35 ~51.

[210] Eisingerich A B, Bell S J. Relationship marketing in the financial services industry: the importance of customer education, participation and problem management for customer loyalty[J].

Journal of Financial Services Marketing, 2006, 10(4): 86 ~ 97.

[211] Assael H. Consumer behavior and marketing actions[M]. 6th ed. South - Western College Publishing, 1998.

[212] Lasch C. The minimal self: psychic survival in troubled times [M]. WW Norton & Company, 1985.

[213] Chandran S, Morwitz V. Effects of participative pricing on consumers' cognitions and actions: a goal theoretic approach[J]. Journal of Consumer Research, 2005, 32(2): 249 ~ 259.

[214] Babin B, Darden W, Griffin M. Work and/or fun: measuring hedonic and utilitarian shopping value[J]. Journal of Consumer Research, 1994, 20(4): 644 ~ 656.

[215] Lofman B. Elements of experiential consumption: an exploratory study[J]. Advances in Consumer Research, 1991, 18(1): 729 ~ 735.

[216] Gursoy D, Spangenberg E R, Rutherford D G. The hedonic and utilitarian dimensions of attendees' attitudes toward festivals[J]. Journal of Hospitality & Tourism Research, 2006, 30(3): 279 ~ 294.

[217] Harris K, Harris R, Baron S. Customer participation in retail service: lessons from Brecht[J]. International Journal of Retail & Distribution Management, 2001, 29(8): 359 ~ 369.

[218] Grönroos C. The relationship marketing process: communication, interaction, dialogue, value [J]. Journal of Business & Industrial Marketing, 2004, 19(2): 99 ~ 113.

[219] Smith J, Colgate M. Customer value creation: a practical framework[J]. Journal of Marketing Theory and Practice, 2007, 15(1): 7 ~ 23.

[220] Williams P, Soutar G. Dimensions of customer value and the tourism experience: an exploratory study[C]. Anzmac 2000 Visionary Marketing for the 21st Century: Facing the Challenge, 2000: 1415 ~ 1421.

[221] Grönroos C. Creating a relationship dialogue: communication, interaction and value[J]. Marketing Review, 2000, 1(1): 5 ~ 14.

[222] Lasalle D, Britton T. Priceless: turning ordinary products into extraordinary experiences[M]. Harvard Business School Press, 2002.

[223] Babin B, Darden W. Consumer self - regulation in a retail environment[J]. Journal of Retailing, 1995, 71(1): 47 ~ 70.

[224] Wang L, Baker J, Wagner J, et al. Can a retail web site be social[J]? Journal of Marketing, 2007, 71(3): 143 ~ 157.

[225] Ulwick A. Turn customer input into innovation[J]. Harvard Business Review,. 2002, 80(1): 91 ~ 97.

[226] Prahalad C, Ramaswamy V. Co - creation experiences: the next practice in value creation[J]. Journal of Interactive Marketing, 2004, 18(3): 5 ~ 14.

[227] Kivetz R, Zheng Y. Determinants of justification and self - control[J]. Journal of Experimental Psychology General, 2006, 135(4): 572 ~ 587.

[228] Keng C, Huang T, Zheng L. Modeling service encounters and customer experiential value in retailing[J]. International Journal of Service Industry Management, 2007, 18(4): 349 ~ 367.

[229] Cediric. His - Jui Wu, Rong - Da Liang. Effect of experiential value on customer satisfaction with service encounters in luxury - hotel restaurants[J]. International Journal of Hospitality Management, 2009, 28: 586 ~ 593.

[230] Solomon M R. Consumer behavior: buying, having and being[M]. 6th ed. Pearson Education Inc, 2004.

[231] Shiv B, Fedorikhin A, Nowlis S M. Interplay of the heart and the mind in decision - making [M]. Ratneshwar R, Mick D. Inside consumption: frontiers of research on consumer motives, goals and desire. Routledge, 2005: 166 ~ 184.

[232] Addis M, Holbrook M. On the conceptual link between mass customization and experiential consumption: an explosion of subjectivity[J]. Journal of Consumer Behavior, 2001, 1(1): 50 ~ 66.

[233] Dodds W. In search of value: how price and store name information influence buyers' product perceptions[J]. Journal of Services Marketing, 1991, 5(3): 27 ~ 36.

[234] Oliver R. Cognitive, affective, and attribute bases of the satisfaction response[J]. Journal of Consumer Research, 1993, 20(3): 418 ~ 430.

[235] Zajonc R. Feeling and thinking: preferences need no inferences[J]. American Psychologist, 1980, 35(2): 151 ~ 175.

[236] Ahtola O. Hedonic and utilitarian aspects of consumer behavior: an attitudinal perspective[J]. Advances in Consumer Research, 1985, 12(1): 7 ~ 10.

[237] Szymanski D, Henard D. Customer satisfaction: a meta - analysis of the empirical evidence [J]. Journal of the Academy of Marketing Science, 2001, 29(1): 16 ~ 35.

[238] Rust R, Oliver R. Service quality: new directions in theory and practice[M]. Sage Publications Thousand Oaks, CA, 1994.

[239] Spreng R A, Mackoy R D. An empirical examination of a model of perceived service quality and satisfaction[J]. Journal of Retailing, 1996, 72(2): 201 ~ 214.

[240] Fornell C, Johnson M, Anderson E, et al. The American customer satisfaction index: nature, purpose, and findings[J]. Journal of Marketing, 1996, 60(10): 7 ~ 19.

[241] Caruana A, Money A, Berthon P. Service quality and satisfaction – the moderating role of value [J]. European Journal of Marketing, 2000, 34(11/12): 1338 ~ 1353.

[242] Cronin J, Brady M, Hult G. Assessing the effects of quality, value, and customer satisfaction on consumer behavioral intentions in service environments[J]. Journal of Retailing, 2000, 76 (2): 193 ~ 218.

[243] Chol K, Cho W, Lee S, et al. The relationships among quality, value, satisfaction and behavioral intention in health care provider choice a South Korean study[J]. Journal of Business Research, 2004, 57(8): 913 ~ 921.

[244] Tam J. Customer satisfaction, service quality and perceived value: an integrative model[J]. Journal of Marketing Management, 2004, 20(7/8): 897 ~ 917.

[245] Grace D, O'cass A. An examination of the antecedents of repatronage intentions across different retail store formats[J]. Journal of Retailing and Consumer Services, 2005, 12(4): 227 ~ 243.

[246] Chang T Z, Wildt A R. Price, product information, and purchase intention: an empirical study [J]. Journal of the Academy of Marketing Science, 1994, 22(1): 16 ~ 27.

[247] Cronin J J, Brady M K, Brand R R, et al. A cross - sectional test of the effect and conceptualization of service value[J]. Journal of Services Marketing, 1997, 11(6): 375 ~ 391.

[248] Sirohi N, Mclaughlin E, Wittink D. A model of consumer perceptions and store loyalty intentions for a supermarket retailer[J]. Journal of Retailing, 1998, 74(2): 223 ~ 245.

[249] Petrick J, Morais D, Norman W. An examination of the determinants of entertainment vacationers' intentions to revisit[J]. Journal of Travel Research, 2001, 40(8): 41 ~ 48.

[250] Day E, Crask M. Value assessment: the antecedent of customer satisfaction[J]. Journal of Consumer Satisfaction Dissatisfaction and Complaining Behavior, 2000, 13: 52 ~ 60.

[251] Mcdougall G H G, Levesque T. Customer satisfaction with services: putting perceived value into the equation[J]. Journal of Services Marketing, 2000, 14(5): 392 ~ 410.

[252] BradY M K, Cronin JR J J. Customer orientation: effects on customer service perceptions and outcome behaviors[J]. Journal of Service Research, 2001, 3(3): 241 ~ 251.

[253] Eggert A, Ulaga W. Customer perceived value: a substitute for satisfaction in business markets [J]. Journal of Business and Industrial Marketing, 2002, 17(2/3): 107 ~ 118.

[254] Lam S Y, Shankar V, ERRAMILLI M K, et al. Customer value, satisfaction, loyalty, and switching costs: an illustration from a business - to - business service context[J]. Journal of the Academy of Marketing Science, 2004, 32(3): 293 ~ 311.

[255] Yang Z, Peterson R T. Customer perceived value, satisfaction, and loyalty: the role of switching costs[J]. Psychology and Marketing, 2004, 21(10): 799 ~ 822.

[256] Lin H, Wang Y. An examination of the determinants of customer loyalty in mobile commerce contexts[J]. Information & Management, 2006, 43(3): 271 ~ 282.

[257] Gallarza M G, Gil Saura I. Value dimensions, perceived value, satisfaction and loyalty: an investigation of university students' travel behavior[J]. Tourism Management, 2006, 27(3): 437 ~ 452.

[258] Sparks B A, Butcher K, Pan G. Understanding customer - derived value in the timeshare industry[J]. Cornell Hotel and Restaurant Administration Quarterly, 2007, 48(1): 28 ~ 45.

[259] Blackwell R, Miniard P, Engel J. Consumer behavior[M]. 9th ed. South - Western, 2001.

[260] Lee E, Overby J. Creating value for online shoppers: implications for satisfaction and loyalty [J]. Journal of Consumer Satisfaction, Dissatisfaction and Complaining Behavior, 2004, 17: 54 ~ 67.

[261] Eroglu S, Machleit K, Barr T. Perceived retail crowding and shopping satisfaction: the role of

shopping values[J]. Journal of Business Research, 2005, 58(8): 1146 ~ 1153.

[262] Jones M, Reynolds K, Arnold M. Hedonic and utilitarian shopping value: investigating differential effects on retail outcomes[J]. Journal of Business Research, 2006, 59(9): 974 ~ 981.

[263] Lee C, Yoon Y, Lee S. Investigating the relationships among perceived value, satisfaction, and recommendations: the case of the Korean DMZ[J]. Tourism Management, 2007, 28(1): 204 ~ 214.

[264] Babin B, Darden W. Good and bad shopping vibes: spending and patronage satisfaction[J]. Journal of Business Research, 1996, 35(3): 201 ~ 206.

[265] Holbrook M, Gardner M. Illustrating a dynamic model of the mood – updating process in consumer behavior[J]. Psychology and Marketing, 2000, 17(3): 165 ~ 194.

[266] Machleit K, Mantel S. Emotional response and shopping satisfaction moderating effects of shopper attributions[J]. Journal of Business Research, 2001, 54(2): 97 ~ 106.

[267] DUB? L, B? Langer M, Trudeau E. The role of emotions in health care satisfaction. positive feelings have the expected effect, but negative ones do not always result in dissatisfaction[J]. Journal of Health Care Marketing, 1996, 16(Summer)(2): 45 ~ 51.

[268] Clark M, Isen A. Toward understanding the relationship between feeling states and social behavior [M]. Cognitive social psychology. Elsevier North – Holland, New York. 1982: 73 ~ 108.

[269] Novak T, Hoffman D, Duhachek A. The influence of goal – directed and experiential activities on online flow experiences[J]. Journal of Consumer Psychology, 2003, 13(1 –2): 3 ~ 16.

[270] Dellande S, Gilly M, Graham J. Gaining compliance and losing weight: the role of the service provider in health care services[J]. Journal of Marketing, 2004, 68(3): 78 ~ 91.

[271] Bansal H, Irving P, Taylor S. A three – component model of customer commitment to service providers[J]. Journal of the Academy of Marketing Science, 2004, 32(3): 234 ~ 250.

[272] Sharma N, Patterson P. Switching costs, alternative attractiveness and experience as moderators of relationship commitment in professional, consumer services[J]. International Journal of Service Industry Management, 2000, 11(5): 470 ~ 490.

[273] Maxham Iii J, Netemeyer R. Firms reap what they sow: the effects of shared values and perceived organizational justice on customers' evaluations of complaint handling[J]. Journal of Marketing, 2003, 67(1): 46 ~ 62.

[274] Smith A, Bolton R, Wagner J. A model of customer satisfaction with service encounters involving failure and recovery[J]. Journal of Marketing Research, 1999, 36(8): 356 ~ 372.

[275] Stone R, Granhaug K. Perceived risk: further considerations for the marketing discipline[J]. European Journal of Marketing, 1993, 27(3): 39 ~ 50.

[276] 彭艳君，景奉杰. 顾客参与对顾客满意的影响——基于美发业的实证研究[J]. 营销科学学报，2008，4(2)：24 ~ 43.

[277] Fornell C, Johnson M, Anderson E, et al. The American customer satisfaction index: nature,

purpose, and findings[J]. Journal of Marketing, 1996, 60(4): 7~18.

[278]Cronin J, Brady M, Hult G. Assessing the effects of quality, value, and customer satisfaction on consumer behavioral intentions in service environments[J]. Journal of Retailing, 2000, 76(2): 193~218.

[279]Chiu H, Hsieh Y, Li Y, et al. Relationship marketing and consumer switching behavior[J]. Journal of Business Research, 2005, 58(12): 1681~1689.

[280]Nunnally J, Bernstein I. Psychometric theory[M]. 3rd ed. McGraw-Hill, 1994.

[281]Anderson J, Gerbing D. Structural equation modeling in practice: a review and recommended two-step approach[J]. Psychological Bulletin, 1988, 103(3): 411~423.

[282]Bentler P, Chou C. Practical issues in structural modeling[J]. Sociological Methods & Research, 1987, 16(1): 78~117.

[283]Gundersen M, Heide M, Olsson U. Hotel guest satisfaction among business travelers: what are the important factors[J]. Cornell Hotel and Restaurant Administration Quarterly, 1996, 37(2): 72~83.

[284]Kelloway E. Using LISREL for structural equation modeling: a researcher's guide[M]. Sage Publication, 1998.

[285]林文莺，侯杰泰. 结构方程分析—模式之等同及修正[J]. 教育学报，1995，23(1)：147~162.

[286]Snyder C. Product scarcity by need for uniqueness interaction: a consumer catch-22 carousel[J]. Basic and Applied Social Psychology, 1992, 13(1): 9~24.

[287]Tian K, Bearden W, Hunter G. Consumers' need for uniqueness: scale development and validation[J]. Journal of Consumer Research, 2001, 28(1): 50~66.

[288]Lynn M, Harris J. The desire for unique consumer products: a new individual differences scale[J]. Psychology and Marketing, 1997, 14(6): 601~616.

[289]Richins M. Special possessions and the expression of material values[J]. Journal of Consumer Research, 1994: 522~533.

[290]Fisher R, Price L. An investigation into the social context of early adoption behavior[J]. Journal of Consumer Research, 1992, 19(3): 477~486.

[291]Maslach C, Stapp J, Santee R. Individuation: conceptual analysis and assessment[J]. Journal of Personality and Social Psychology, 1985, 49(3): 729~738.

[292]Burns D, Warren H. Need for uniqueness: shopping mall preference and choice activity[J]. International Journal of Retail & Distribution Management, 1995, 23(12): 4~12.

[293]Tepper K, Hoyle R. Latent variable models of need for uniqueness[J]. Multivariate Behavioral Research, 1996, 31(4): 467~494.

[294]Griffiths J, Zimmer M. Masked brands and consumers need for uniqueness[C]. American Marketing Association Conference, Boston, 1998: 145~153.

[295]罗永泰，卢政营. 基于消费者隐性需求的营销模式研究策略[J]. 南开管理评论，2008，

11(4): 57 ~62.

[296] Ruvio A, Shoham A, Brenčič M M. Consumers' need for uniqueness: short – form scale development and cross – cultural validation[J]. International Marketing Review, 2008, 25(1): 33 ~53.

[297] 林磊. 独特性需要对顾客满意和忠诚的影响研究[D]. 成都: 西南交通大学, 2007.

[298] Barclay D, Higgins C, Thompson R. The partial least squares (PLS) approach to causal modeling: personal computer adoption and use as an illustration[J]. Technology Studies, 1995, 2(2): 285 ~309.

[299] Redondo Y, Fierro J. Moderating effect of type of product exchanged in long – term orientation of firm – supplier relationships: an empirical study[J]. Journal of Product & Brand Management, 2005, 14(7): 424 ~437.

后 记

在本书付梓之际，心中更多铭记的是一份份感激。感谢北京航空航天大学经济管理学院的张明立教授从本书的最初选题至最终定稿，一直给予我全面、悉心的指导和鼓励，在我陷入迷茫和困惑之时，张明立教授以他严谨的治学作风、渊博的专业修为和独到的见解，提出了许多建设性的意见和建议，让我受益匪浅。

衷心感谢在本书写作中给予我指导的哈尔滨工业大学经济管理学院的胡运权教授、李东教授、惠晓峰教授、鞠晓峰教授、田金信教授、胡珑瑛教授、王福胜教授、王铁男教授、邵景波副教授以及哈尔滨理工大学的王宏起教授，他们的精深思想扩大了我的视野，渊博的学识和一丝不苟的严谨态度使本书的思路更加清晰，疏漏之处得以减少。

同时，我要感谢我的父母，他们给予我生命和爱。在我遇到挫折和困难的时候，是他们教导我以荣辱不惊的心态生活，鼓励我勇敢地面对和解决问题。寸草之心，难报三春之晖！父母所给予的，我将用一生来承载。

本书的编写及顺利出版也得到了北京林业大学经济管理学院领导及同仁们的关心与大力支持。谨借此一隅表达难以言尽的感激之情，愿我能以十倍百倍的激情和努力，以回报你们的关怀与扶助。

本书在写作过程中参阅了国内外大量文献资料，在此谨向相关作者和编者一并表示衷心的感谢。

由于学识和水平有限，以及顾客价值理论和营销实践的不断发展和突破，书中疏漏和不足之处在所难免，敬请广大读者批评指正。

本研究受国家自然科学基金项目资助(70972002)。

著 者

2012 年 4 月